城市会展业发展决策研究

——基于宁波的实践

任国岩　著

北　京
冶 金 工 业 出 版 社
2015

内容提要

本书立足宁波市会展业发展实际，以政府发展会展业决策过程为主线，从会展业对城市经济社会发展的作用、城市会展业发展的整体设计、会展产业政策的制订与实施、重大会展项目的可行性研究与策划、会展项目评价指标体系的构建、会展场馆的管理等方面开展多角度研究，并依托理论解决会展业发展的实际问题。其中还重点针对会展业与一产、二产、三产的融合开展深入研究，为系统研究城市会展业的发展提供重要参考。

本书既可以作为政府会展主管部门工作人员研判城市会展业发展的重要参考，也可以为高校、科研院所等会展专业研究人员开展学术交流，以及会展企业从业人员分析城市会展业发展环境，进而科学规划会展企业、会展项目的发展提供支持，还可以作为高校学生开展研究性学习、撰写研究论文的辅助资料。

图书在版编目(CIP)数据

城市会展业发展决策研究:基于宁波的实践/任国岩著.—北京:冶金工业出版社，2015.5
ISBN 978-7-5024-7049-4

Ⅰ.①城… Ⅱ.①任… Ⅲ.①展览会—产业发展—研究—宁波市 Ⅳ.①G245

中国版本图书馆 CIP 数据核字(2015) 第 194860 号

出 版 人 谭学余
地　　址 北京市东城区嵩祝院北巷 39 号 邮编 100009 电话 (010)64027926
网　　址 www.cnmip.com.cn 电子信箱 yjcbs@cnmip.com.cn
责任编辑 夏小雪 美术编辑 彭子赫 版式设计 孙跃红
责任校对 李 娜 责任印制 李玉山
ISBN 978-7-5024-7049-4
冶金工业出版社出版发行；各地新华书店经销；固安华明印业有限公司印刷
2015 年 5 月第 1 版，2015 年 5 月第 1 次印刷
169mm×239mm；13 印张；249 千字；193 页
42.00 元

冶金工业出版社 投稿电话 (010)64027932 投稿信箱 tougao@cnmip.com.cn
冶金工业出版社营销中心 电话 (010)64044283 传真 (010)64027893
冶金书店 地址 北京市东四西大街 46 号(100010) 电话 (010)65289081(兼传真)
冶金工业出版社天猫旗舰店 yjgycbs.tmall.com
(本书如有印装质量问题，本社营销中心负责退换)

序

德国哲学家黑格尔曾经说过："假如没有热情，世界上任何伟大的事业都不会成功。只有长时间完成其发展的艰苦工作，并长期埋头沉没于其中的任务，方可有所成就"。自2003年初加入到会展业研究工作中以来，任国岩老师已经走过了12年的研究历程。在这12年里，他抓住宁波市政府大力发展会展业的有利时机，从参与市政府的研究工作，到积极探索城市会展业发展的理论、方法与实战研究，积累了大量的研究成果。会展研究是一项枯燥的工作，坚持十余年开展研究工作，实在是难能可贵。

在10多年研究工作的历程中，任国岩老师始终将市政府高度重视会展业发展视为他走进会展科研领域，并取得一定成绩的决定性因素。尤其是市政府会展办相关领导对他的支持，是他能够系统参与会展业决策研究的重要基础。在他的研究工作中，有几个重要的机遇提升了他研究工作的质量：一是2003年宁波市政府出台了《关于推进宁波市会展业发展的实施意见》，这是宁波市政府首次以文件形式表述对全市会展业发展的整体思考，也正是由于这个文件，使他从不了解会展到开始研究会展产业发展；二是上海世博会的成功申办，促使他从研究城市会展和会展评价指标向关注大型会展项目的策划与管理转变，同时也促成他提出宁波申办以海洋为主题的世界博览会的思路；三是宁波市领导对会展业的高度重视，时任市长提出要"聚全市之力打造国际会展之都"，促使他开展系统研究会展产业发展规划和会展产业扶持政策；四是国家层面重视区域合作，国务院在2010年印发了《长江三角洲地区区域规划》，他与会展办相关同志的研究成果最终促成将商务会展列为《长江三角洲地区区域规划》宁波服务业发展的两大重点产业之一；五是2012年宁波市第十二次党代会提出建设区域性国际会展之都的工作目标，并为他后期开展进口商品展、政府主导型会展项目转型升级等研究工作奠定了坚实的基础。他始终认为，在服务地方产业的发展研究中，高校教师必须与产业紧密合作，决不能走马观花、蜻蜓点水式地搞研究，而需要用自己的感情、对产业的热爱来开展研究工作。

在做好科研工作的基础上，他还收获到许多意外的惊喜。作为一名教师，他始终将科学研究与专业建设有机结合。2013年，浙江万里学院批准设立国际会展与服务贸易特色班，由于当时教育部尚未批准设立会展经济与管理本科专业，因此，这也是国内最早一批开展会展本科方向人才培养的高校。同时，市政府批准设立宁波市会展经济研究所及宁波市会展人才培养基地，并挂靠浙江万里学院，这也为后来浙江万里学院会展经济与管理专业建设奠定了坚实的基础。2006年，教育部正式批准浙江万里学院设立会展经济与管理专业；2007年，刚刚建成的会展经济与管理专业被浙江省教育厅列为浙江省重点建设专业；2008年，在省教育厅组织的新专业检查中，会展经济与管理专业获得优秀；2009年，在有关部门组织的国家级特色专业建设点的申报评审中，浙江万里学院会展经济与管理专业荣幸地成为国内会展本科专业中第一个国家级特色专业建设点。乘着东风，在接下来的宁波市服务型教育重点专业的评审过程中，会展经济与管理专业获得立项建设。2012年，会展经济与管理专业又获得浙江省“十二五”优势专业的立项建设。在与任国岩老师的多次交谈中，我可以深刻地感受他对专业建设取得的成绩那难以言表的激动与自豪。我们也希望有更多的高校教师，在教学工作之余，积极投身到服务地方经济的决策研究工作中。

在思考未来研究工作时，任国岩老师已经将目光放到了更广阔、更深入的领域。2014年3月，在盐城召开的长三角城市经济协调会第十四次市长联席会议决定设立长三角会展专业委员会等4个专业委员会，其中会展专业委员会由宁波市政府负责组建。根据市有关部门领导的意见，他出任首届长三角会展专业委员会秘书长，并兼任长三角协调会会展专业委员会专家委员会主任。在第一次工作会议上，他代表专家委员会提出了3年的工作目标，其核心就是通过专家委员会的努力，为长三角协调会成员城市做好会展业发展的研究与服务工作。他还与宁波市会展办的研究人员等共同提出打造在国内外具有一定影响的甬派会展科研学术群体的工作目标，希望能在做好服务地方会展产业发展相关研究工作的同时，在会展技术经济研究方法等领域在国内取得一定的地位和影响。在此，我也祝愿宁波市会展产业发展决策研究工作能够再上一个新台阶。

中国会展经济研究会会长　袁再青

2015年3月20日

前　言

会展业是近年来快速发展起来的新兴现代服务业。国内外专家学者普遍认为，会展业对产业发展具有提升作用，对城市消费具有拉动作用，对弘扬文化具有促进作用。国内许多城市都将会展业视为经济发展新的增长点、产业结构调整的突破点、生态可持续发展的着力点和文化传承的衔接点，并出台政策加以扶持。据中国会展经济研究会发布的数据，自2002年国家有关部门正式提出会展产业以来，国内会展总产值平均以每年20%的速度增长，超过GDP的增长速度。

城市是经济的重要支撑平台，城市会展业也是会展业发展的重要单元，城市的资源禀赋直接影响会展项目的策划、管理与服务。在会展业的发展过程中，也经常会遇到许多实际问题，是不是所有城市都具备发展会展业的基本条件、什么样的城市适合发展会展业、城市如何结合自身的资源特点确定城市会展业的发展定位，如何设计城市会展管理体系，如何科学规划城市与会展项目的基础设施建设，如何系统策划与设计城市会展项目的整体结构框架，如何出台政策和制定法规加强对会展业的扶持与管理，产业如何构建系统的服务体系，这些，都直接影响着城市会展业发展的决策过程以及后期管理和服务工作。由于会展业起步较晚，因此，城市会展业发展的理论、方法还不够成熟，导致城市在发展会展业的过程中，缺乏必要的规范性调研手段，会展决策的分析体系和支撑体系无法有效支持城市会展业发展决策，在一定程度上影响了会展业的快速、健康、可持续发展。

长三角是国内会展业最发达的地区之一。2010年上海世博会的成功举办，已经使长三角成为国际上具有较大影响的会展城市群。区域会展产业的发展，已经成为服务业的重要组成部分。宁波市是我国计划单列城市，自1997年举办首届宁波国际服装节、1999年承办浙江投资贸易洽谈会以来，经历了长三角南翼会展之都、国际会展之都、国务院《长江三角洲地区区域规划》宁波服务业发展定位和区域性国际会展之都建设多段历程，受到历届市政府领导班子的高度重视，会展业作为服务产业的公共平台、拓展产品市场的有效渠道，一直是现代化国际港口城市建设过程中的重要环节，也得到了快速的发展。在会展场馆和酒店等基础设施建设、会展管理体系建设、会展政策法规体系建设、产业服务体系建设等多方面持续探索，已经初步形成城市会展业发展的特色模式。在长期的运作过程中，也形成具有完备的管理体系、优良的会展基础设施、良好的会展服务体系和结构合理的会展项目群体。尤其是2014年承办“中国—中东欧部长圆桌会议”和“中国—中东欧国家特色商品展”以来，更是将会展业作为拓展城市国际化影响，加强国际合作交流的重要手段。在会展产业政策、会展服务体系建设等方面形成鲜明的特色，具有城市会展业发展的典型特征。

会展业是知识密集型、技术密集型和服务密集型产业。会展业发展过程中，不仅需要资源依托，也需要创意设计和管理服务等多环节的有机融合。在宁波会展业的发展历程中，相关研究人员依托宁波市会展经济研究所的平台，紧密结合城市会展业发展的实际需要，从产业发展的动力学、运动学等角度，在城市会展业发展的基础设施、管理体制、项目结构、服务体系、教学科研、国际合作等方面开展了系统深入的研究，在服务地方会展经济发展的同时，也在会展理论、会展经济数学研究方法、城市会展业综合运作等方面形成了较为完善的体系。正是这些系统的研究，才使宁波会展业超越了城市资源的约束，积极探索产业发展的创新渠道，有效促进了宁波市会展业快速、健康、可持续发展。这些体系的建设，既是国内会展业发展的一个集中体现，也是城市会展业发展理论、方法、应用的一个缩影。梳理发展的过程、整理相关的理论与方法在实践中的应用，对相关城市发展会展产业应具有一定的参考和借鉴作用。

本研究坚持“依托产业、服务产业、提升产业”的指导思想，立足国内外会展业发展的大背景，从产业发展的实际需要入手，从会展基础理论、会展研究方法以及城市会展业发展的实践角度入手，旨在通过进一步明晰会展业发展的内涵、规范会展业发展外延，系统归纳城市会展业发展的主要理论及观点，探索产业发展的系统性研究方法，并结合宁波市会展业发展的实践，在城市会展业管理体系、基础设施建设、服务体系建设、项目布局建设、区域国际合作以及教学科研服务体系建设等方面开展深入系统的研究，得出一般性的规律和可借鉴的应用性研究方法，为政府发展会展业决策提供支撑，为产业创新提供服务，以便更好地推进城市会展业快速、可持续发展。

由于国内明确提出发展会展业的时间较晚，因此，国内政产学研合作开展应对性研究工作还处于起步阶段。在研究方面，往往存在理论与实践脱节的问题。国内专业从事会展研究工作的研究机构很少，高校教师对会展业的研究工作往往存在理论多、实用性差的问题；政府部门对会展业的研究工作主要集中于落实领导的指示精神，创新性受到研究角色的制约；而具有多年实践经验的会展从业人员，又对学院派的研究工作感到无用、无奈，而自身的研究往往又局限于实战案例和项目自身，在城市与产业的整体研究方面较少。在会展业急需理论指导实践的大背景下，如何充分发挥政府、企业、高校和科研院所的深入合作，既能够结合产业发展的实际提炼规律、构建研究方法，同时又能够将会展产业理论与方法有效地应用到产业发展的实际工作中，实现从产业中来、到产业中去，是当前国内会展科研工作者需要面临的重要课题。

研究报告所选取的13篇文稿，既是作者多年来会展研究工作的集中体现，也是宁波市及浙江省部分区域会展业发展过程中政府决策工作和阶段性特征的真实写照。

由于研究报告在政府决策中的特殊作用，为提高决策工作的实效性与针对性，相关研究报告在决策的过程中以及决策结束后一段时间内，不便公开发表。本书所选取的均为2007年以来作者主持完成的各类会展业研究课题所形成的文稿，从未公开发表，这里汇集成册，谨作为研究资料供各位同行参考。不妥之处，敬请广大读者批评指正。

著　者

2015年3月

目　录

第一章

宁波市会展业十年大发展带来的启示

引言：2007年6月，作者受宁波市政府会展办的委托，立项开展“宁波市会展业创新发展对策研究”课题。课题首次对宁波市自1997年举办首届宁波国际服装节以来，全市会展业发展的历程进行系统梳理，也第一次系统地提出会展业对经济和社会拉动作用的六大方面。在此基础上，系统分析了宁波市会展业发展的现实基础以及面临的竞争挑战，明确提出建设在国际上有一定知名度、在国内具有较大影响的会展名城的工作目标。并就未来宁波会展业发展的城市定位、产业定位、项目定位提出明确的发展目标，以及设施、管理、项目、服务、合作等多方面的对策建议。该研究报告得到市政府会展办领导的高度肯定。报告完成后，在进行精简的基础上，完成了“政府强力推进、市场灵活运作——宁波市会展业十年大发展带来的启示”的研究要报，上报省政府有关部门。2008年3月该文刊发在浙江省政府办公厅《专报信息》第212期。时任浙江省副省长金德水作出批示：“宁波会展业十年探索、十年创新、十年发展，2007年获中国最佳会展城市奖，来之不易，可喜可贺。会展业是现代服务业的重要内容，总结的5条启示比较深刻，很有价值，供省经贸委参阅，以指导面上工作，促进全省会展业的健康发展。”

从1997年举办首届宁波国际服装节开始，宁波市会展业已经走过了十年的发展历程。十年来，宁波市会展业坚持“立足产业、服务产业、提升产业”的指导思想，经历了从无到有、从小到大、从弱到强的发展历程，会展业已经成为宁波经济新的增长点和建设和谐社会的重要组成部分。

一、宁波市会展产业发展的简要历程

宁波市会展产业的发展可分成三个阶段。

（1）会展业起步阶段（1997年10月—2002年10月）。1997年10月，宁波市成功举办了首届宁波国际服装节，拉开了宁波会展业发展的序幕。1999年，

又举办了首届浙江投资贸易洽谈会。宁波市政府从服装节、浙洽会、住博会等几个知名会展的举办过程中及周边城市通过会展带动城市的实践中形成发展会展业共识。1999 年 10 月，市政府正式批准立项建设宁波国际会展中心；2002 年，与上海国际展览有限公司、上海国际展览中心有限公司合作，成立了宁波国际会展中心管理公司，加大了会展业区域合作的步伐。

（2）快速发展阶段（2002 年 11 月—2006 年）。2002 年 11 月，宁波市成立了市政府会展工作领导小组，下设会展工作办公室，加强了对全市会展工作的领导和行政服务。之后，各县（市）、区和市级有关部门也建立了相应的工作机制，从而形成了全市会展工作的组织体系。2003 年 1 月 8 日，市政府出台了《关于加快宁波市会展业发展的若干意见》，提出了会展业发展的总体目标，即“经过 5 ~ 10 年的努力，把宁波建成中国会展名城、长江三角洲南翼的会展之都”；同时，明确“把会展业作为我市新的经济增长点和重要的支柱产业之一，大力扶持，重点发展”，从而基本理清了会展业发展思路。2003 年 2 月 28 日，宁波市会展行业协会成立，标志着全市会展业管理提高到新的水平。同年，宁波国际会展中心全面启用，会展业的硬件设施达到全国先进水平。

这一时期，全市会展活动数量不断增加，从起步阶段的十几个会展活动发展到 2004 年的 50 余个。相继引进或举办了中国国际日用消费品博览会、中国家居博览会、中国塑料博览会、中国制药机械博览会等大型展会；举办了中国开渔节、中国徐霞客开游节和中国梁祝婚俗文化节等节庆活动；承办了 APEC 中小企业服务联盟论坛、甬港经济合作论坛等重要会议。这些重要会展活动的举办，使宁波市进入了全国新兴会展名城行列。

2005 年以来，市政府进一步加强了会展业管理工作，制定了《宁波市展览业管理暂行办法》，以规范全市展览业的管理；下发了《关于加强中心城区大型会展活动户外临时公益广告管理的意见》，并已着手研究会展业其他管理办法。市会展行业协会出台了《宁波市会展评估细则》，明确了会展活动评估的基本标准。

与此同时，通过采取“引进外来展会、做强现有展会、发展新型展会”的方式，不断扩大全市会展业规模。引进或创办了中国国际文具礼品博览会、中国食品博览会、中国国际电子产品暨家用电器博览会、中国旅游投资洽谈会、宁波工业优势产业博览会、中国宁波人才科技周等大中型展会，并对部分主题相近的展会进行了整合，促使现有展会向规模型、实效性方向发展。2005 年，宁波市被评为全国优秀会展城市。

（3）全面提升阶段（2007 年—至今）。2007 年 4 月，宁波市人民政府下发了《关于进一步推进宁波市会展业发展的实施意见》，将会展业列为宁波市经济发展的战略性产业；同月，宁波市会展中心和国际贸易平台二期工程全面启动；2007 年 5 月，成立了宁波市国际贸易平台工作办公室，国际贸易常年展工作得到进一步强化；在 2007 年 6 月召开的全市会展工作会议上，毛光烈市长提出“举全市之力打造国际会展之都”的工作目标；2007 年 8 月，宁波市会展协会更名为宁波市会展业促进会，进一步强化了宁波市会展业发展的增促机制；2007 年 11 月，宁波市成立了接轨上海世博会工作办公室，全面启动接轨上海世博会的工作。这一切，都标志着宁波市会展业发展进入了一个全新的阶段。

二、宁波市会展业对宁波经济和社会发展的作用

十年来，宁波市会展业坚持“做强现有展会、引进流动展会、创造新型展会”的思想，先后培育了浙洽会、消博会、服装节、住博会、家博会、机械展等多个国内著名会展项目。并与旅洽会、食博会、药机展等重要项目的组委会建立了良好的合作关系，形成了一批会展品牌。此外，还积极拓展出国展览市场。2007 年前 10 个月，宁波市已完成出国项目 165 个，出展展位 2139 个，贸易成交额约 30 亿美元，规模连续 9 年居全国各城市之首。

（1）会展业已经成为经济发展的重要组成部分。经过十年的不懈努力，宁波市会展产业对经济和社会发展的成效已经明显显露。2007 年，宁波市共举办会展活动 207 项。其中展览项目 103 项，会议项目 48 项，节庆项目 45 项。据宁波市会展经济研究所粗略统计的数字表明，2007 年会展业对 GDP 的贡献高达 116 亿元。

（2）会展产业已经成为产业发展的重要引擎。会展业具有较长的产业链。上游可拉动场馆建设、会展展品所在产业的发展、公共服务业的发展等；下游可以拉动建筑、物流、金融、电信、旅游、餐饮、住宿、商务和中介服务等产业的发展。2001 年来，宁波市相关部门都结合发展会展产业出台了相关的服务政策，会展搭建、会展物流、会展旅游、会展印刷等一系列衍生产品也逐步形成规模。此外，展品覆盖的服装、家居、机械、食品、文具、礼品等产业，也随着会展产业的发展得到不断提升。

（3）会展产业已经成为产业结构调整的重要手段。宁波是以二产为经济主体的城市。近年来，市委市政府重视通过调整产业结构提高区域的综合竞争能力。但从几年来的发展情况看，房地产产业的发展，在很大程度上增加了商务成本，而在周边地区旅游资源比较丰富的情况下，旅游产业发展也受到了一定的制约。在此基础上，宁波市政府高瞻远瞩，将会展业、国际贸易、物流、金融等产业构成主导宁波市服务业发展的产业链条，作为调整产业结构的重要手段。在会展业的带动下，相关服务业得到了快速的提升。

（4）会展产业已经成为城市功能提升的动力。宁波市近年来经济发展速度

快，但城市功能还存在着不完善的问题。发展会展产业，对城市功能提升提供了动力。2002 年，宁波市只有 1 家五星级酒店，2007 年年底，宁波市已有 5 家五星级酒店，已建成待评和在建的五星级酒店近 10 家。出租车、公交车等数量不断增加、档次逐步提高；近年来，还增开了至韩国首尔和中国香港等地的国际民航线路。

（5）会展产业已经成为和谐建设的重要抓手。会展产业一方面可以增加大量的就业机会，另一方面也可以通过提供文化活动项目，丰富群众文化生活。会展活动吸引了来自国内外的参展商到宁波，也有力地激发了宁波市民热爱宁波、完善自我的自觉性。在宁波举办展会期间，一些街道自发组织相关的文艺活动，开展社区文化活动，寓教于乐，在活跃市民生活的同时，也提高了市民提升自身素质的自觉性，在一定程度上化解了社会矛盾。据宁海开游节的相关统计，在 2003 年以前，3 ~ 5 月份上访人数月均 33 人，举办开渔节后，上访人数几乎为零。举办会展活动，提高了市民的责任感和荣誉感，各级政府和社会团体自觉地为维护城市的综合环境，开展多项服务，有效地提高了城市和谐社会建设的水平。2006 年，宁波市被评为全国文明城市，会展活动发挥了不可或缺的作用。

（6）会展业也是提高政府公共服务水平的重要平台。会展是一项涉及面广、协调难度较大的综合性活动，通过举办展览等活动，政府各部门之间相互配合，提高了综合协调和快速反应能力，也在较大程度上提高了城市的综合管理水平。尤其是浙江省投资贸易洽谈会期间，很多市直部门直接参与了接待活动，通过举办会展活动，进一步提高了相关部门的综合协调能力，也提高了政府公共服务的水平。

此外，政府有关部门还通过招商引资、招商引展、集中推介品牌展会，为会展产业提供宣传途径等方式来促进会展产业的发展。一些政府主管部门也积极参与大型专业会展活动的组织工作。在中国旅游投资交易洽谈会期间，旅游局等部门积极推介宁波市的旅游景区、景点和线路，并为参展商提供全面周到的服务；在举办宁波国际服装服饰交易会和中国食品博览会的过程中，为了推动宁波市会展业发展，市委宣传部和市各有关方面通过各种形式，加大会展工作宣传力度，积极推介重要会展活动。宁波市外经贸局、宁波市经委、宁波市贸易局等也发挥了十分重要的作用，推进了宁波市展览业的深入发展。

三、宁波市会展业发展的启示

宁波会展业的发展既有经济发展的客观要求，也反映出本届政府对服务业和文化产业发展的高度重视。总结宁波市会展业发展十年的历程，可以得到以下几点启示：

（1）市委、市政府高度重视会展产业是产业发展的重要基础。会展产业是新兴产业，作为新兴的现代服务业，宁波市委、市政府始终高度重视会展产业的发展。多年来，宁波市委、市政府始终在思考结合本地实际、提升产业综合竞争能力的新思路。在2007年召开的全市服务业工作会议上，市委、市政府主要领导对发展会展业作出重要指示，并提出了针对性的措施。同时，还提出了会展产业发展“规范化、制度化、集约化”的要求和重视发展“大展、好展、有影响力展”的要求。

市政府将会展工作纳入重要议事日程，多次召开专题会议，研究和部署会展工作的重大事宜。调整了市会展工作领导小组成员，健全了全市会展工作网络。市委、市政府主要领导多次指示要大力推动全市会展业发展。时任市长毛光烈同志多次对会展工作作出批示，提出了会展业发展要“规范化、制度化、集约化”，并指示要加大对会展业发展的支持力度。时任副市长郏和民同志对会展工作提出了“四大”和“两手抓”的要求，并及时指导、检查和协调全市会展工作的重要事宜。市政府有关领导还亲自组织有关会展活动筹备工作。市人大、政协领导高度重视会展工作，亲自参加各项会展活动；市人大、政协代表深入调研，为会展业发展积极献计献策。各县（市）、区在认真办好当地会展活动的同时，还积极组织参与在市区举办的各类大型会展活动。由于各级领导进一步重视会展工作，各部门推进会展业发展工作的合力不断增强，会展业发展出现了生机勃勃的可喜局面。

（2）营造良好的会展产业发展环境是会展产业发展的必要条件。从1997年发展会展业以来，宁波市政府高度重视营造良好的会展产业发展环境。十年间，宁波市政府结合产业发展的实际，不断调整产业发展思路，从1999年重点发展会展产业，到2003年将会展业列为支柱产业，提出打造长江三角洲南翼的会展之都的目标，以及2007年将会展业列为全市经济发展的战略性产业，提出举全市之力打造国际会展之都的目标，会展产业发展的目标不断调整，发展会展产业的思路也逐步清晰，会展产业在经济和社会发展中的地位也逐步得到提高。

（3）结合产业发展实际不断创新是会展产业发展不竭的动力。旅游业被称为寻找差异性的产业，而会展业被称为创造差异性的产业，因此，创新是会展业发展的生命。从1997年结合服装产业发展的需要，尝试举办服装节，到2003年提出的结合优势产业发展会展业，直到2006年提出的以国际贸易会展为龙头，宁波市发展会展产业的思路不断创新。在政策层面，由单纯举办会展活动向形成产业发展；在企业层面，由支持、扶持企业办展，向有计划、有措施构筑会展区块、打造会展业航空母舰，引进国外会展业优良资本转变；在项目层面，由本地会展活动向引进流动性展会和国外展会以及结合国际贸易和产业优势发展常年展转变，使会展产业发展的结构不断优化。

(4) 重视会展环境的营造和服务体系的构建工作是会展产业发展的重要环节。服务业对环境具有较高的要求，因此，宁波市政府始终重视提升服务环境的质量，并把发展会展业作为提高市民综合素质的重要组成部分。政府将发展会展业列为政府部门及县区政府工作考核的重要内容，对在会展业发展过程中发挥重要作用的政府部门和单位给予组织奖、创新奖等表彰工作；每年针对浙洽会、服装节等大型会展活动开展环境评价工作；协会组织开展“十佳展会”、“十佳节庆”、“最受展商欢迎的十佳酒店”和“最佳会议”、“最佳演出”、“最佳比赛”的评选活动。

全市各级部门、各有关方面密切配合，积极做好会展服务工作。加强了会展信息建设，开通了中国宁波会展网，在中国宁波网上开设了会展频道，完成了浙江会展教育科研网的建设工作。组织会展人才招聘活动，开展会展业发展网上对话活动，组织会展企业赴华交会考察学习；推进与香港、上海、大连等地会展业合作交流等等。在引进展会方面，市旅游局、贸易局、贸促会等部门做了大量工作，在展会申报、审批方面，市工商、公安等部门给予了大力支持。在展会举办期间，市公安部门做到检查、措施、警力三到位；市城管、工商部门千方百计美化城市，优化环境；市卫生部门加强了卫生保障工作；市文化部门精心办好会展文化活动；市接待部门会同侨、台、外及其他对口部门出色完成了海内外重要来宾接待任务；市财政部门在会展资金方面给予了大力支持；市发改委、经委、交通、海关、检验检疫、质监、农林、经济协作、信息、金融等部门，积极做好会展活动的各项服务工作，从而保证了各类会展活动安全、顺利举行，为全市会展业发展创造了良好环境。

(5) 把发展会展业和建设和谐社会紧密结合是会展业发展的溢出效应。会展业是文化产业的重要组成部分，会展活动中的各种活动进一步丰富了市民的文化生活，在和谐社会的建设中发挥了重要的作用。市委、市政府重视会展产业在和谐社会建设中的作用，鼓励和扶持企业通过举办会展活动，来丰富宁波市的文化生活。相关部门也从多种角度，加大了对会展文化拓展作用的工作力度，这是宁波市会展业高速发展不可忽视的重要因素。

(6) 高度重视会展科研和人才培养工作是提升会展业核心竞争力的重要手段。会展是知识密集型产业和信息密集型产业。因此，发展会展产业对人才具有较高的要求，必须高度重视会展人才的培养工作。从 2002 年起，市政府和浙江万里学院等驻甬高校紧密配合，在国内会展业创造了若干个第一：国内第一个（也是唯一的一个）会展类省级精品课程、国内第一个（也是唯一的一个）省级会展经济与管理重点专业、国内第一个省级会展类重点项目、国内第一个政府批准设立的会展经济研究所、国内第一批开展会展本科人才培养的高校。

在研究方面，学院紧密结合区域产业发展的实际，注重解决产业发展中的实际问题，并逐步提炼会展产业发展的基本规律。到现在为止，已经有会展转换作用、会展引擎作用、会展政策信号放大作用、会展文化替代作用等一系列基础理论方面的研究观点得到国内专家的重视。此外，在会展可行性分析、会展产业对经济拉动作用、会展中心选址、流动性展会举办地选择、世博会对经济拉动作用测度等一系列研究方法方面取得了突破。宁波市会展教育科研工作在国内已经产生了重要的影响作用，为宁波市大力发展会展产业提供了科技和人才保障。

第二章

宁波市会展业接轨上海世博会的对策研究

引言：2002 年 2 月，中国上海市成功获得 2010 年世界博览会的主办权。世博会组委会将通过合作参与世界博览会，努力打造在国际上具有较大影响的会展城市群作为长三角合作的重要途径。2007 年 6 月，作者主持宁波市政府会展办“宁波市接轨上海世博会对策研究课题”，并于 2007 年 8 月底完成研究报告的撰写工作。研究报告得到市政府会展办领导的高度重视，但考虑会展办职能特点和上报角度等原因，在原来的基础上做了较大的修改，将宁波市接轨上海世博会的对策研究，调整为宁波市会展业接轨上海世博会对策研究，并于 2007 年 9 月初上报市委市政府。2007 年 9 月 8 日，时任市长毛光烈同志作出重要批示：“这是把现代化国际港口城市建设全面推向新阶段的重大机遇，我们要认真把握。请将此件印送市委各位书记、市政府各位领导、卓辉主席、杰民主任阅。请和民市长提出组织领导机构方案。”2009 年，该研究报告获得宁波市第十一次哲学社会科学成果二等奖。

主题为“城市，让生活更美好”的上海世博会将于 2010 年 5 ~ 10 月举行。如何借助举办上海世博会的有利时机，促进宁波市会展业的跨越式提升，具有十分重要的现实意义。上海世博会带来了难得的发展机遇、合作机遇、产业提升机遇，同时也对城市间竞争能力、政府公共服务水平、城市管理水平等带来严峻的考验。抓住这个机遇，可以进一步扩大宁波市会展业取得的成果；否则，将愧对宁波城市的发展和老百姓的期望。

本研究以上海世博会的项目安排为切入点，立足 2010 年上海举办世界博览会这个大背景，从接受增长极辐射，提升宁波市会展业及相关产业的竞争力入手，在充分分析宁波市会展业及相关产业特点和深入了解上海世博会相关项目设计安排的基础上，探讨以会展业为突破口与上海世博会合作的必要性、基本原则、具体途径和相关的工作手段。

一、上海世博会的总体情况

会展业是现代服务业的龙头产业，对相关产业具有较大的拉动作用。世博会是全世界规模最大、档次最高、综合性最强、持续时间最长、参与人数最多、拉动作用最大的顶级的会展项目，聚合了大量的经济和社会资源。

（1）上海世博会的基本情况。上海世博局主要领导认为，世博经济包含了三方面的内容：一是举办地为了筹办世博会所进行的一系列经济活动，以及对周边地区产生重大的影响和辐射；二是开发世博资源所进行的经济活动；三是发展区域经济，实现区域经济一体化的相关经济活动。

1）经济总量方面。据上海世博局发布的消息，世博会将产生30亿美元的直接投资，引发的延伸投资为150亿~300亿美元；半年的展期，吸引海内外参观者7000万人次；据统计，旅游收入达800亿元人民币。其中世博会的7000万客流中，有35%左右会继续在长三角地区游览，对长三角主要城市形成很强的辐射作用和财富溢出效应。

2）产品需求方面。上海世博会在筹备过程中，需要超过200亿元的产品需求，具体包括饮料、食品、礼品、文具、办公用品、花卉、服装、家电等多个类型的产品，也为周边地区的企业生产提供了巨大的市场，带动了相关产业的高速发展。此外，世博园场馆及相关基础设施建设规模宏大，这为建筑材料、建筑业、建筑装潢等发展提供了巨大商机。

3）投资洽谈方面。上海世博会期间，有超过100个国家的3万余家企业前来参加展示和洽谈，为国内企业，特别是长三角城市和地区的企业提供了商机和走向世界的通道，预计招商引资及项目洽谈工作将超过5000亿美元，是上海及周边地区经济发展的重要引擎。

4）拉动效益方面。据上海有关部门预测，筹备世博会期间，世博经济每年对上海GDP增长的拉动约为2%，对上海周边长三角地区投资的拉动约为30%。举办当年，对上海GDP增长的拉动约为5%，对上海周边长三角地区投资的拉动超过50%（数据来自上海世博会官方网站）。

5）项目服务方面。世博会的拉动效应，将有力地带动上海乃至长三角地区的旅游、商贸、酒店餐饮、文化和金融服务业，为企业创造许多新的投资热点。并通过工程项目招标、有关工程建设、提供建设装饰材料、种植城市绿化苗木、吸纳技术力量和提供劳动力资源等多种服务创造服务和就业机会。

（2）上海世博会的项目安排。从2006年上半年起，上海世博会相继推出了品牌赞助计划、标志特许经营计划、游客组织计划、园区内商业服务计划。由于多种原因，详细的工作计划尚未正式推出，但研究表明，上海世博会的项目数量多达20000余个，涉及面广，具有较大的市场运作潜力。具体可分成三类：

1）展示类项目。展示类项目是上海世博会的核心项目，具体包括国家展示、城市展示、项目展示等。当时据上海世博会组委会提供的消息，上海世博会将为国内各省份提供600平方米的展示区域。但由于长江三角洲的江苏、浙江有着接轨世博会的特殊环境，因此，扩大这两个省份的展示面积似乎有实际运作的可能，但最终的结果还需要有关城市联合开展深入细致的工作，争取获得更大的展示空间。除了核心展示外，宁波市可以考虑举办专题展示活动和专题对接活动，包括城市推介会、产业说明会、企业及项目推介会等。

2）交流类项目。交流类项目主要通过会议等方式举办，由于世博会交流类项目较多，因此，可以根据不同地区的特点，举办多种形式的国内外交流活动，包括城市交流会、产业交流会、企业合作洽谈会等，在服务的同时获得商机。

3）互动类项目。互动类项目主要是指可以允许观众参与的活动，或非专业人士参与的活动。这类活动虽然规模不是很大，但数量很多，是企业开展宣传、扩大影响、提升产品品牌和企业知名度的有效途径。还可以开展一些大众类的互动项目，让更多的市民参与到世博会的活动中去。

（3）上海世博会的工作框架。在2010年上海世界博览会倒计时1000天之际，时任上海市委主要领导接受了人民日报、新华社、中央人民广播电台、中央电视台等中央主要新闻单位集体采访，强调举办世博会是国家行为，是上海实现科学发展的重要契机，上海将牢牢把握住机遇，全力以赴创造更好条件，搭建更大平台，在更广范围内、更高层次上放大世博会效应，与兄弟省市一道共享世博会带来的发展机遇和成果，力争让上海世博会成为一个历史性的标志。世博会的框架方案已经基本确定，主要集中在以下几方面：

1）在办展主体确定方面。上海世博会主要是以上海市政府为主，周边城市的参与方式尚未明确。因此，很可能主体由上海市扩大到以上海市为主的长江三角洲城市群，主要包括南京、杭州、宁波、苏州、无锡、嘉兴等城市。从2008年，习近平副主席到江苏、浙江等地考察的情况看，上海已经开始深化与周边城市共同举办世博会的工作；基于此，在接轨上海世博会中受益最大的城市主要是杭州、宁波、南京、苏州、无锡、嘉兴等城市，而此间一直对世博会举办充满憧憬的合肥、南昌等城市，参与世博会的可能性较大，但作为主体受益的空间有限。

2）在项目设置方面。上海世博会的项目设置主要问题是设计过于滞后，相关的研究不到位，缺乏系统性和深度。业内专家曾认为世博会“硬件硬、软件软”。在离上海世博会的举办只剩下不到3年的时间里，世博会的主题、定位、办展主体和项目方案还没有最终敲定，所以，可能在一定程度上影响上海市博会的举办效果。此外，世博会的项目主要是集中在这样一个分水岭上：是继续沿袭传统的世博会展示方式，还是在基本框架下进行创新。从2010年世博会的主题看，选择创新可能是势在必行。这就要求世博会不能仅仅局限在现场的展示，而要把很大的空间投放给交流、洽谈和签约等方面。

3）在程序安排方面。上海世博会的举办时间有6个月，而这期间正是上海温度最高的时段，长时间、高质量、高强度的工作，对上海世博会组委会以及政府相关各部门的管理、协调能力提出了严峻的考验。当时据世博局负责人预计，上海世博会期间接待的国内外客户和参展人员可能高达8000万人次，最高时段日接待人数达到150万人。从上海当时的接待能力看，是很难达到的。上海360多家星级酒店仅有26万张床位，其中一部分缺口需要周边城市来弥补。因此，向周边城市分流和均衡世博会的项目分布就成为必需。所以，除按照国家分成专门的“周”、“日”外，还可能根据项目的内容等方面，对相关活动进行进一步细分。这样更加有利于周边地区开展接轨上海世博会的工作。

二、世博会对会展及相关产业的作用分析

历届世博会的举办，都对整个地区的经济和社会发展带来较大的推动作用，是提升一个国家城市和地区国际影响的重要途径，其直接和间接影响可以延伸到相当长的一个时期。

2010年世博会的主体应该分成三个层次：国家、长江三角洲地区和上海，而受益较大的应该是以上海为中心的长江三角洲城市群。宁波在接轨上海世博会的过程中，将迎来较大的发展机遇。

（1）展示作用。世博会被称为国家展示工程，是提升一个国家城市和地区国际影响的重要途径，上海世博会是周边城市和地区展示形象的最好机会。宁波市是我国计划单列市之一，尤其是近几年来，在政府管理体制、经济发展水平、社会和谐程度等方面，在国内具有较大的影响。但由于宁波市一贯务实的作风，对城市的宣传工作方面始终保持低调。城市在国际上的知名度还不能与城市经济和社会发展的水平相匹配，因此，需要通过全方位的展示活动，进一步扩大宁波市在国际上的影响。

（2）平台作用。上海世博会一个十分重要的功能就是通过举办展览、会议和各种大型活动，为周边城市和地区接轨国际提供一个交流的平台。截至2008年8月20日，已经有145个国家和地区以及17个国际组织报名参加上海世博会，预计参加上海世博会的国际大型企业的数量超过万家，企业总数量超过3万家，企业的集中度和档次是前所未有的，这是最集中的信息交流和合作洽谈的机会。宁波市政府和企业可以有针对性地选择合适的城市和企业，组织他们到宁波实地考察，进行合作洽谈。

（3）拉动作用。会展产业发展的一个重要效果就是对相关产业的拉动作用。当时在筹备过程中，将需要超过200亿元的产品需求。这包括上海及周边城市为世博会提供的花卉、文具、饮料、服装、礼品等会议用品，由此可以带来较大的

商业机会。在交通、物流、旅游、信息服务等方面，通过消费为周边城市带来消费刺激和生产拉动。此外，对中介服务、建筑设计和房地产等产业也会带来较大的提升作用。

（4）引导作用。上海世博会通过集中展示上海及周边城市的环境、形象、政策体系和市场远景，可能成为世界经济中心向中国长三角地区转移的前奏。欧洲国家的生产和商务成本逐年增加，而中国长江三角洲地区具有丰富的资源、良好的环境、广阔的市场和比较优惠的政策空间，对国际著名企业具有较大的吸引力。宁波市作为长江三角洲的重要组成部分和国内知名会展城市，应充分把握这个有利时机，通过接轨世博会获得先机，让更多的国家和企业加深对宁波市社会、经济环境的认识，使更多的国外企业到宁波市安家落户或开展深层次合作，提高宁波招商引资工作的效果。

三、宁波市在接轨上海世博会过程中可开展的工作

接轨上海世博会，其效果不仅仅体现在世博会的举办期间，世博会准备工作期间和世博会结束后的一段时间里，都会对宁波的经济和社会发展带来一定的影响。宁波市可以在今后五年左右的时间里，在以下几个方面重点开展工作：

（1）全面推进会展业的发展。全市会展工作会议上，市领导提出要聚全市之力打造国际会展之都，这为宁波市会展业的发展指明了方向，提供了前所未有的动力，要充分发挥上海世博会的有利条件，全面推动宁波市会展产业的发展。

1）提升会展活动的规模和数量。2010 年上海世博会有近 20000 个项目，按照世博会组委会的要求，一半以上的项目要由周边的城市举办，宁波市可以根据自身产业发展的实际，以及国际化合作的要求，有针对性地选择展览、会议等活动，同时还要结合传播宁波传统文化，举办相关的节庆活动。

2）加大引进国外展会工作的力度。市政府已经决定建设会展中心二期工程，工程建设完工后，宁波市完全有能力承办国际大型会展活动，这为宁波市引进国外展会的工作奠定了坚实的基础。要利用世博会外商云集的有利时机，结合宁波市的产业发展重点，有针对性地引进国外大中型会展项目，提高宁波市会展产业的国际化水平。

3）筹划打造国际进口商品展示基地。宁波市具有港口优势，为会展物流提供了低成本的运输方式，便于产品集聚和展示。现有的国际贸易平台举办的是家电常年展，在建中的二期工程可以考虑打造一个面向国内的进口商品展示基地。通过打造进口商品展示基地，推进“区港联动”向自由港建设发展，最终形成以会展业为龙头的进出口贸易服务体系和产业链条。

4）有选择性地引入世博会期间溢出的展会。上海市的会展项目众多，其中不乏国际性的会展项目。由于世博会举办期间，上海市可能会限制举办大型活动

的数量，因此，会导致一批大中型会展项目选择新的会展举办城市，这为宁波市引进国内主办的大型国际化展会工作创造了有利条件。可以结合宁波现有产业的需求和会展项目的实际，有针对性地选择一些基础条件好、发展潜力大的展会到宁波落户。

(2) 通过举办展示活动提升产业的综合竞争能力。会展产业通过举办展示活动，对展品所在产业和所属企业能带来较大的提升作用。宁波市已经举办的服装节、浙洽会、消博会、家博会、文具展等对产业的提升作用已经得到明显的体现，下一步需要进一步结合宁波市的产业发展实际，充分利用上海世博会的国际平台，策划、设计更多的会展项目，加强与国际会展城市的全面合作。通过举办会展活动，延长产业链、提升产品的附加值、扩大品牌的知名度，全面提升宁波市的产业国际化综合竞争能力。

1) 提高会展企业的国际化水平。宁波市的会展企业中民营企业的比重较高，产品的科技含量和附加值低，品牌知名度影响力较小，企业的国际化工作是一项比较紧迫的任务。通过接轨上海世博会，举办各种商品展示活动、商贸洽谈活动，可以促使会展企业通过加强国际合作，提升企业、品牌和产品的国际知名度，提升会展产品的附加值，最终提高综合经济效益。

2) 进一步拓展招商引展、招商引资工作。接轨上海世博会也是通过展示宁波市良好的城市功能、政策体系、服务水平等投资环境，做好招商引资、引展工作的最有效途径。外商可以直接、集中进行实地考察，从这个角度上讲，上海世博会是最廉价的招商引资、最便捷的国际合作途径。宁波市可以通过“以民（民营企业）引外”、“以区（开发区）引外”、“以楼（楼宇经济）引外”等方式，认真做好招商引资的政策制定和项目设计工作，提高招商引资工作的效果，提高外资企业在宁波经济中的比重。此外，还要认真策划、积极争取，以便在未来设立的保税港（直至发展到自由港）中设立会展进口商品展示基地。

3) 全面提升现代服务业的质量。宁波市是我国经济比较发达的地区，尤其是第二产业展经济的比重较高。随着能源的紧缺形势不断加剧，以及生态可持续发展的要求，市政府提出要大力发展服务业，尤其是现代服务业，这是转变经济增长方式、优化产业结构、提高经济运行质量，增强宁波经济国际竞争力的重要手段。通过接轨上海世博会，可以有效地吸引国内外客商，构建以会展业为龙头的进出口贸易服务体系，扩大宁波会展、物流、经贸、信息、金融和中介服务业等现代服务业的影响，加快现代服务业国际化的步伐。

(3) 通过举办展会活动展示城市和地区的良好形象。城市形象展示工作是会展工作的重要组成部分，也是宣传政府和企业形象的重要手段，要充分利用世博会这个展示平台，展示宁波的城市形象。

1) 做好城市理念的构建和设计工作。每个城市都有自己的发展理念和城市定位，宁波市在这方面也开展了一些研究工作。但由于城市形象展示方面的研究刚刚起步，所以在城市形象定位方面的研究还比较滞后，需要通过对城市形象展示方面开展研究，进一步明晰城市形象定位，提高国际展示的效果。在前期的研究工作中，我们考虑到宁波市是国内副省级城市中非常有特色的城市。宁波市不是国内最富裕的城市，但宁波市是国内贫富差距最小的副省级城市；宁波是一个有爱心的城市，“顺其自然”的爱心举动在国内产生了较大的影响。因此，我们建议在接轨上海世博会的城市形象展示中，可以从“港口”、“爱心”等方面提炼宣传理念，在宣传过程中发挥一定的感官效用。

2）完善城市的功能。城市的功能是城市发展的重要内涵。2010 年世博会的主题是“城市，让生活更美好”，其中很重要的一个方面就是城市功能的展示。宁波市城市发展速度快，但相关的城市功能与国际发达水平的同类城市相比，还存在一定的差距。可以通过接轨世博会的过程中，按照国际化的标准，逐步提升城市的功能，为打造国际会展之都创造良好的环境。具体包括城市的航空、铁路交通和市内出租车等运输能力的提高，城市综合管理水平的提升、城市信息服务手段和产业综合服务能力的提升等方面。尤其是信息、交通、旅游等产业，要进一步密切与长江三角洲城市群的合作关系，通过产业联合、服务对接等手段，形成与上海的同城效应。

3）做好上海世博会宁波展区的设计工作。无论是把浙江省作为一个独立的展区，还是单独为宁波等城市提供一个固定展区，都需要及早开展宁波市城市形象展示的设计工作。这里面既包括空间设计，也包括理念设计。这些不仅需要相关工作人员的努力，还需要得到专家学者和市民的广泛认同。此外，上海世博会还将设立若干个主题论坛，宁波市也需要结合自身的特点和发展需要，努力争取相关主题论坛落户宁波。

4）做好城市标志性符号的选择工作。城市标志性符号是指能够反映城市形象的符号，具体包括市树、市花、具有国际影响力的产业、著名的企业、著名的产品品牌、文化、人物、建筑、自然景观等。宁波市不仅是沿海开放城市，也是品牌之都，因此在标志性符号的构建上面，具有较大的优势。现在可以明确的城市标志性符号可包括杭州湾跨海大桥、宁波港、三江口、天一阁、雅戈尔、广博、韵升八音盒、汤圆、耍牙、樟树、茶花、包玉刚、溪口风景区等一大批可供候选的标志性符号，只是需要通过规范性的程序，得到政府、学者、市民和外地人士的认可，最终形成具有说服力的城市标志性符号集成体。

5）探讨是否进行城市最佳实践区展示工作。城市最佳实践区是上海世博会“主题呈现”的重要载体之一。它将以世博会的主题内容结构为依据，从城市人、城市、地球、足迹、梦想五个概念领域中选取关联较为广泛，同时又有利于展现当今世界上城市最佳实践主流的相关内容，形成城市最佳实践区的四个展示区：宜居家园、可持续的城市化、历史遗产保护与利用、建成环境的科技创新。截至 2007 年 9 月 2 日，利物浦、圣保罗、苏黎世、马德里等 30 个城市或地区已正式递交了 37 个案例。另有 11 个城市或地区通过电话或邮件方式申请报名参展。为了选出高质量的城市实践案例参与上海世博会城市最佳实践区展示，很多国家先行启动了本国城市案例内部遴选程序。同时，应全球众多城市的强烈要求，经国际展览局建议，上海世博会组织者已将自荐参展案例的征集截止期限由 2007 年 8 月 31 日延长至 2008 年 1 月 31 日。这样也为宁波市自荐参与城市最佳实践区展示提供了可能。至于是否最终申请，还需要根据宁波市的实际进行决断。

（4）通过举办会展活动带动科教文化产业的发展。会展教学科研和人才培养工作是会展产业发展的重要支撑。需求决定发展，通过接轨上海世博会，可以有效提高宁波高校的会展教学科研水平。

1）加大会展教育和人才培养工作的力度。宁波市高校数量较少，但会展人才的培养工作已经走在全省的前列。通过接轨上海世博会，可以进一步促进会展教育工作的水平，加大从业人员的培养力度，有针对性地培养世博会继续的服务人才，提高宁波市会展及相关产业人才的集聚程度。

2）提高会展科研工作的水平。宁波市会展科研工作起步较早，尤其是对接轨上海世博会工作方面已经开展了长期深入的研究，在接轨世博会的过程中，可以进一步加大会展科研工作的力度，从接轨世博会的途径、世博会对宁波经济拉动作用的评价等方面拓展研究工作，在服务地方经济的同时，提高会展科研工作的水平。

3）扩大传统及现代文化的传播。宁波市有着悠久的文化历史，也是早期的海上丝绸之路的重要组成部分。通过参与上海世博会，可以在更广阔的层面上，通过举办展览活动、会议论坛、节庆活动，加大宁波市文化与国际的交流与合作，进一步弘扬宁波传统文化，提升宁波市传统文化在国际上的影响。

四、接轨上海世博会需要开展的相关工作

上海世博会的举办和准备过程，也是周边城市和地区的深层竞争的过程。通过接轨上海世博会，可能会在一定程度上改变长江三角洲相关城市的地位。尽管当时距世博会的正式举办还有两年多的时间，但由于相关的准备工作量比较大，准备工作的完善程度对接轨上海世博会的效果会带来较大的影响，因此，时间已经非常紧迫。

（1）尽快组建宁波市接轨世博工作相关机构。研究建议市委、市政府考虑组建宁波市接轨世博工作领导小组，由市委、市政府主要领导担任组长，相关部门负责人任成员；设立接轨世博工作领导小组办公室，组织专门班子以及从相关

高校、企业和研究机构抽调部分人员，启动宁波市接轨世博会的工作。

(2) 着手制订宁波市接轨世博经济的工作计划。以会展业为重点，从企业发展、产业选择、项目设计等多方面入手，制订出宁波市接轨世博经济的工作计划。明晰接轨世博会工作并不是局限在世博会举办之前和举办期间，在世博会结束后，还有很多相关的后续工作要做，因此，在时间的把握上，要本着紧张、有序、超前的思路，细化接轨世博会的工作安排。

(3) 密切与上海市政府及上海世博会组委会的联系。宁波市会展办前期已经开展了一些针对上海世博会的工作，并与世博局初步达成了上海世博会连续三年项目对接洽谈会的落户协议，加强了与世博集团在会展产业方面的紧密合作。但这些工作还比较零散，需要进一步拓展。具体可考虑以下方面：

1）建议进行高层次正式接触。派出由市委、市政府主要领导组成的代表团，正式拜会上海市委、市政府的主要领导，表达宁波市接轨世博会的总体思想和基本思路，并提出相关的建议。正式启动宁波市接轨世博的相关工作。

2）密切与上海世博局的联系。由宁波市政府有关部门牵头，与上海世博局进行商谈，建立稳定、长期、规范的工作机制。包括定期沟通制度、情况通报制度等，全面深化宁波市接轨上海世博会的相关工作。

3）派出专门人员参加世博会的工作。为深入了解上海世博会的工作安排，实现信息对称，为宁波市接轨世博会创造有利条件，应考虑派人到上海世博会组委会工作或挂职。可以从高校、政府、企业等多方面考虑人选，参与世博会的相关工作。

(4) 进一步扩大接轨世博会的宣传工作。世博会是最便捷的招商引资、最直接的城市宣传、最有效的国际合作洽谈和成本最低的国际市场开拓平台。但作为接轨上海世博会的重要组成部分，很多企业在对接轨上海世博会的工作上缺乏深入的了解，多数市民对如何在接轨世博会的过程中开展工作也不明晰，需要加大宣传工作的力度。

1）加大新闻媒体的宣传力度。宁波市主要新闻媒体要设置固定的时间和栏目，加大对上海世博会工作的宣传力度，要深入宣传宁波市接轨世博工作的指导思想、基本思路、工作计划和相关政策。让企业、市民及时深入了解工作的安排和进展情况。

2）充分利用现代信息技术开展宣传工作。要建立宁波市接轨世博经济工作网站。可分成政府网站、商务网站和服务网站，采用多种语言版面。政府网站主要介绍宁波市政府接轨世博会的相关工作，可提供的公共服务等；商务网站主要介绍在宁波市投资、洽谈等方面的商机；服务网站主要介绍在宁波旅游、休闲的线路和相关的服务。

3）有针对性地开展宣传工作。针对那些在接轨世博会工作中可以有所作为的产业、企业，应采取集中宣传、深入宣传等方式，扩大宣传工作的力度。指导和协助企业做好在世博会现场的相关宣传工作。

4）要做好相关的配套宣传工作。编制宁波市接轨上海世博会工作手册（中、英文版），在政府的网站上开设或增设多种语言的宣传和公共服务版面，在市区增设公益宣传广告，针对上海世博会开展领导访谈、专家访谈、企业访谈和市民访谈等栏目。

(5) 深入开展调研和项目的设计策划工作。旅游是寻找差异性的活动，而会展是创造差异性的活动。因此，要突出项目的创意和创新性。在对相关基础理论开展研究的同时，组织专门人员，深入到政府的有关部门、行业协会、企业和社区，进行走访调研，了解宁波市各个层面在接轨世博会工作的基本想法、基本要求和基本思考，并汇集整理，以便有针对性地开展接轨世博会的对接工作。

(6) 做好产业的国际竞争力的提升工作。要有针对性地对宁波市产业接轨国际工作进行展示规划和项目设计。要通过在接轨世博会的过程中举办多种展示活动，对已经在国内外具有知名度的服装、物流、文具、家电、机械等产业，进一步提升国际竞争能力；对旅游、房地产、海洋产品等处于发展阶段的产业，逐步引导与国际接轨；对礼品、茶叶等具有较大发展潜力的产业，要通过进行包装、宣传等方式进行推介，分层次推进产业的国际化进程。

(7) 做好接轨上海世博会的相关服务工作。接轨上海世博会的过程中，提高综合服务水平至关重要，要逐步形成规范、高效、科学、有序的服务工作体系，确保接轨世博会工作的顺利进行。

1）做好接轨世博会的咨询服务工作。适时组建接轨上海世博会咨询服务公司，在尽快熟悉上海世博会相关工作的基础上，研究宁波市接轨世博工作的具体操作问题；并与参加世博会的相关企业、协会进行密切合作，为宁波企业接轨上海世博会提供高质量的服务。

2）做好专业人才的培养工作。接轨上海世博会期间需要大量的专业人才，宁波市高等院校数量较少、规模较小，所以人才的储备量还不足以满足宁波市接轨上海世博会的需要。需要对会展、外语、旅游、信息、法律、中介服务等方面的人才进行强化培养。

3）做好相关的统计评价工作。上海世博会结束后，有必要对上海世博会对宁波经济拉动作用等方面进行评价，并完成宁波市接轨上海世博会工作报告，这需要从现在开始就要着手制定相应的评价体系，收集相关的详细资料，以确保评价工作的准确、科学和工作报告的全面、系统。此外，对接轨上海世博会的具体工作，包括项目、政策体系、产业发展对策等方面也需要进行系统深入的研究，这些工作也需要及早部署。

第三章

上海世博会宁波城市最佳实践区展示设计研究

引言：2008 年，经过市委、市政府的积极努力，宁波市获得上海世博会城市最佳实践区的参展工作，成为长三角地区除上海外三个参展城市最佳实践区的城市之一。参照上海世博会城市最佳实践区遴选工作的要求，经过系统的调研，最终确定滕头生态模式作为宁波市参加上海世博会城市最佳实践区展示工作的主题。如何系统、科学地开展相关的主题演绎和展馆、展品、展示设计工作，宁波市政府主管部门及相关专家学者都在进行认真的思考。2008 年 9 月，作者主持宁波市社科规划办上海世博会宁波城市最佳实践区展示设计研究课题，旨在从理论与实践相结合的角度对滕头生态馆的整体设计开展研究。研究中核心体现出参观者从远处、近处、走入、参观、离开五个行为特征下，参观者视觉、思维、情感、体会四个角度对滕头生态馆的整体感受，以便实现最佳的展示效果。该研究报告完成后，为展馆的设计，尤其是布展服务及管理等方面提供了重要的参考。

世界博览会是由一个国家的政府主办，多个国家或国际组织参加，以展现人类在社会、经济、文化和科技领域取得成就的国际性大型展示会。特点是举办时间长、展出规模大、参展国家多、影响深远。因此，受到国际上的高度重视。

在 2010 年上海世博会筹备期间，主办方将最佳城市实践区和网上世博会作为本届世博会的两个重要创新，展示给世界各国及国际组织。最佳城市实践区项目启动以来，得到国内外城市的高度重视，各国、各城市纷纷结合自身的城市发展，遴选和提炼案例，作为展示本国城市化建设的重要手段。

2008 年，宁波市结合滕头村生态化建设的历程和发展实际，提出了申报最佳城市实践区的方案，并最终获得专家的认可，成为 2010 年上海世博会中唯一一个以农村为题材、以农村城市化生态之路为主题的最佳城市实践区。

本研究旨在通过对宁波市最佳城市实践区方案的理念设计，以及对相关设计思路的系统化思考，为宁波市设计和建设最佳城市实践区提供理论支撑和对策建议。

一、城市最佳实践区的基本理念

城市最佳实践区是2010年上海世博会的两大重要创新之一，旨在通过给城市一个独立参加世博会的机会，集中展示全球最具代表性的城市，为提高城市生活质量而开展的公认的、具有创新价值的各种实践方案和实物，为来自世界各城市的代表提供一个城市建设和发展经验的平台。该方案不仅得到国际展览局的充分认可，也得到国内外各城市的高度重视。

（1）展示领域。世博会历史上一直以国家和国际组织为参展主体，而上海世博会将邀请全球范围内30个具有最佳实践案例的城市独立参展，打造“城市最佳实践区”，这将成为上海世博会的一大亮点。“城市最佳实践区”是一个模拟城市生活、工作、休闲、交通等若干功能的综合街区，将展示已经实施的能对未来城市发展起到示范、引领作用的成功案例，让参观者能提前领略未来城市的美好生活方式。

根据上海世博会主题演绎计划，城市最佳实践区是主题呈现的重要载体之一。以世博会的主题内容结构为依据，从城市人、城市、地球、足迹、梦想等五个概念领域中，选择关联度较为广泛，同时又有利于展示当代世界上城市最佳实践主流的相关内容，形成宜居家园、可持续的城市化、历史遗产保护与利用、建成环境的科技创新等四个主题展示领域。

（2）展示方式。城市最佳实践区的展示内容以实践为主，同时可包含具有广泛应用前景的实验研究案例。营造直观、体验和互动的展示场景，同时也可以采取模型、多媒体技术、参与性活动等，作为对最佳城市实践区的展示补充。

（3）案例的遴选。国际遴选委员会的评选充分考虑到发达国家和发展中国家城市的平衡，而且非常注重考察案例的实践价值。案例对人类社会发展有很大帮助，成为上海世博会的一大亮点。此外，公认度、创新度、价值度和可展示性将成为城市最佳实践案例的评选标准。

在具体的关注点方面，上海世博会城市最佳实践区在关注城市经济、科技成果展示的同时，更注重诸如水资源、卫生、便捷廉价的公共交通等方面的问题，同时考虑到一些城市的最佳实践案例不需要大面积的场馆展出，所以主办方正在考虑建一个综合馆，用来展示更多的有意义的最佳实践案例。

二、宁波申报最佳城市实践区的背景条件

有关资料表明，上海世博会有来自全球240余个国家和国际组织参展。参与的国内外企业达到30000余家，在184天的展示期间，有7308万人次的国内外观众及客商，因此，期间的展示项目，不仅可以带来较大的国际化影响，也能够

提升城市的品牌形象和核心竞争能力。

(1) 宁波申报实践区的动因。最佳城市实践区参展工作既具有较大的战略意义，同时也具有较高的要求。此外，创意设计要求高、投入较大，也给各申报城市提出了严肃的课题。宁波申报最佳城市实践区，主要是基于以下几方面的原因：

1) 宁波市需要一个独立的展示空间。根据上海世博会组委会的相关计划，国内除最佳城市实践区外，只能以省、直辖市、自治区为单位参展。此外，就是企业馆，但由于企业馆参展的门槛较高，一般说来，除国家级的大型企业外，地方企业很难独立参展。因此，通过最佳城市实践区来独立展示城市形象就成为城市独立参展的最佳选择和必由之路。

2) 区域竞争态势要求宁波申报最佳城市实践区项目。宁波市是长三角区域唯一一个计划单列城市，经济发展水平高，历史文化悠久，外向型经济特征明显，因此，具备申报最佳城市实践区的基本条件。从周边城市的情况看，杭州、南京、苏州、南通、绍兴等城市都在积极准备申报最佳城市实践区项目，因此，宁波当仁不让，也没有理由不申报最佳城市实践区项目。

3) 宁波有较成熟的典型案例。根据上海世博会组委会的相关要求，申报最佳城市实践区必须具有国际化特征、案例化特征和代表性特征。从宁波城市发展的实际情况看，可以围绕多个主题遴选参展案例。尤其是滕头村生态发展的历程，已经得到联合国和多个国际组织的高度重视和认可，是比较有竞争力的典型案例。此外，江海湖河协同发展与保护，历史文化古迹的发掘与保护等都具有一定的竞争能力，可作为备选案例。

(2) 宁波申报最佳城市实践区的简要过程。早在2007年上半年，宁波市会展办就委托浙江万里学院就宁波接轨上海世博会的相关工作开展研究，并形成了“宁波市接轨上海世博会的对策研究”报告。该报告于2007年9月8日得到市领导的重要批示。研究报告中除就宁波市组建接轨上海世博会工作机构，制订宁波市接轨上海世博会工作方案外，重点就最佳城市实践区、主题论坛、世博之旅等开展研究，并提出申报的基本思路。2007年10月份，宁波市会展办有关领导与宁波市会展经济研究所相关研究人员就上海世博会最佳城市实践区的申报工作开展研究，并多次与上海世博会组委会最佳城市实践区部负责人等进行对接。2008年3月，市接轨上海世博会组委会办公室（2007年12月成立）有关领导在充分研究的基础上，确定将滕头村作为案例模板，提炼案例思路，并将“乡村城市化的生态之路”作为初步申报主题。2008年5月，宁波市接轨世博会办公室聘请宁波市政府及高校的研究人员，组建宁波市接轨上海世博会组委会顾问团，重点就宁波市申报最佳城市实践区等工作开展多次研究和讨论，并通过公开招标等方式，确定宁波市申报世博会最佳城市实践区的最终方案。2008年7

月20日，宁波市接轨上海世博会工作组委会办公室正式向上海世博会事务协调局申报最佳城市实践区案例项目。经过多次研讨和修改，2008年10月，上海世博会组委会正式批准“乡村城市化的生态之路”作为2010年上海世博会最佳城市实践区案例。

（3）城市实践区空间位置的情况。城市最佳实践区位于上海市黄浦江南岸，在南浦大桥和卢浦大桥之间，“宁波滕头馆”位于城市实践区的北部，与中国西安大明宫展馆和沙特麦加馆为邻。“宁波滕头馆”总建筑面积1500平方米，展馆建筑长53米、宽20米、高13米，系两层独立建筑。建筑计划采用江南民居的建筑特点，外观古色古香，房屋的门、窗、墙体、屋顶也运用体现江南民居特色的建筑元素，充分凸显宁波富有的“江南水乡、时尚水都”的地域文化特色。展馆内部包括生态环境和现代农业技术成就展示、演示互动展示和接待、商务活动、“生态展”情景展示、自然体验和珍品展示、生态农业演示和体验等内容。

三、宁波最佳城市实践区案例概况

宁波申报最佳城市实践区首选案例是滕头村，主题是农村城市化的生态之路。滕头是中国浙江省东部沿海一个小村庄，其形成有悠久的历史，现行政隶属为宁波市（浙江省的副省级城市）下辖的奉化市（县级市）。滕头村的发展，揭示了城市化的一个重要途径：在不改变空间位置的基础上，改变农村的生存条件，达到城市化标准的实现路径，具有典型的案例特征。

（1）滕头村发展的基本情况。滕头村是宁波市下属奉化市的一个村，多年来，在村党支部和村委会的带领下，在村民的共同努力下，发生了快速的发展，一跃成为在国内外颇有影响力的新农村建设品牌。

1）生存和改造故事。与中国其他大多数农村不同的是，滕头村民较早地开始在有限土地上挖掘生存改善的来源，在中国还未实施经济改革的20世纪70年代，滕头村曾有过较大规模的土地改造和荒地改田。改革开放后，滕头自然成为率先进行脱贫和发展的改革村，重点推进了土地承包与复合经营，以及发展集体经济。使滕头成为最难得的农村典型的是，在大多数农村，包括城市，在普遍实行粗放型和资源掠夺型发展的时期，滕头却开始了资源保护、生态涵养和环境营造，设计了从自然资源到产业资源再到人文环境的美好景象，演绎了新型农村发展和建设的感人故事。

2）创业和发展轨迹。滕头实施城市化现代乡村发展和建设，是在20世纪80年代中国实行改革开放后开始的。特殊的历史背景使滕头的发展和建设首先从摆脱贫困，摆脱体制束缚，抓住改革机会，实施小村创业起步，探索独具自我特色的创新创业之路。滕头创业发展立足自有资源，搞好基础农业，拓展工业经济。其中一个重要的特色是搞好资源环境的保护和利用，并有效地实施资源经营和环境产业化的发展。

（2）案例内容基础依托。根据世博会组委会城市最佳实践区工作部关于城市最佳实践区遴选的相关标准，宁波市政府接轨上海世博会组委会对拟推选的案例进行系统研究，并形成系统的案例内容基础依托资料。

1）摆脱贫困与环境保护的艰难历程。环境基础营造和体系化生态养护。滕头人很早认识到生态环境是人类赖以生存的基础，也是真正发展的保证。几十年来，滕头规定每年以相当资金的投入，确保生态环境的养护和建设，并规定每年投入资金以不低于20%的份额增长。生态养护做到年年有投入、年年有建设，年年有变化。2001年以来，实施“蓝天、碧水、绿色”环境养护和建设工程。建成了“江南风情园”、“百鸟园”、“农家乐”、“农民公园”、“盆景园”等20多处生态景致，使生态环境更加功能化和体系化。村环境指标长期来保持60%以上绿化率（2005年后达到67%）和一级空气质量。

自然环境向人文环境的升级。在生态环境建设上，滕头还实施了特色化、文化性和参与性的方式，把自然高雅的园林田庄与生态旅游和村庄建设有机融为一体。以强烈的人文元素，建造了“当代将军林”、“柑橘观赏林”、“婚育新风园”、“绿色长廊”、“乡村文化广场”等人文景点。同时，结合旅游产业的开发，开发建设了生态型主题旅游、休闲和娱乐项目，很大一部分达到国家和省级旅游项目和景点水平。

资源改造营建经济发展基础。开发立体农业和资源再生是滕头生态环境营造的一大特色。在农业开发初期，建成雨污分流工程，污水汇集进入污水处理厂，实现水资源的保护和循环利用。建生态厕所，采用水循环微生物处理技术，解决农村粪污处理问题。其主要有三大功能：采用人工湿地，处理达标后直接排放，节约用水；处理达标后回用冲厕；用于现代农业大棚的绿化、灌溉。滕头为太阳能、风能开发利用最早的村庄，利用风能、太阳能路灯照明，住宅区、服务区实现“太阳能”热水供应。在立体农业开发上，形成系统循环，建生态养鸡场，上面种苗木，下边养鸡，鸡粪施肥。建黄花梨基地，上面种梨树，下面种豌豆，豌豆不用于采摘，可以肥沃土地，挖河道淤泥，当作肥料施肥。

环境保护制度化。滕头生态环境养护和建设实行了规划、制度和组织化的管理。特别是在经济开发初期，重点制定了资源开发和项目进入的限制规定，生态环境指标拥有对资源和项目开发的一票否决权。同时，村委会还配套制定生态环境养护和建设内容占重要份额的乡规民约，如《保护生态化环境和加强卫生管理的规定》、《滕头人文明行为准规》、《滕头形象8条准则》等。结合制度建设，确立标准化管理。2001年，滕头村通过了ISO14000国际环境管理体系认证，是全国第一个通过并实施该体系认证的行政村，实现了滕头生态环境建设国家级标准化管理，并与国际惯例和标准接轨。1993年，滕头村被评定为联合国“全球生态500佳”，2007年被评为联合国“世界十佳和谐乡村”，又一次实现生态环境建设的跨越。

2）生态型农村产业和城市乡村经济的精彩实践。精细的资源改造。重视土地，发展农业，是滕头人“始终如一”的“农民情结”，而生态涵养，环境产出，则是滕头人的“农业情结”。滕头村在发展农业进程中，经历了一个自发朴素的改造生产条件到自觉组合农业生态良性循环的过程，顺利地走出了一条农业增效、农民增收的“双增”道路。20世纪60年代起，滕头历时15年进行改土造田，完全奠定新型农业发展的基础。20世纪90年代以来，全面实施“复合立体”资源经营法和“科技兴农”战略，进一步优化农业产业结构，建成高科技蔬菜瓜果种子种苗基地、植物组织培育中心，花卉栽培大棚等，形成集“精品、高效、创汇、生态、观光”于一体的现代农业格局。

现实的科技创新。发展高效、精品和创汇农业。与日本大和种子株式会社合作，引进先进技术，创办优质种子种苗基地，进行优良品种杂交试种，并全部出口日本，为宁波市种子种苗出口第一家。先后发展设立农业公司和农业经营机构，种植高标准、高品质农产品，并实现规模化出口到日本、韩国及东南亚部分国家和地区。充分发挥30多年的花卉苗木栽培技术，分别通过自建基地和在省内外租赁土地，发展花卉苗木产业。全村拥有花卉苗圃基地3万多亩，产品各类品种达1000多种。与浙江大学植物研究所、浙江省农业科学院合作，创办“滕头植物组织培育中心”，通过对植物快速繁殖、转基因导入、脱毒培养等一系列高科技农业研究、示范，培育国内外优质名贵花卉花木。

迷人的生态产业。创新发展生态观光农业，观光农业是滕头的重要经济特色，也是新农村发展探索的重要贡献。滕头坚持“有机肥为主，化肥为辅”的施肥原则和方式，广用猪粪肥田，对村内耕地用绿化篱笆、绿化长廊分割，并有效保护青蛙等有益动物和益虫，用生物手段，发展生态农业。同时，结合生态旅游发展，进行草莓、葡萄、黄花梨、小青瓜、水果玉米、玫瑰花等采摘和观赏。近期，滕头再次对旅游观光农业、生态科技农业、农产品标准化种植等进行深度开发。

3）环保型经济发展模式的完美实施。保持环境友好。“无农不稳、无工不富”，是中国广大农村追求发展中的客观认识和基本理念，树立了“保持环境友好，发展现代产业”的发展理念，实施了环保型工业和商业的发展模式。滕头工业目前形成的是以品牌服饰为龙头，出口包装、精工机械、新型建筑材料、电子设备等行业组成的无污染、有科技含量、清洁化生产的工业体系。全村严格按环保要求，规划建设了4个工业园区，各类企业60多家。其中，有中国驰名商标和中国名牌产品企业。

坚守环保门槛。由于生态环境的不断优化，大批投资者陆续来到滕头，村里专门新设外来投资园区，按高水平环保要求规划建设和管理，已有42家符合滕头环保准入条件，产业先进的企业进入和运行。当发展经济和招商引资与环境保护发生矛盾和冲突时，必须服从于环境保护。近几年，滕头村否决和谢绝经济效益好但不符合滕头生态环境保护条件的外商投资项目近50个。

营建现代产业。借助生态环境优势，发展特色型第三产业，实现滕头产业结构更加合理。经过精心规划，结合资源和生态环境开发，有效地发展了以园林产业、旅游业、休闲娱乐产业和乡村文化产业为主体的第三产业群。自1989年起，滕头实施规模化、体系化和主题化的生态旅游和农业观光体验旅游，建立和推出"全国第一条柑橘观赏林"、"当代将军林"、"江南风情园"等20多处生态型、人文化、参与性主题旅游景致和项目。设置时令蔬果采摘、动物竞技、阡陌车水、鸽子飞旋、禽鸟表演等游乐项目。2001年滕头村被国家旅游局命名为国家AAAA级风景旅游区，旅游综合收益达5000万元人民币。2008年，正在实施国家AAAAA级风景旅游区申报工作。

4）和谐社会的系统化构建、人性化培育和制度化建设。共同富裕、两个文明。滕头在创业和经济发展的同时，就有社会发展的目标和人的发展的目标，而且一直来放在突出的地位。具体的要求是：使滕头人成为生存和发展保障优越的人，同时成为高素质和有责任的高尚文明人，并在体制和机制上得以保证。首先，滕头村在带领村民"共同富裕"上，作为经济和社会发展的原则，实现共同发展，共同致富。在实现基本富裕之后，滕头村提出"口袋富了不算富，脑袋与口袋一起富才是真正的富"，同步推进精神文明建设和社会文明建设。

优越村民，文明村民。坚持以人为本，关注村民权益，造就社会福利，形成滕头村民的优越体系。滕头村村民保障体系全面建立，医疗卫生、社会养老、住房财产等保险制度，保障水平高，机制不断完善。住房制度实行"居者有其屋，居者有其美"的方针，新建了单体面积达200平方米的小康住宅楼126套，村民人均居住面积由1991年的40平方米提高到80平方米。60岁以上老人可按月领取450~810元人民币的养老金，2009年春节期间，还向每位村民发放3500元人民币的福利金。同时，还实施义务教育免费、计划生育补助、村民援助等保障基金制度。近几年，村民援助基金运用高达2150万元人民币。

以人为本，教育优先。把教育放在优先发展的地位。村实现义务教育免费和成才奖励制度。专门设立"滕头村育才基金"，于每年教师节，对优秀教师、优秀家长、优秀学生进行表彰、奖励。对考入大学的村民子女奖励2000~10000元人民币，考入研究生的再奖励20000元人民币，考入博士生的奖励50000元人民币。全村共出现58位大学生，6位研究生，2名博士生。1998年村还创办了学生社会实践基地，至今已接待全国各地及海外师生200多万人次，基地被中央和国家有关部门命名为全国青少年科技教育基地、全国中小学德育工作先进集体。

规划先导，制度保障。规划与制度建设相结合，按全国先进的标准，滕头村持续实施文明村创建工程。从1982年起，制订以“奔小康、育新人、树新风”为主题的文明村创建规划，全村参与，开展“精神立家、勤劳致家、科技兴家、守法持家、绿化美家”为目标的“五好文明家庭”创建活动。加大投入，规划建设村公共文化设施，强化乡村文化和体育发展功能。近几年，滕头共投入6300多万元人民币，新建了文化中心、人文展示馆、图书馆、电子阅览室、标准篮球场等教育、科技、文化和体育设施。村委会还全部自主承办了中日、中韩国际网球邀请赛。

5）结论和体会。作为发展中国家的普通乡村，滕头村在摆脱贫困、创业发展、共同致富的奋斗中，在建设城市化现代乡村的探索中，实现了经济、社会、生态和人的协调全面发展，并呈现稳定、持续的发展态势和体制性保障的格局，特别是在发展中解决了人与自然、经济与资源的矛盾，在社会建设中实现了村民的民主、自治，体现了公平、公正，极其难能可贵，具有相当的典型意义和丰富的启示价值。在面向未来的发展中，滕头村将以追求人类美好家园的执著精神，进一步加快现代乡村的发展和建设步伐，努力把滕头村建设为现代化、开放型、国际化的最佳宜居城市乡村，构建为“环境永恒优美、经济社会可持续发展、社区高度文明、社会管理民主”的和谐社会，营造成更加富裕、更加文明、更加迷人的美好家园。

（3）案例的主要成就。现阶段，我国农民所占的比重还较高，农业、农村、农民问题，始终是我国经济和社会发展的关键问题。滕头村充分发挥创造性拓展能力，克服众多制约农村经济发展的问题，探索出一条新农村建设的特色之路。

1）经济发展达到规模化和高水平。2006年，全村社会总产值23.11亿元人民币，实现利润和缴纳税收2.39亿元人民币，村民人均纯收入16700元人民币（比全国农村居民人均收入高13113元，比浙江省农民人均纯收入高7335元，与宁波市城市人均收入相当）。2007年社会总产值30.2亿元人民币，实现利润和缴纳税收3.25亿元人民币，人均纯收入20000元人民币，今后5年社会总产值将超过100亿元人民币。产业结构合理，特色经济领先。第一、第二、第三产业完备，生态产业突出。田改农业、资源农业、田园产业、旅游产业达到相当的规模，并具有鲜明的特色。滕头目前为浙江省著名旅游区和周边旅游中心景点。在工业和旅游业中，已出现都市近郊产业特点，并产生了全国性的产业和产品品牌。

2）生态环境完美并形成系统化。资源综合利用，复合经营，环境保护严格，资源节约和循环型经济基本形成，城市化利用充足，并向都市乡村的方向转变。以“城市财富加乡村宁静，城市功能加乡村空间，城市文化加乡村文明”为特征的现代化城市乡村格局基本形成。1993年获联合国全球生态500佳，在国内享有“中国名村”、“新农村示范村”、“现代乡村社区”、“农村中的城市、城市旁的花园”等称号。

3）和谐家园建设进入制度化和功能化阶段。全面建立医疗卫生保险、农村住房财产和社会养老保险制度，村民人均居住面积达到80平方米，基本居住小康住宅楼。全村全部达到小康户和富裕户水平。实施全面教育保障，实施义务教育免费，设立教育和育才基金，支持和奖励接受高等教育。投入建设文化、体育、娱乐设施体系，文化乡村功能完备，和谐家园的制度体系基本形成。生存与发展保障条件、共同富裕制度化机制、教育优先制度、人文设施、功能条件目标化和品质化建设、“滕头人”形成和人对自然和社会的承诺与义务等。

（4）滕头村的国际化品牌特征。在发展过程中，滕头村的经历与案例越来越多地得到了国际社会的认可，许多国际机构和组织前来滕头村考察研究，也将一系列的荣誉授予这个正在快速崛起的中国乡村。

1）1993年被评为“全球生态500佳”期间，时任联合国副秘书长、环境规划署执行主任伊丽莎白·多德斯韦尔考察滕头村，评价滕头为具有发展中国家典范意义的城乡环境保护和建设的探索模式。

2）2008年1月26日，时任联合国总工会主席斯蒂芬·凯萨贝拉和第一副主席伊玛德·侯赛因等联合国高级官员考察滕头村，称赞滕头的确非常漂亮，不愧为“全球生态500佳”。

3）2007年，第七届全球论坛评选滕头为“世界十佳和谐乡村”，专家评价：可作为发展中国家城市化新农村建设的示范基地，发展模式、幸福指数、环境指数等成效显著，经验值得推广。

4）中国社科权威研究机构发表《滕头村：从生态农业到生态旅游的蜕变》、《中国特色村实践探索》(中国社会出版社)。揭示滕头村为中国城市化和现代化进程中实践最全面、最成功示范探索区。

5）中国浙江省政务经济和社会权威刊物《今日浙江》发表《生态、和谐、乡村》（2007年第22期）评价滕头为浙江在中国实现城乡经济社会先行发展的缩影，城市化和谐新村建设的典范。

6）中国宁波市官方权威刊物发表《生态、和谐、乡村——“世界十佳和谐乡村”滕头给新农村建设的启示》（2007年9月），阐述了滕头村在脱贫、改革、发展过程中实现生态保护、构建公正体系，建设和谐社区的完整性、有效性和独创性。

7）中国著名作家海岩发表报告文学《家在绿水青山间》(江苏文艺出版社)，从自然、社会和人文角度描述了中国优美城市乡村与和谐人文社区的著名典范。

8）中国国家乡村建设管理权威刊物《中国村讯》发表《傅企平——让群众日子过得更好》(2006年10月)，介绍和推广滕头发展经济、建设家园、共同富裕的方式和经验。

(5) 滕头案例的启示。滕头城市化现代乡村发展具有普遍性意义。发展中国家农村的发展总的方向应该是发展城市化乡村，城市化乡村可以成为一个农村发展的重要方式，而建设生态型的城市化乡村，则是最具完整性、优越性和有效性的理想化模式。在推进农村发展和乡村建设中，利用城市化的推动力，运用城市化的发展资源，是发展中国家农村发展和乡村建设的重大课题。滕头城市化乡村发展的关键在于体制和技术创新。滕头村在推进城市化乡村发展中，实施了城市与乡村资源互补的体制创新和技术创新，主要是以农村基础和乡村资源为基点，组合乡村和城市的资源和效率，弥补乡村和城市的各自不足。做到城市有的，乡村能有；城市没有的，乡村也能有，资源整合的体制保障和技术处理值得借鉴。滕头城市化乡村建设最可贵的是坚持“破解矛盾、和谐发展”的理念和原则。滕头村在推进自身发展中，面临发展中国家普遍遇到发展与资源、经济与环境、效率与公正的矛盾，多方面、持续性的遇到各种挑战和阻力。滕头村的经验是坚持生态型发展，以环境与经济发展达到平衡为最终目标。同时，遵循经济发展规律，特别是生态型经济发展规律，把握经济增长的速度，处理好经济发展与社会发展的关系，实现稳定、和谐、持续的发展。

(6) 滕头村的推广价值。中国滕头村以环境、和谐为主题的城市化乡村创建，本质上是国际化城市乡村发展规律的探索，是人类新型存在空间、活动关系及环境形态的创造。更值得关注的是，滕头城市化现代乡村建设是在中国体制转轨和经济社会充满矛盾的发展中进行的，具有传奇故事和创新的色彩。在历经 40 多年的过程中，滕头村全面系统地试验和进行了摆脱贫困、城乡发展资源组合、环境保护和生态营建、村民致富和社会保障建立、城市乡村文明培育、社会公正公平及和谐体系创建等反映人类存在空间理想化和可行性的实践。

1) 发展中国家乡村发展的普遍规律——城市化现代乡村发展和建设的全面性和唯一性。滕头在城市化现代乡村发展中，在乡村整治、土地改造、发展资源挖掘、农业产业化推进、城市经济（工业、商业）注入、田园环境构造、旅游产业发展、农村城市化体制构建、社会保障和社区文明的高度化建设等方面，实施了完整的规划和建设。到目前为止，滕头城市化现代乡村的发展，以及在中国城乡发展战略层面上的新农村建设上，其实践的完整性是唯一的。

2) 体制、政策和技术方面的支撑和创新——对发展矛盾“破解”的有效性。滕头城市化现代乡村发展，是在中国经济社会转型和体制转轨的特殊背景下进行的，遇到了中国全国性的，乃至世界上发展中国家共同面临的矛盾和困难，如贫困与发展、经济开发与资源环境、城市化与乡村发展、市场竞争与社会公正公平、市场经济与社会保障、物质利益与精神文明等基本矛盾。滕头村很好地解决了上述难题，特别是在关注贫困、保护环境、实现人与自然和谐、经济社会结构和制度优化等方面，具有“破解”难题的出色表现。

3）城市乡村高级发展形态的探索——生态环境和人文环境的有机统一性。保护生态环境是人类的共同任务，创造理想的生存方式和发展空间是人类活动的最终目标。滕头村几十年实行并推进公众参与生态环境保护模式，并实施“生态资源化、资源产业化”的发展战略，特别是成功走出了“以生态促旅游，以旅游养生态”的滕头特色经济发展之路。同时，滕头以“双重环境”的理念，同步推进人文环境和体制环境的建设，实施文明环境和制度环境的高水平建设，实现理想社会的完整发展。这一点不仅对发展中国家农村发展有典型意义，还对发达国家的城市乡村发展有参考价值。

4）农村发展和人类进步的理念创新——农村发展和城市乡村建设理念的务实性和独特性。滕头村在数十年的发展奋斗中，从决策者到村民，形成并始终坚持符合中国农村发展和现代化追求的务实和创新理念：摆脱贫困、共同富裕、养护环境、超越城市体制和弥补城市和乡村的各自不足、充满生机的生存与活动空间构造以及营建和谐关系与制度和实现完美持续发展。

四、宁波城市最佳实践区设计的基本思路

如何充分发挥城市最佳实践区的展示作用，极大提升宁波市接轨上海世博会的综合效果，提高宁波市在国际上的知名度，扩大国际影响，是宁波市接轨上海世博会工作领导小组办公室始终在思考的问题。作为宁波市接轨上海世博会工作领导小组办公室顾问，项目负责人也多次前往上海世博会事务协调局，与最佳城市实践区部的相关领导和专家开展系统沟通，并多次拜见包括2010年上海世博会副主委、上海市政协副主席周汉民，2010年上海世博会吉祥物海宝的设计者邵隆图在内的多位宁波籍人士，征求他们对最佳城市实践区设计的意见和建议，最终逐步形成设计思路。集中体现在最佳城市实践区要突出案例化、生态化、科技化和差异化的特征。

（1）最佳城市实践区的案例化。根据世博会组委会的设计要求，最佳城市实践区要突出案例化特征，能够通过举办展示活动，提供案例经验，促进项目推广。基于此，宁波最佳城市实践区也将系统提炼，突出展示项目的案例化特征。要充分体现出农村城市化的新理念，体现出农村城市化生态建设的新思想、新观点，也要集中体现出我国经济和社会发展，国力不断增强背景下，农民生活水平的跨越式提升等案例特征。

（2）最佳城市实践区的品牌化。宁波滕头馆是本次世博会最佳城市实践区中唯一一个以农村为主题的城市化建设展示项目。此外，本次世博会国内进入最佳城市实践区的城市只有8个，而宁波馆是长三角区域除上海外唯一的一个以独立设馆方式展示的项目。不仅项目自身独特，而且也具有较强的理念性特征，因

此，要通过本次展示活动，在依托宁波经济、社会、人文发展大背景的基础上，大力宣传宁波新农村建设、宁波农村城市化建设和滕头村发展三个品牌，通过注意力经济效应，形成较大的影响，提升宁波的综合竞争能力。

（3）最佳城市实践区的导向化。最佳城市实践区宁波馆是本次世博会唯一一个以乡村为主题的城市化案例。由于案例的数量少、影响力强、案例特征明显，因此，对城市的未来发展具有较强的指导性作用。结合宁波市新农村建设的实际，最佳城市实践区案例设计应突出以下方面：一是让全世界都了解宁波村民的幸福生活；二是要进一步强化农村城市化建设的理念；三是要在宁波推进农村生态化建设的整体理念，借机提升宁波市农村的国际化特征。

（4）最佳城市实践区的互动化。为确保观众在参观最佳城市实践区宁波馆的同时，进一步强化对宁波品牌效应的认知，加深对滕头村农民幸福生活的理解，在最佳城市实践区的展示过程中，在世博会场馆管理允许的情况下，要强化观众的互动活动，包括参与活动、抽奖、赠送小礼品、实现场馆与滕头村远程互动、滕头村与滕头馆活动互联、门票共享等手段，使观众在娱乐的过程中，进一步强化对滕头村发展变化的认识，以及对农村城市化生态之路的深刻理解。

五、滕头村最佳城市实践区展示设计方案

最佳城市实践区是副省级以下城市能够参加世博会展示活动的唯一途径，不仅具有稀缺性特征，也具有代表性特征。它是城市留给参观者第一印象的最直接渠道，也受到其他城市对比的影响，因此，发挥最佳城市实践区宁波馆的主题特点，打造展馆特色，是需要重点思考的问题。

（1）整体设计思路。在整体设计上，结合历史、现实和未来三个时间流程，突出新生态改造的典范、新农村建设的标兵和新乡土家园的未来三个整体理念。在此基础上，通过多种手段，展示宁波经济社会发展、城市功能和新农村建设的基本理念。主要可包括三个部分：

1）宁波标志性符号与滕头村标志性符号相结合。如将具有宁波典型特征的大桥、大港、大海、河姆渡、天一阁、海上丝绸之路、越窑瓷器等形象，与滕头村典型的民居、生态植物及生态农业、休闲娱乐活动等有机结合，在宏观上展示宁波大市形象，在微观上通过展示滕头村的文化、现状及特征形象，来与主题衔接，形成宏观与微观展示的有机结合。

2）集中展示滕头村的生态形象和农村城市化道路。该展示优点在于直接、简洁地与主题衔接，通过展示滕头村生态化、富裕化、工业化等发展历程，以及标志性产品，来反映出农村城市化的生态之路，给人直观的感觉。

3）采用虚拟与现实相结合的手段。在充分展示宁波市典型城市发展特征和

滕头村新农村建设、乡村城市化生态之路的基础上，通过现代声光电技术，勾画出宁波市未来城市发展的宏伟蓝图，以激发人们对未来美好生活的向往和憧憬。

（2）外形设计。外形设计可以通过展示宁波的江南文化、海洋文化及民俗文化为切入点，具体分成以下部分（可供选择方案）：

1）以宁波江南传统民居外形设计为基础。该建筑外形设计比较直接，与滕头村密切结合，突出展示宁波新农村建设背景下，人们的生活状态、生活环境和生活水平，体现出祥和、恬静、文化、古朴的意境和理念。

2）以海洋文化等代表宁波区位特征和文化特点的景观和事物为基础。外形可以以船、贝壳、海螺等具有海洋文化特征的形象发展而来，着重体现出宁波海洋文化的基本特征。

3）以具有宁波典型特征的建筑为基础。如港口、大桥、天一阁（可以是书卷形状）为特征，设计异型建筑，体现最具宁波典型特征的建筑形象。

4）其他与宁波地域、文化密切相关的建筑形象。可以通过招标等方式，广泛征求专家学者、建筑师、艺术设计师等意见和建议，综合设计令人耳目一新的建筑形状。

（3）内部设计。内部设计是外形设计的深化，也是最能系统反映展示功能、体现展示效果的渠道，因此，要重视将宁波最具代表性的标志性符号集中、系统化地展示出来，以便使观众在浏览过程中，深化对最佳城市实践区主题的理解。

1）充分发挥名人效应，借助领导人的表述，诠释最佳城市实践区案例。具体建议如下：场馆出口处可装饰巨型玻璃雕刻铭文。铭文由时任国家主席、中国共产党中央委员会总书记江泽民先生亲笔书写："浙江奉化滕头村——一个了不起的村庄"。铭文同时由英、法、日、韩四种文字释出。场馆入口处一侧可陈列特种玻璃雕刻铭文，铭文由时任联合国副秘书长伊丽莎白·多德斯韦尔女士用英文写成并附中、法、日、韩四种译文。铭文如下："我到过世界上许多国家，很少见到像滕头村这样整洁美丽的村庄，我希望通过自己的访问，把滕头村的经验向全世界推广。"

2）发挥现代声光电技术的综合效果。利用科学合理的编排，与外面的宁静形成鲜明对比，衬托展馆的展示效果。具体建议如下：一楼进出口过道可由一面传送带装置墙组成，传送装置将不停地传送着宁波、奉化、滕头的现在与未来的美丽画面，形成一幅活动的长卷，产生一种未来幻想般的感受。设立多媒体演示墙，通过连续播放反映宁波、滕头等发展历程和现状的录像片，表现出滕头的成功和发展将随着宁波改革开放的大潮，通向世界和未来的美好愿景。一楼展区尾厅部分设计安装两面大型多媒体演示墙，通过播放宣传片，主要演示宁波以及通过宁波港、宁波跨海大桥通向上海，通向世界的宏伟画面。建议110平方米演播厅地面采用气动装置，该装置当观众席地而坐时波浪涌来形成40秒地面波浪变化，波浪平息后天动影像开始，此时地面悄悄隆起几处大小不一的坡峰，形成差落有序的高低座位，观众可以在惊异之余根据自己的舒适情况，选择多种姿势来欣赏头部上方的移动影像和四面墙体中发出的美妙音乐，进入耳观目游的妙境。一楼中央演播厅，建议设计和布置 12 台高清投影设备，投放出蓝天白云和快乐的飞鸟，当观众席地而坐时，先后有两片 8 平方米的移动视屏，承载着 100 名滕头村民手绘的动画作品徐徐而来，两片最终合成一幅 16 平方米的彩绘动画影视作品。浓墨重彩的滕头村农民画加上精巧生动的动画表现，形成强烈的视觉震撼。

3）将优质服务与展示有机结合。突出反映出现代信息技术在展示服务过程中的作用，并将服务于未来的统计评价工作有机结合。具体建议如下：设计一个巨大的平面装置，放置二十台计算机系统和指纹识别系统，引导观众在任意台面手写自己的宝贵意见，该意见或签名将被计算机记录并打印出精美的印刷品。观众可以保留该印刷品，作为日后前往滕头村旅游的优惠凭证。

4）体现生态化特征。与主题紧密衔接，诠释农村城市化进程中的生态化特征。具体建议如下：滕，水超涌也；水，天雨也。滕头村的农村建设就是从治水排涝开始的，通过几代人四十年的努力，如今的滕头明沟暗渠整齐密布；无土栽培、滴水灌溉方兴未艾；立体养殖、生态环保齐头并进。可设计安装生态模拟墙表现随着科学的发展，滕头人治水，保土，环保的发展及科学养殖给新农村带来的变化。

二楼主厅展厅部分，可以用现代透光材料竖起多面立体展示墙面，用以展示滕头村党支部及村委会在不同历史时期制定的村规民约和重大民主决策的文献资料，全面展示滕头村人民 60 年来在共产党领导下从一穷二白走向富裕和谐的奋斗历程。

二楼主厅正中部分是自然开放的空间，头顶上绿树成荫，蓝天白云，鸟语花香，开放空间的顶部四周每隔 5 分钟将喷洒出水雾，借助水雾弥漫的介质作用，可利用光学技术在水雾中形成一道彩虹，参观的人们穿行其间仿佛置身于七彩的虹光之间，同时在水雾中还弥漫着水蜜桃的芬芳和负离子氧气，形成千万里云天一线的奇观。自然体验区争创全上海负离子含量最高的区域。

5）彰显人文特征。结合本次城市最佳实践区中唯一一个以农村为主题的特点，将农村的人文环境和历史文化有机结合，体现文化特征。具体建议如下：斜梯步道的左侧设计一面 LED 视屏墙，视屏墙上将反复播放宁波美丽的四时风光，利用已有的能表现宁波跨海大桥的《长桥明月》；表现滕头村美丽风光的《滕头晨曦》；表现宁波海港气势的《海港暮色》及表现宁波旅游名胜的《雪窦余晖》等。

设立宁波人的典型创业、发展和生活的故事。具体位置可考虑沿水装置生态模拟墙斜梯步道缓缓向下，两面高墙上是三百户宁波人家的大型电子相册，每一本相册记录着一户人家的今昔变迁，同时共同记载着宁波的美好变化。相册采用互动形式，参观者可以在此点击，走进每一户感兴趣的宁波人家。给人以“喜看稻菽千重浪，遍地英雄下夕烟”的激情观感。

沿斜梯步道蜿蜒向上，可放置十二个高科技音罩，播放出高清晰度的自然之音，表现出中国农历中二十四节气田园之声，表现出二十四天时节气和谐共生的自然之美。

（4）布展设计。布展设计是体现城市最佳城市实践区艺术展示手段和行为展示思路的最重要体现。宁波最佳城市实践区布展设计应针对实践区的主题、宁波市的典型特征和文化特点，突出以下特征：

1）逻辑性。在参观者从看到展馆外形—走进展馆—进入场馆—参观场馆—离开场馆的过程中，应科学设计路径及影响展示效果的各种因素，确保参观者在参观过程中，在思维、情感和体验三个方面有系统完整的感受，并留下深刻的印象。据此，我们认为在布展的过程中，应通过对展品和展示的设计，体现出完整的逻辑关系。最佳城市实践区设计方面的整体思考见表3-1。

表3-1　最佳城市实践区设计方面的整体思考

行　为	远　视	近　观	走　入	参　观	离　开
视　觉	醒　目	清　晰	对　比	逻　辑	特　色
思　维	差异性	文化性	历史性	科技型	哲理性
情　感	惊　奇	亲　切	敬　佩	感　叹	回　味
体　会	对比鲜明	符合主题	意料之外	情理之中	产生共鸣

2）先进性。上海世博会城市最佳实践区是集中展示全球最具代表性的城市，为提高城市生活质量而开展的公认的、具有创新价值的各种实践方案和实物，为来自世界各城市的代表提供一个城市建设和发展经验的平台。因此，先进性是系统体现最佳城市实践区的重要途径。在宁波最佳城市实践区的设计过程中，也应该充分展示科技、文化等在农村城市化建设中的集中体现。

建筑的科技性。主要包括新材料、新技术、新设计等在场馆建设中的应用；包括风力发电、风力乘凉、污水循环处理等，以及要考虑植物等对环境的影响；包括美人蕉的降解功能、桂花树的净化空气、美化环境功能。此外，还可以将以滕头村现实基础上的农村信息化等手段体现在建筑设计方面。

场馆的文化性。主要包括在场馆建设和布展过程中，如何系统融入宁波文化特征。包括江南古民居建筑、江南古代庭院风格、石窗花、木雕房檐、花石小路等多种传统风格的建筑艺术。此外，还要展示宁波七千年河姆渡文化、海上丝绸之路、越窑陶瓷技术等古代文化，杭州湾跨海大桥、宁波港等现代建筑和设施等能够代表宁波文化的标志性符号。

展品的品牌文化特征。在最佳城市实践区内部，主办方还允许设立一些展示空间，来展示宁波经济、社会、文化的标志性特征。在这些方面，应该重点选择宁波企业中具有典型特征的国际化品牌，以及具有较大发展潜力的产品。如雅戈尔、陆龙兄弟、广博文具、宁波汤团等极具代表性的产品。此外，还可以将沁园饮水机、韵声八音盒等产品有机融入到布展环境中。

布展的生态性。生态化特征是滕头村入选最佳城市实践区的主要因素，因此，需要在展馆设计和布展过程中加大设计和展示的力度。

3）娱乐性。娱乐性是指在主办单位允许的前提下，组织开展文化、文艺活动，与参观者进行互动活动，提高场馆的展示效果，强化对宁波城市及展馆的整体感受。

要通过组织具有典型宁波地方特色的文化演出活动，为观众提供娱乐性较强的展示氛围。建议将具有典型特征的耍牙、十里红妆等代表性节目列入演出范围。

要通过互动方式增强观众的参与意识。可通过共同开展文艺活动、体验宁波传统民俗、抽奖、猜谜、随机抽取礼品等方式，吸引更多的游客到宁波馆参观，在增强互动性的同时，也可以宣传宁波的相关产品。

要通过赠送合影照、赠送以最佳城市实践区宁波馆为背景将游客置身其中的艺术作品、赠送宣传宁波经济社会发展的光碟、赠送纪念章和纪念品等手段，让观众进一步加深对宁波的印象，获得更好的宣传效果。

（5）细节设计。细节决定成败。在各国家馆、企业馆、地区馆和最佳城市实践区的主持单位都十分重视展馆设计的情况下，要做到最佳城市实践区宁波馆具有较强的特征，能给人深刻的印象，确实是一件很不容易的事情。因此，做好细节的展示和设计，对最佳城市实践区宁波馆而言，就具有十分重要的意义。因此，结合宁波馆的主题和特点，建议宁波馆在细节刻画上要突出以下特点：

1）细节设计的人性化。为确保最佳城市实践区宁波馆的展示工作收到良好的效果，在场馆设计和布展过程中，要重视细节设计的人性化。通过多种手段，从不同的角度、不同的角色等方式，对场馆建筑及布展设计进行认真的研究。一是不要出现可能对观众产生伤害的设计，包括台阶的高度、参观线路的衔接性、参观线路的不重复性等，避免由于设计自身的问题，导致观众在参观的过程中出现摔跤、线路重复、人员拥挤等现象。要考虑到残疾人参观可能存在的问题，设置能够便于残疾人参观的通道和播放手语介绍等。

2）细节设计的艺术化。由于场馆的面积较小、需要展示的内容较多，因此，在展示长廊的设计过程中，要突出展示内容的集中性、鲜活性，让观众置身于浓浓的艺术氛围中，快乐地度过参观的时光。在设计的过程中，要尽可能集中展示宁波的典型文化，使参观者能够感受宁波历史文化、现实文化的魅力。要突出展示内容设计的哲理性，实现一个展示、一段历史、一个故事、一种文化，全面提高展示工作的实际效果。

3）细节设计的层次化。要将宁波传统文化有机结合到最佳城市实践区展示活动中，体现出宁波厚重的文化，提升最佳城市实践区宁波馆的展示层次。可以在场馆的墙壁或地面上，刻画或拼接以七千年河姆渡文化图腾标识为基础的图形，展示宁波悠久的文化历史。可以将海上丝绸之路的古船以及丝绸样品等有机结合到布展工作中；在建筑的过程中，使用宁波的瓦片、石窗花、木雕房檐等典型建筑标识；在布展过程中，将宁波的古墓镶嵌、金丝银线等工艺手段应用到最佳城市实践区展馆中。

4）细节设计的现代化。将宁波企业的高科技产品，集中体现在最佳城市实践区的展示服务和展示管理中。可以结合宁波市获得国家科技进步二等奖的沁园饮水机项目，引入到展馆之中，在服务的过程中，让观众感受生态化水质带来的愉悦；可以将纳米领带、纳米衬衫配备给场馆工作人员，并通过工作人员展示给观众；还可以将韵声八音盒进行特殊设计，在展示活动的过程中，播放世博会主题曲，以及宁波市具有典型代表性的地方音乐，促进先进技术与传统文化的有机融合。

六、展馆设计及布展工作的相关对策建议

场馆布设是会展活动的核心关键技术，对提升整个展示空间的效果、凝练展示主题、丰富展示内涵、扩大展示空间的吸引力，给观众留下深刻的印象具有十分重要的作用。因此，要系统、科学、创造性、前瞻性地开展展馆设计与布展工作。

（1）场馆方案设计要突出宁波文化特征。宁波馆的主题是以滕头村为基础提炼而成的，但在场馆的设计过程中，应以宁波所处的传统江南文化为依托，突出典型的城市特征，而将滕头村的特征引入展馆内部展示。这不仅可以凸显城市的品牌，而且也可以调动参观者的灵感思维，达到意料之外、又在情理之中的效果。

1）要突出宁波历史文化的特征。宁波是七千年河姆渡文化的发祥地，也是古代海上丝绸之路的始航地。此外，越窑瓷器、藏书文化、商帮文化、民俗文化和名人文化在国内外都有较大的影响，具有深厚的历史文化底蕴。因此，在展示的过程中，要重视将这些具有典型特征的标志性符号，有机融合到展馆设计和布展工作中，使观众在参观的过程中，深刻体会宁波传统文化的博大精深，提升对宁波的整体印象。

2）强化宁波现实文化的影响。改革开放以来，宁波的现实文化有了较大的

发展，大桥文化、大海文化、大港文化以及甬商文化、服装文化、民俗文化、书学文化和院士文化在国内外产生了较大的影响，应该重视这些现实文化的展示及宣传工作，让更多的人在了解宁波历史文化的同时，也对宁波的现实文化产生浓厚的兴趣。

3）巧妙展示宁波的乡村文化。宁波是国内农村人均收入最高的副省级及以上城市，在发达的农村经济的支撑下，宁波市农村文化建设有了质的飞跃。农村生态文化、工商文化、社区文化、旅游文化、休闲文化等得到了快速发展。借助上海世博会“乡村城市化生态之路”为主题的最佳城市实践区展示活动，要将农村的文化建设作为案例的重要组成部分，将农村特色文化的发展作为“农村城市化生态之路”不可或缺的重要组成部分。

(2）布展设计方案要突出理念性特征。既然最佳城市实践区展示的是乡村城市化和生态化的案例，因此，在展馆设计和布展过程中，要突出核心理念性特征。主要体现在以下几方面：

1）要突出城市化的理念。2010年世博会的主题是“城市，让生活更美好”。尽管最佳城市实践区宁波馆的展示对象是基于农村的发展，但在具体的场馆设计和理念设计过程中，都不能离开城市化的主题和理念。要尽可能发掘滕头村案例中有关城市化的理念，并逐步提炼和升华，形成未来农村城市化发展的先进经验和主流思想。

2）要凸显生态化的理念。生态化是本次滕头村入选上海世博会最佳城市实践区的主要特色之一，也是在广泛推崇低碳经济背景下，农村城市化发展的扛鼎之作。因此，在展示过程中，要借助展馆内设置的生态化设施、生态化园林和生态化服务设施，大力宣传农村城市化的生态理念，进一步扩大滕头村作为全球生态500强和世界十佳和谐乡村的综合影响力。

3）要强调科技的理念。最佳城市实践区是展示在人类发展过程中最具代表性的案例，具有较强的科技创新特征。因此，在最佳城市实践区的展示设计过程中，还要强调农村城市化过程中科技的作用。要结合滕头村为世博会提供苗木，为最佳城市实践区提供生态农业产品的实际，同时结合在布展过程中使用宁波企业生产的高科技产品和科技创新项目，提升宁波市最佳城市实践区展示过程中的科技化、信息化水平。

(3）展示设计方案要突出标志性特征。在最佳城市实践区的内部，除按照世博会组委会的要求，实现规范化设计和规范化展示外，还为地方政府和展示主体留有人性化的展示空间。这种人性化的展示空间既体现出设计的创意性，也为所在城市市场化运作留有余地。但是，如何借助最佳城市实践区的展示空间，体现出城市的品牌和层次，是需要认真思考的问题。在此，主要提出以下对策建议：

1）要通过展示提升城市的品牌形象。这就需要最佳城市实践区展示产品的选择方面，要重点考虑那些能够代表宁波产业特征和产品档次的商品和品牌，而且为确保展示符合“一产一品”的原则，要科学设计各行业展示商品的品牌和形象，避免形成重复、低层次、问题性商品等问题。

2）要重视引导产业和产品的发展方向。2010 年上海世博会宁波市政府不仅成功申报最佳城市实践区，还获得主办首个国际化论坛。结合两个活动的主题，一个是农村城市化的生态之路，一个是信息化与城市发展，如何将两者有机融合，并在世博会举办期间和世博会结束后的一段时间里，借机推进宁波市特色经济的发展，是需要认真思考的问题。因此，建议有关部门要抓住这个有利时机，不要就论坛而举办论坛、就展馆而举办展示活动。要将未来宁波新农村建设和信息化建设工作持续抓好。因此，在世博会举办期间，有关部门应认真做好资料的积累和人脉的集聚工作，争取在世博会结束后，使宁波农村生态化建设和城乡信息化建设有一个跨越式发展。

3）要通过展示实现竞争力提升。在展示过程中，要重视宣传和服务效果。这次能够在世博会场馆独立展示的国内副省级以下城市寥寥无几，因此，是一次宣传和推介城市的极好机会。要充分借助这个有利条件，在宣传品制作、礼品设计和征集、展品选择与布置、服务的设计与安排方面，进行认真的思考和系统的准备，充分抓住这个难得的机遇，向国内外客商及游客宣传宁波市的城市形象和经济社会发展现状，提升宁波的国际竞争能力。

（4）最佳城市实践区运营管理要突出国际化特征。世博会是顶级的会展活动，也是最具国际化特征的大型活动之一，因此，无论在展馆设计、展馆布置、展馆宣传及展馆服务等方面，都要体现出国际化的特征。

1）要重视不同国家的民俗差异。在宁波最佳城市实践区的同一展区，是沙特阿拉伯的麦加馆。此外，还有多个其他国家的国家馆和最佳城市实践区展示场馆。因此，在场馆建筑设计、场馆布置和展示的过程中，要重视对国外文化的尊重和理解，不要因为过分追求展示活动的特色和差异性，忽视了对国外文化的理解和尊重，避免出现由于缺乏理解而造成的误会，以及可能带来不必要的文化冲突，甚至是国际事务方面的争端。

2）要突出布展的国际化特征。在展品及展示项目的解说过程中，尽可能采用中英对照。如果条件允许，最好能够在某个时段，增加用法语、俄语、日语及韩语的解说词或解说安排。在广告及特色宣传片的制作过程中，甚至是礼品的包装说明书上，都要考虑用中英对照、甚至是多种外国语言文字对照的手段。在展品和展区的布展设计方面，也要尽可能满足国际化规范的要求，提高展馆的布展水平和展示效果。

3）要突出展馆服务的国际化特征。在展馆管理人员和服务人员的配备过程中，在确保对必要的设施及程序了解的基础上，要重视遴选那些有过国外生活经历，外语水平较高，了解国外游客生活特点的外交型人才来担纲。这样不仅可以容易贴近国外游客的需求，同时也便于强化沟通。在服务及管理人员的着装方面，也要尽可能地与国际化接轨，在体现民俗的同时，不失高雅与文化。在工作的过程中，尽量不要使用方言，将英语和普通话作为工作人员的规范性语言，最大限度地提升宁波馆的国际化形象。

第四章

宁波建设国际会展之都研究

引言：2007年6月，宁波市首次召开全市会展工作会议。时任宁波市委副书记、市长毛光烈在全市会展工作会议上提出要将会展业列为宁波市经济和社会发展的战略性产业的发展思路，以及“聚全市之力打造国际会展之都”的工作目标，并对会展业未来发展提出了明确要求，同时勾画了未来宁波会展业建设“国际商家在中国的主要采购基地、进口设备和重要原材料的供应基地、国内外贸易的物流输送基地、国内外进出口贸易企业的国际营销机构集聚基地、长三角地区的主要国际展览展示和商务会议基地”的整体框架。会议结束后，宁波市会展经济研究所负责承担宁波市国际会展之都建设研究课题的相关工作，本作者为课题负责人。2008年6月，完成相关研究报告的撰写工作，并在此基础上形成《宁波建设国际会展之都规划》，由市政府正式印发，并拉开了宁波市国际会展之都建设的序幕。

为适应新形势、新目标、新任务的要求，更好地推动我市会展业健康快速发展，根据市政府《关于加快推进宁波国际会展之都建设的若干意见》（甬政发〔2008〕45号）和《关于印发今后五年宁波市服务业跨越式发展行动纲要的通知》（甬政发〔2008〕69号）文件精神，结合实际，特就相关问题开展研究。

研究的主要任务是：分析宁波市会展业发展的现实基础和面临的机遇与挑战，明确宁波国际会展之都建设的目标任务、工作重点和保障措施。

一、宁波市会展业发展的现实基础

从1997以来，宁波市会展业经过十一年的持续发展，各个方面已取得较大进展，初步形成了产业发展的基本框架，为加快推进宁波国际会展之都建设奠定了扎实的基础。

（1）总量初具规模。十一年来，宁波市会展业按照“政府强势推动、市场化培育运作”的发展思路，从无到有、从弱到强，从单一到多元，不断演进和提升发展，全市会展业总量已初具规模。2008 年，全市共举办会展活动 276 个。其中，举办展会活动 136 个，展览总面积达 139.2 万平方米，单个展会平均展览面积达 1.02 万平方米，展览面积 2 万平方米以上的展会 27 个，上述四项指标居全省首位。举办特色节庆活动 63 个、有影响的会议（论坛）77 个。会展活动总数年均增长 26.3%，其中展会数年均增长 27.6%、展览总面积年均增长 35.2%，整体保持了较快的增长速度。

（2）结构逐步优化。全市会展业初步形成了以市本级为核心、县（市）区为辅助和市本级以办展为主、县（市）区以办节会为主的发展格局。2008 年，市本级举办会展活动 145 个，占全市会展活动总数的 70.4%；其中，举办展会活动 84 个，占市本级会展活动总数的 84%。县（市）区举办会展活动 61 个，占全市会展活动总数的 29.6%；其中，举办节会活动 39 个，占县（市）区会展活动总数的 58%。培育了一批国内外有影响的自主品牌会展项目，如浙洽会、消博会、服博会、食博会、家博会、住博会、机械展、塑博会、文博会、家电展、机电展、优势工业展和服装节、人才科技周、开游节、开渔节、梁祝爱情节、港口文化节、弥勒文化节及甬港经济合作论坛等，还先后承办了药机展、旅洽会、双交会、畜牧业暨饲料展、高教仪器展、丝网印刷展等国家级大中型展会。

（3）作用日趋增强。十一年发展表明，宁波会展业对于推动城市经济社会发展的作用不断显现。据宁波市会展经济研究所统计测算，2007 年，全市举办的 206 个会展活动，对全市 GDP 贡献高达 176 亿元。会展业的快速发展，既促进了内外贸易，也带动了相关产业发展。十届浙洽会和七届消博会累计来自 113 个国家和地区的 9 万余名外商参会；十届浙洽会共签约外资项目 2999 个、协议外资 283.22 亿美元，七届消博会共实现贸易成交 57.71 亿美元。2008 年，中国食品博览会参展参会人数达 38.8 万人次，实现成交额 79.2 亿元。2007 年，双交会有 10 万余名外地展客商与会，直接消费近 2 亿元。大型会展活动不断举办，大量境内外人流集聚宁波，推动了宁波交通、空港、住宿、餐饮、旅游等相关产业的发展，促进了城市功能的提升。2002 年，宁波只有星级酒店 114 家，其中五星级酒店 1 家；到 2008 年 5 月，星级酒店达到 205 家，其中五星级酒店 9 家，另有按五星级标准建设 10 家。会展业快速发展还吸引了大批中外人士来甬从事经贸、文化交流活动，扩大了宁波的影响。

（4）环境不断改善。市委、市政府十分重视会展业发展，把会展业列入现代服务业发展的六大支柱产业之一，予以重点扶持。注册成立了资本金达 18 亿元的国有会展主体——宁波市国际贸易投资发展有限公司，强化推进会展核心区建设。在临时展展馆一期基础上，又建成常年展展馆一期和临时展展馆二期。临时展展馆使用面积 9 万余平方米，常年展展馆使用面积达 30 万平方米。为提升宁波会展业发展水平，市政府出台了《关于加快推进宁波国际会展之都建设的若干意见》的文件，每年安排2500万元财政扶持资金，重点资助进出口贸易展，奖励优秀品牌展会，考核表彰先进单位。加强对展览业监管，出台了《宁波市展览业管理暂行办法》，对展会审核、登记、审批提供了一站式服务。全市各级政府和相关部门找准切入点，主动服务，形成了广受好评的“宁波会展服务模式”，先后荣获“全国城市会展服务体系之首创”、“中国会展管理最佳城市”等奖项。

（5）地位明显提升。近年来，我市会展业知名度进一步提升，先后荣获“中国十大会展城市”、“中国会展业最佳城市经营奖”、“中国（产业基础）最佳会展城市奖”和“中国十大节庆产业城市”等奖项，一批大型会展活动进入全国先进行列。与展览业相对发达的深圳、成都、郑州、大连、厦门、南京、沈阳、杭州、长春等同类城市相比，2007年度宁波的展会数、展览总面积、单个展会平均面积分别列居第4位、第4位和第5位。宁波展览业总体水平已进入全国同类城市前五位，长三角南翼会展之都地位基本确立。

但是，对照国内外会展业发达城市和打造宁波国际会展之都的要求，我市会展业还面临一些问题和薄弱环节，主要是：个别部门对我市发展会展业重要意义认识不足，联促共推机制尚未完全形成；会展国际化程度不够高，有国际影响的品牌会展项目还不多；与国内同类城市相比，办展主体相对弱小，不利于我市会展业长远发展；展会的总体质量、尤其是单个展会平均展览面积有待于进一步提高；各类会展人才紧缺，从业人员素质有待于进一步提升；会展业统计工作还不够规范，统计网络不够健全等等。我们必须正视存在的问题和差距，认真加以研究解决。

二、宁波国际会展之都建设面临的机遇和挑战

展望今后一个时期国内外经济发展趋势，宁波市打造国际会展之都既面临重大的发展机遇，也面临着严峻的挑战。

（1）发展机遇。

1）经济全球化有利于我市打造国际会展之都的目标实现。随着世界经济东移速度的加快，国际会展巨头抢占亚洲会展市场态势也在不断升级。宁波地处我国乃至世界经济最为活跃的长三角地区，经济实力强，是全国出口名牌产品最多的城市，也是全国人均一般贸易出口最多的城市，已连续八年成为全国参加境外展览最多的城市。宁波以优越的投资环境、雄厚的产业基础和开放的商品市场，将成为国际资本、跨国公司投资会展业的重要选择地之一。

2）现代化国际港口城市建设为我市打造国际会展之都提供支撑。宁波港口优势明显，已成为我国进出口贸易的一个重要桥头堡，这为以进出口贸易为主要内涵的现代会展业发展提供了强大的发展基础。同时，经济实力的不断增强，为我市会展核心区配套设施建设、提高会展质量提供了必要的物质保证，也将吸引

大批国内外企业、人士来甬从事经济、文化交流活动，为发展国际会展业带来了新的空间。

3）上海世博会举办为我市打造国际会展之都创造机遇。世博会是顶级会展活动，本身有系列的高档次会展项目构成，部分项目将选择周边城市举办。另外，在其筹办期间，部分原有会展项目转移到周边城市举办。杭州湾跨海大桥的建成通车，为我市依托良好会展场馆优势、政策优势、服务优势，争取引进更多的国际性会展项目和会展企业驻甬提供了机遇。

4）政府强势推动为我市打造国际会展之都注入新的活力。市委、市政府大力推进现代服务业发展，出台了《今后五年宁波市服务业跨越式发展行动纲要》，明确把会展业列入现代服务业发展的六大支柱产业之一，予以重点扶持。依托港口优势，研究出台了《关于加快推进宁波国际会展之都建设的若干意见》，每年安排2500万元财政专项资金扶持会展业发展。政府的强势推动，市场化培育运作，为我市打造国际会展之都注入了新的动力和活力。

5）雄厚产业基础为我市打造国际会展之都提供了资源依托。宁波是国内重要的先进制造业基地，工业基础雄厚，产业门类齐全，产品种类繁多，拥有以纺织、服装、机械为代表的传统优势工业和以石化、钢铁、电力、造纸等为代表的临港大工业以及电子信息、机电一体化、生物医药等高新技术产业为主体的工业体系，品牌资源丰富，为我市培育各类优质展会项目提供了资源依托。

（2）主要挑战。我们应当清醒地看到，受国际金融危机的影响，会展业近年来发展速度明显放缓；国内会展城市群雄崛起，长三角区域会展产业格局变化，以及来自省内其他城市的竞争压力，都将影响我市会展业的快速发展。

1）当前宏观经济环境的挑战。会展业与经济环境密切相关。当前，国内外经济环境变化很大，经济发展遇到了许多新情况、新问题，特别是美国次贷危机引发的金融风暴对世界实体经济影响的加剧，世界经济的“低谷”必然影响全球会展业的发展，减缓世界会展业东移的速度。同时，国内劳动力成本上升，也影响会展主体培育引进，不利于宁波国际会展之都的建设。

2）国内会展业激烈竞争的挑战。从全国来看，宁波既面临北京、上海、广州一线会展城市的竞争压力，也面临一些副省级和省会城市的竞争挑战。从长三角区域来看，我市与杭州、南京、苏州、无锡等城市区位优势类同，经济实力相当，产业发展相近，都十分重视会展业发展，也面临强有力的竞争；同时，省内的杭州“西博会”、绍兴“纺博会”、义乌“义博会”、永康“五金展”等都已初具规模，颇有影响，必将与我市形成竞争之势。

3）自身薄弱环节的挑战。我市会展业虽经过十一年发展，取得很大成效，但一些薄弱环节依然存在。从发展共识看，个别地方和部门对打造宁波国际会展之都的意义认识不足，思想还没有完全统一；从管理体系来看，我市会展职能部门编制人员少，与兄弟城市比管理力量相对薄弱；从会展主体来看，我市既优又强的会展主体为数不多，实力型会展企业“凤毛麟角”；从会展队伍来看，会展人才短缺问题已成为制约我市会展业发展的“瓶颈”，同时会展从业人员队伍数量和质量也难以满足会展业日益发展的需要。

三、宁波国际会展之都建设的目标和思路

（1）指导思想。认真贯彻落实党的十七大和十七届三中全会精神，深入贯彻科学发展观，扎实实施“创业富民、创新强市”和“六大联动、六大提升”战略，紧扣现代化国际港口城市建设目标，按照“国际化、市场化、专业化、特色化”的要求，通过体制、机制创新，着力培育会展主体，大力发展展务经济和会务经济，做大做强进出口贸易规模，做大做优进出口企业集聚基地，做强做精承办国内外商务性会议服务外包平台，努力提高会展业发展能级，加快推进宁波国际会展之都建设步伐。

（2）基本原则。坚持科学发展、量质并举的原则，不断提升我市会展业国际化、市场化、专业化水平；坚持政府推动、市场运作的原则，形成政府和市场各司其职的良性发展机制；坚持统筹规划、资源共享的原则，促进我市会展业规模化、集群化、品牌化发展；坚持突出重点、协调发展的原则，市本级大力发展以进出口贸易展为重点的展务经济，县（市）区创新发展特色会务经济；坚持分工合作、联促共推的原则，着力形成区域联动、产业联动、行业联动、部门联动的会展业发展格局；坚持改革创新、扩大开放的原则，在改革中求提高，在创新中求发展，在开放中上水平。

（3）发展目标。到2013年，基本形成以东部新城国展中心为会展核心区，以梅山保税港区进口商品展示区域为探索区，以慈溪、余姚会展场馆为辅助区，以其他县（市）区的会议与节庆功能区域为拓展区的立体式会展体系。初步把宁波建设成为国际商家在中国的主要采购基地、进口设备和重要原材料的供应基地、国内外贸易的物流输送基地、国内外进出口贸易企业的国际营销机构集聚基地、长三角地区的主要国际展览展示和商务会议基地。使会展业成为宁波经济发展新的增长点，产业结构调整的突破点。建成具有宁波典型区域特征、产业特征、服务特征的国际会展之都。具体目标分为两个阶段：

1）总量扩张阶段（2009～2011年）。积极发挥政策的宏观导向和激励作用，努力培育引进一批外向关联度高、招展引会能力强的优秀会展主体；加大招展引会力度，积极培育引进新的会展项目，提升现有会展项目；全市会展活动数量和规模实现新突破。2011年，全市力争举办会展活动400个。其中，展会活动达到180个，展览总面积达到220万平方米，单个展会平均展览面积达到1.2万平方米以上。商务性会议（论坛）数量稳步增长，特色节庆活动举办水平不断提升。

2）质能提升阶段（2012～2013年）。引强扶优，逐步培育一批市场化运作、国际化程度高和专业性强的自主品牌会展项目，实现宁波会展业从量的扩张向质能提升转变。2013年，全市力争举办展会活动200个，展览总面积达到280万平方米，单个展会平均展览面积达到1.4万平方米；展览面积2万平方米以上的大型展会活动达到40个。其中，举办以进口机械装备为主要内容的国际进口内贸展10个、国内城市联合互动的全国性出口外贸展10个，以各县（市）区产业发展为主要特征的并在国展中心举办的特色出口展10个。在上述基础上，力争培育具有国际影响的品牌展3个、国内有影响的品牌展5个。1.1平方公里的国展中心基本建成，展务经济平台和会务经济平台建设取得实质性进展，"市本级以办展为主、县（市）区以办会为主"的发展格局基本形成，全市会展业综合实力达到国内同类城市一流水平。

四、宁波国际会展之都建设的工作重点

为实现上述目标，加快建成有宁波特色的国际会展之都，应按照打牢基础、稳中求进、快中求质的要求，千方百计克服要素制约，破解发展难题，调动各方力量，扎实推进各项工作。

（1）强化会展业发展的宏观导向。坚持"立足宁波、依托浙江、服务长三角、辐射中西部、连接海内外"发展战略，围绕建设"国际化、市场化、专业化、特色化"宁波国际会展之都的总体目标，扎实推进大布局、大联动、大项目工程，大力发展展务经济和会务经济。着眼长远，面向世界，按照"布局合理、特色鲜明、错位发展、优势互补"的原则，引导市本级要以东部新城国展中心为核心，围绕构筑国际贸易展览展示交易平台，大力发展展务经济。江东区要依托国展中心所在地优势，加大扶持力度，发挥政策的叠加效应；引导其他县（市）区要结合自身资源优势，通过开展服务外包，大力引进举办面向海内外的商务型的国际商务、金融、旅游、文化、科技等各类会议（论坛）、节庆和体育赛事，努力打造各具特色的块状国际商务会都，创新发展会务经济。充分发挥舆论导向作用，提高各地各部门发展共识，大力支持会展业发展，加快形成会展业发展合力。

（2）加大会展政策宣传推介力度。综合现有市、县两级会展鼓励政策和场馆优势、服务保障优势，发挥"宁波帮"和"帮宁波"力量及国际友人渠道，借势"宁波周"活动平台，充分利用各种宣传载体、国际交流合作平台，大力宣传推介我市会展业发展促进政策和国展中心建设情况。按照发展国际会展业的要求，实施"走出去"战略，向国际性组织、国际品牌展会主办机构推介；与上级有关部门和行业协会、流动性展会主办机构进行对接；借助广交会、华交会和浙洽会、消博会、服博会、甬港经济合作论坛等市内外大型活动，强化与境内

外城市会展界的合作与交流，让更多的境内外中介机构和市场主体了解宁波会展业发展政策优势。每年有针对性地选择重点宣传推介城市，精心组织，有效策划，推进深层次的合作与交流。

（3）加快会展基础设施建设步伐。积极发挥国有资本在会展领域引领性、战略性、基础性和示范性作用，加快推进国展中心及配套项目建设，使之成为打造宁波国际会展之都的核心平台。落实国展中心建设的优惠政策，加快临时展展馆三期和常年展展馆二、三期工程建设，以满足临时展、常年展日益发展需要。完善场馆安保、商务服务设施及周边餐饮、住宿、汇兑、交通、仓储等配套功能建设。推进梅山保税港区进口展示功能区的规划和建设，使之成为宁波市会展业探索与国际合作的重要切入点和突破口。引导各县（市）区结合自身优势，制定相应激励政策，积极招商引会，加快建设面向国际的会务经济发展平台；大力引进和培育会议（论坛）服务承办主体，做专、做特、做优、做大会务经济，促进会务经济和旅游经济互动发展，打造各类高端商务性会议基地和旅游基地。

（4）着力培育实力型会展主体。指导宁波市国际贸易投资发展有限公司按照国际化的要求经营运作，不断提升企业的综合竞争力，争取在合适的时机实现上市。鼓励会展主体做大做强，促进我市会展企业走规模化、集团化之路，实现升级转型；通过收购、兼并、联合、参股、控股等方式，进行跨地区、跨部门的战略重组，培育一批规模较大的会展企业集团；在服务专业化、标准化、规范化方面与国际先进水平接轨，提升会展企业的国际竞争能力。采取有效措施，吸引国内外知名会展公司和配套服务企业落户宁波；鼓励国内外资金通过多种方式参与我市会展业的资产重组和股份制改造，推进我市会展业的区域合作、国际合作。引导其他行业有实力的企业集团投资会展业，参与主（承）办会展活动。按照会展服务专业化的要求，培育扶持与会展业密切相关的交通物流、金融保险、住宿餐饮、展会策划、布展搭建、商贸旅游、广告代理和中介服务等企业的发展，完善会展产业链。

（5）推进会展量质并举发展。充分发挥会展政策的综合效应，既要积极鼓励原有会展活动做大做强，又要积极鼓励会展新品牌、新项目的开拓和引进；既要积极鼓励会展核心区的做强、做优，又要积极鼓励县（市）区会展业做特、做活；既要精心办好政府主导型会展项目，又要大力开发和培育市场主导型的会展项目。既要促进展览业的提升，又要推动会议、节庆等产业的发展，不断拓展会展市场。加强对接轨 2010 年上海世博会工作的研究，争取引进更多的会展项目。围绕做大做优进出口规模和做大做强进出口企业集聚基地的要求，促进现有展会向进出口贸易展方向发展；鼓励引进国际名展，积极吸引国内大展，做足做优市内特展。商务型的大型服务外包会议（论坛）、节庆和体育赛事的培育引进取得新进展。

不断提升展会国际化水平。依托我市开放型经济发达的优势，利用对外经贸渠道，加强国际招商力度，不断提高境外展商、客商参会率，增加会展活动的国际化元素，实现宁波会展业与开放型经济互利共赢，推进会展自主品牌建设。完善市级优秀会展项目评选工作，鼓励参加国内外各类评比活动，提升优秀会展项目影响力；落实优秀展会取得国家注册商标和获得国际展览联盟（UFI）等国际性组织认证的奖励政策。支持宁波会展教育科研机构争取获得 UFI 认证的设计资格，为我市会展活动开展 UFI 认证提供服务。

（6）推进会展业管理规范化。加强对会展活动监管。按照《宁波市展览业管理暂行办法》（甬政发〔2005〕53 号），进一步完善展会活动的备案、审核、登记、审批制度，健全一站式服务机制。同时，要研究商务性会议（论坛）和节庆活动管理办法。加强对会展场馆监管，指导场馆经营单位规范运行，不断提升服务水平；国展中心应按照“优先进出口展、保护原有品牌展”和“谁先申报、谁先落实”相结合的原则，有序安排展期；抓紧组建相对稳定的专业安保队伍，做好场馆内相应的服务保障工作；建立健全场馆租赁价格和各项服务收费的协商机制，规范收费标准和服务行为。

强化会展活动安全管理。按照“谁主办、谁负责”的原则，严格落实各项大型会展活动安全措施，制订安全应急预案。完善各大型会展场馆安监系统、票证检验系统、消防监控系统、治安电子监控系统、停车系统等配套设施和卫生设施；加强场馆布展搭建施工企业规范化管理。落实国家有关部门制定的《展会知识产权保护办法》。协调市知识产权和工商管理部门设点巡场服务，协调、处理展会知识产权保护投诉事宜。

五、宁波国际会展之都建设的保障措施

会展业既是现代服务业的重要组成部分，也呈现出明显的公共服务特征。因此，在会展业的发展过程中，需要政府从行政角度出发，多方面给予支持。

（1）强化组织保障。加强对全市会展工作的组织领导，健全会展工作联席会议制度，及时研究和协调解决会展业发展中的重大事项。强化市会展工作办公室职能，充实会展管理力量，逐步增加政府会展管理部门人员，确保有效行使管理职能。引导各县（市）区和市级各有关部门健全会展工作的组织体系，完善工作机制，发挥职能优势，服务发展大局。指导市会展业促进会围绕“服务、代表、协调、自律”的基本职能，配合政府职能部门加强对会展行业的协调和监管，健全行业规则，推进评估认证，做好从业人员培训工作。形成政府、行业协会、企业联动的会展业增促机制。

（2）完善政策保障。认真贯彻市政府《关于加快推进宁波国际会展之都建设的若干意见》的文件精神，充分发挥会展业专项资金的激励和导向作用，结合

今后宁波会展业发展新动向、新趋势，及时调整会展业促进政策，增强政策的实效性。积极培育引进多种形态的实力型会展主体，落实会展主体入驻宁波的税收优惠政策。鼓励引进规模大、效益好、有发展潜力的国际性或全国性的重要展会；鼓励原有展会继续做大、做强、做优；加大展会招商力度，不断增加境内外客商，促进国内外贸易；鼓励同类型展会有效整合。引导县（市）区制定会展业发展扶持政策，发挥政策的叠加效应。

（3）落实人才保障。充分发挥政府主导和企业主体的作用，鼓励多元化引进各类会展人才。引导会展主体按照“以用为本、以用为先、以长期用为好”的原则，重点引进素质高、稳定性好的会展策划师、设计师和高级项目经理等紧缺人才，不断提升我市会展业竞争软实力。对引进的紧缺型会展人才参照市委、市政府《关于实施人才强市战略构筑区域人才高地的决定》（甬党发〔2004〕6号）等有关文件精神，享受同等人才引进的优惠政策。重视会展教研工作，按照“不求所有，但求所用”的原则，着力构建以本地科研力量为依托，国内外会展专家为“外脑”的科技服务体系，为领导决策和企业创新提供服务。发挥我市高等院校资源优势，加强会展从业人员的培训，推进多层次、多渠道的会展职业教育和全方位、立体式的资质培训，不断提升从业人员综合素质。

（4）优化服务保障。着眼于打造宁波国际会展之都的大局，积极探索具有国际化特征的公共服务体系。完善全市会展业发展考评激励机制，逐步建立和健全会展信息服务、公共危机及救助服务、消费者权益保护、突发公共事件应急、志愿者服务等系统。加强会展数据统计和作用分析。积极宣传推介会展业，广泛传播会展知识，营造良好的舆论氛围。加大市场监管力度，规范行业公平的竞争秩序。落实大型会展活动安全保障工作责任制，推进“平安会展”建设。引导会展企业诚信经营、诚信服务，推进“信用会展”。

第五章

宁波申办世界海洋博览会的可行性研究

引言：2002 年，我国获得 2010 年上海世界博览会的举办权。之后，上海世博会组织会积极推进上海世博会的相关工作。上海世博会的成功申办，在国内掀起一股世博热，也对宁波市会展业的发展带来了较大的影响。2007 年，结合接轨上海世博会的相关工作，作者提出宁波市申办以海洋为主题世界博览会的建议，该建议得到宁波市政府会展办领导的重视，也得到时任宁波市政协副主席范谊先生的大力支持。2008 年，市委办公会议纪要决定组建宁波申办以海洋为主题的世界博览会前期工作小组，由时任市委副书记陈新担任组长。在之后的几年里，作者在市委、市政府、市政协领导的高度关注下，在市会展办、市政府研究中心的大力支持下，先后完成多项研究工作，并最终形成宁波市申办世界海洋博览会的可行性研究报告及相关支撑材料。2010 年 3 月，市委将研究报告以文件形式上报省委，得到时任浙江省委书记赵洪祝、省长吕祖善的重要批示，也为后续申报工作奠定了坚实基础。

世界博览会（以下简称世博会）作为全世界最盛大、最顶尖的展览展示活动，自 1851 年英国伦敦举办万国工业博览会以来，迄今已举办 41 个（其中注册类 22 个、认可类 19 个）。因其举办时间长、展出规模大、参展国家多、影响范围广而获举世瞩目。已举办过世博会的城市，都获得了新的跨越式可持续发展，形成了较强的注意力经济效应。以海洋为主题的认可类世博会历史上已成功举办过三届。中国是一个发展中的海洋大国，完全有理由申办世界海洋博览会，为人类与海洋的和谐发展作出积极贡献，而浙江特别是宁波有着得天独厚的海洋资源优势，完全有条件申办世界海洋博览会。但是，申办世界海洋博览会是国家行为，是事关国家和世界的大事，必须进行科学的分析论证和谋划。对此，我们就宁波市拟申办 2017 年（也可以是 2018 年）世界海洋博览会的有关情况进行了分析研究，形成了以下报告。

一、世界博览会的基本情况

世博会是由一个国家的政府主办，多个国家或国际组织参加，以展现人类在社会、经济、文化和科技领域取得成就的国际性大型展示会。《国际展览公约》是协调和管理世博会的国际公约。国际展览局是世博会的执行机构，英文简称BIE，成立于1928年，总部设在巴黎，其职能是通过协调和举办世博会，促进世界各国经济、文化和科技的交流和发展。国际展览局现有成员国154个。中国于1982年首次参加世博会，于1993年5月3日正式成为国际展览局成员国，中国国际贸易促进委员会代表中国政府参加国际展览局的各项工作。1993年12月，中国被选为该局信息委员会会员，1999年12月，中国被选为执行委员会委员。中国前驻法大使吴建民曾担任国际展览局主席，当时为国际展览局名誉主席，中国国际贸易促进委员会副会长王锦珍当时为国际展览局中国首席代表，上海市政协副主席、上海世博会执委会副主任周汉民是国际展览局中国代表。

（1）世博会的分类。世博会按性质、规模、展期分为两种：一种是注册类（也称综合性）世博会，展期通常为6个月，从2000年开始每5年举办一次，注册类世博会不同于一般的贸易促销和经济招商的展览会，是全球最高级别的博览会；另一种是认可类（也称专业性）世博会，展期不少于3个星期，但不超过3个月，在两届注册类世博会之间举办一次。其特点都是要得到国际展览局认可。世界海洋博览会是认可类世博会的一种。

（2）认可类世博会的特点。宁波拟申办的世界海洋博览会是以海洋为主题的认可类世博会。根据《国际展览公约》、《关于认可展览会的程序和期限的规章》和《关于国际展览会一般分类的规章》，认可类世界博览会的特点是：

1）展期不少于3个星期，不超过3个月。

2）具有明确的主题，可以作为认可类展览会的主题是：生态学、气象学、海洋、山脉、森林、狩猎、捕鱼、粮食、畜牧业、渔业、原子能、化学工业、陆路运输、货运、数据处理、城市规划、居所、娱乐、考古、医药。国际展览局执行委员会应就是否接受某个认可类展览会的主题或限定其主题范围向全体大会提出建议。

3）总面积不超过25公顷（15亩/公顷）。

4）展览会向参展国分配由组织者建造的展馆，免收租金、费用、税以及除服务费之外的其他费用，分配给一个国家最大的面积不得超过1000平方米。但是，主办国的经济和财政状况表明确有必要，国际展览局可对无偿提供场地的规定适当放宽。

5）在两个注册类展览会的间隔期间，只能举办一个认可类展览会。

6）举办的时间和主题一经认可，未经国际展览局同意不得更改。

7）申请认可应由举办地负责国际关系的政府提出。❶

（3）认可类世博会的申办程序。第一步是申请，拟举办认可类展览会的国家政府应在展览会开幕日期最多5年、最少4年前向国际展览局提交报告，报告应说明展览会计划采用的主题、举办日期、最短不少于3个星期且最长不超过3个月的展期，以及组织者的法律地位。国际展览局将向各成员国政府通报这一申请，并告知他们从通知发布之日起，各成员国有6个月的时间来表达与该申办国政府在同一年或两个注册类展览会之间的某一年竞争举办认可类展览会的意向。第二步是考察，在第一份申请递交6个月后，国际展览局执行委员会主席将根据秘书长的建议，组织一次或多次考察，以确保申办计划是可行的。第三步是投票，如果申请国的各项工作获得考察团的支持，将按常规在国际展览局下一次全体大会上（国际展览局全体大会是一年两次），划定展览会的举办日期。如果申办国不止一个，全体会议将采取无记名方式投票表决，获得2/3以上票数获得举办权，或淘汰至2个申请国后，按简单多数原则确定主办国。第四步是认可，获得主办权的国家向国际展览局递交认可申请。认可申请必须注明：相关的法律和财政措施以及组织者的法律地位；与展览会主题相关的项目和初步计划、展期；概述展览会活动的分类；展览会的场地区域及与展览会有关的停车区、娱乐区等所有周边场地的规划；财政计划；展览会在国内外的初步推广计划、场地再使用的初步计划；商业化的初步计划。国际展览局收到认可申请后，将向申办国政府收取管理费用，认缴额由国际展览局全体大会通过的强制性规章确定。如果申办国政府不遵守认可申请的相关规定，它将丧失在已批准日期举办展览会的权利。

（4）举办认可类世博会的有利因素。首先，有利于开展邀请工作。如果展览会未经国际展览局认可，国际展览局可要求成员国拒绝参加、不予以赞助、不给予政府补贴，并要求成员国政府不转发也不接受组织者提供的邀请函。而目前国际展览局的成员国有152个，如果随意组织一场规模庞大的世界展览会，可能会受到这些国家的抵制和抗议。相反，如果展览会经国际展览局认可后，则说明展览会已经得到举办国政府的支持，可通过外交途径把邀请函发给各成员国。其次，有利于与受邀国的联络。一旦接受主办国的邀请，无论是成员国还是非成员国，都必须任命一名国家馆政府代表，代表本国政府与主办国政府联络，并在此前提下组成的展馆才有权使用国家馆这一称谓，政府代表对组织本国国家馆参展全面负责。

二、中国已办世博会情况

中国已经举办的1999年昆明世界园艺博览会是认可类世博会，上海举办的

---

❶ 资料来源：国际展览局网站。

2010年上海世博会是注册类世博会。2006年已经举办的沈阳世界园艺博览会和由西安举办的2011年世界园艺博览会、青岛举办的2014年世界园艺博览会只需国际园艺生产者协会（AIPH）批准，无需得到国际展览局认可。

（1）1999年昆明世界园艺博览会。1999年昆明世界园艺博览会是认可类展览会，是由国际园艺生产者协会（AIPH）批准举办，并得到国际展览局认可的国际性园艺博览会。自1992年起，中国国际贸促会与有关部委、地方政府配合，向国际展览局申请在中国举办世博会。1994年10月21日，前驻法国大使蔡方柏受中国政府委托，致函国际展览局，申明中国政府全力支持1999年北京举办世界园艺博览会。同年12月7日，国际展览局第116届大会在巴黎举行，时任国际展览局中国首席代表、贸促会前副会长刘福贵率中国代表团应邀出席，大会一致同意中国的申请。1995年12月12日，国务院正式批准由云南省承办1999年昆明世界园艺博览会。1995年12月初，国际展览局第117届会员大会一致通过了同意1999年世博会移址昆明举办的决议。1996年12月20日，由中央17个部委领导组成的1999年昆明世界园艺博览会组织委员会在北京成立。时任国务院副总理李岚清同志担任组委会主任，在昆明设立了组委会的执行机构和云南省政府的办事机构（云南省园艺博览局）。1999年昆明世界园艺博览会的主题为："人与自然——迈向21世纪"。展期从1999年5月1日至10月31日，历时184天。会址设在昆明市北部金殿名胜风景区，共有69个国家及26个国际组织参会，其中，84个国家和国际组织参加了室内展出，35个国家和国际组织建造了34个室外展园，51个国家和国际组织举办了活动日；全国31个省、市、自治区以及香港、澳门特别行政区和台湾民间组织均参加了此届世博会。由于是在中国第一次举办世博会，极大地提高了昆明的知名度，并孕育了近十年来云南旅游业和商贸业的大发展，直接促成改革开放以来云南经济的一次大飞跃。在半年会期内，共接待中外游客近930万人次，日均入园游客4.9万人次，最高日入园数超过11万人次。昆明世博园占地218公顷，主体建筑总建筑面积达24.56万平方米，分为五大室内场馆：中国馆、国际馆、人与自然馆、科技馆、大温室；七个专题展园：树木院、药草园、竹园、蔬菜瓜果园、盆景园、茶园、名花异石园。昆明世博园由新组建的云南世博集团投资13.5亿元筹建。2006年，云南世博集团的世博股份在深圳证券交易所成功上市，如今已是拥有超过40亿元资产的大型企业集团。

（2）2010年上海世博会。上海世博会是最高级别的注册类博览会。2002年1月30日，中国驻法国大使吴建民代表中国政府，向时任国际展览局秘书长洛塞泰斯递交了中国政府申办2010年在上海举办世博会的报告，其中包括原中国国家主席江泽民和国务院总理朱镕基致国际展览局领导人的申办信。中国政府的报告分析了申办2010年世博会的理由，并确定了"城市，让生活更美好"的主题。报告同时还介绍了中国申请在上海举办2010年世博会的优势和能力，介绍了中国政府为申办世博会在场址选择、场馆规划、客流量预测、推广策略和商业计划等方面所作的努力。2002 年 12 月，在摩纳哥举办的国际展览局第 132 次大会上，上海市在与韩国丽水、俄罗斯莫斯科、波兰弗洛兹瓦夫、墨西哥克雷塔罗的竞争中胜出，获得了举办权。

2010 年上海世博会的主题是“城市，让生活更美好”，五个副主题分别是“城市多元文化的融合”、“城市经济的繁荣”、“城市科技的创新”、“城市社区的重塑”、“城市和乡村的互动”。2010 年上海世博会有两大创新，分别是城市最佳实践区和网上世博会。这两个项目都是世博会历史上前所未有的，是上海世博会紧跟主题、紧跟时代潮流的首创之作。上海世博会结合“城市”主题，在世博园区内规划设置“城市最佳实践区”，得到了国际展览局的认可。另一方面，为充分利用网络的互动特点，上海世博会还推出了“网上世博会”，让全球各地的网友通过国际互联网浏览世博会的情景。据统计，2010 年上海世博会的参观人数达到 7308 万人，有近 3 万家企业参加上海世博会的展览展示和交流洽谈活动，有 240 多个国家和国际组织参加上海世博会。

三、以海洋为主题的世界博览会情况

以海洋为主题的世博会最早应追溯到 1975 年日本冲绳，举办了主题为“海洋——未来的希望（Ocean，the future hope）”的世博会。1992 年意大利热那亚、1998 年葡萄牙里斯本分别举办了“哥伦布——船舶与海洋”和“海洋——未来的财富”为主题的世博会。韩国丽水也成功申办了 2012 年主题为“生机勃勃的海洋及海岸：资源多样性与可持续发展”的世博会。

（1）日本冲绳世界海洋博览会。1975 年冲绳世博会主题为“海洋——未来的希望”。当时处于第一次石油危机带来的经济萧条期，但仍有 350 万人参观了此次博览会，有 37 个国家参加。在 173 天的展览期间，人们对博览会所建造的“海上都市”、“海洋牧场”表现了浓厚的兴趣。同时，博览会展示了各种开发海洋资源的先进技术与产品。同样以水为主题，与以后的 1984 年等其他以水为主题的世博会相比，它更突出了海洋的形象和作用。冲绳世博会传达了对海洋的思考，以及人们对海洋的依赖。独特设计的卡通浪花造型多了一份轻松与唯美，引人遐思。海浪是使者，传递着远方的信息，人们仿佛置身于童话般的境界中，领略海洋无尽的宝藏，憧憬着浪花带来有关未来的信息。

（2）意大利热那亚世界海洋博览会。热那亚世界海洋博览会于 1992 年 5 月 15 日至 8 月 25 日在意大利热那亚市圣乔治宫举行。该届世博会是意大利政府为纪念意大利著名航海家克里斯多夫·哥伦布发现美洲新大陆 500 周年而举办的。主题为“克里斯多夫·哥伦布：船舶与海洋”，旨在回顾人类航海的历史与发现，探讨当代航海技术的发展和展望未来的前景。展览展示了地理发现、海洋生物、环境保护、

航海与造船技术。此次展览会被列为纪念哥伦布发现美洲500周年的重要活动之一，共有48个国家和5个国际组织及3个非官方机构参加了本届博览会。中国馆的主题是“中国的航海与发展”。围绕“克里斯多夫·哥伦布：船舶与海洋”这一主题，以福建省泉州“海上丝绸之路”为主线，展示了15世纪前后中国与欧洲国家特别是意大利在海上通商、文化交流方面的历史。通过船模、图片、录像和幻灯，重点宣传介绍了中国悠久的历史文化和中国古代与现代的造船技术和航海技术，以及改革开放以来在航海造船业和其他经济建设方面取得的成就。

（3）西班牙里斯本世界海洋博览会。在纪念葡萄牙航海家达·伽马发现印度航线500周年之际，葡萄牙里斯本举办了1998年世博会，其主题是“海洋，未来的财富”（The Oceans，a Heritage for the Future）。作为20世纪最后一届世博会，里斯本世博会的目标是通过举办如此大规模的全球性活动，向世界展示现代化的葡萄牙，从而提升葡萄牙的国际形象和声誉；通过世博会，带动周边地区的城市复兴，形成里斯本的经济发展极核，提升里斯本在欧洲乃至全球的竞争能力。有146个国家和14个国际组织参加了里斯本世博会。在1998年5月22日至9月30日的世博会期间，参观游客总数超过1000万人次。通过展出，在鼓励人民继续探索海洋的秘密、开发和利用海洋以造福人类的同时，增强了保护海洋资源的意识。中国馆分为海洋开发和利用、海上丝绸之路、火箭模拟发射卫星表演和环幕电影馆等4大部分。

（4）韩国丽水世界海洋博览会。韩国1997年开始筹备申办世博会，曾于2002年申办2010年的世博会，结果败于中国上海。2007年再次申办世博会，韩国丽水凭借其清晰而有创意的主题、强有力的政府支持、民众的高涨热情、明确的总体目标、全面的宣传和商业计划以及合理的园区规划等赢得了国际展览局大多数成员国的支持，在2007年11月27日举行的国际展览局第142次全体大会上第二次投票中战胜摩洛哥的丹吉尔市，赢得2012年认可类世博会举办权。韩国丽水世博会的主题为“生机勃勃的海洋及海岸：资源多样性与可持续发展”，举办时间为5月12日至8月12日。

2012年丽水世博会的亮点——主打气候变化牌。韩国声称如果承办世博会，韩国将积极推动国际社会应对气候变化。韩国政府将为此拨付3000万美元给予支持。丽水世博会申办委员会主席金在哲表示，随着对全球变暖危险性的日益关注，许多国际展览局成员认为丽水市的这一主题是合乎时宜的。时任韩国总理的韩德洙说：“2012年丽水世博会将为解决诸如气候变化、海平面上升等国际社会共同面临的问题做出努力”。韩国将投入83.7亿美元用于2012年丽水世博会相关的基础设施建设。韩国建设交通部表示，丽水世博会相关的基础设施建设共有11个项目，包括全州至光洋的高速公路、益山至新里的高速铁路建设工程项目等。

丽水的世博会场馆临海而建，由一个港湾分为功能不同的两块区域：博览会的主要场馆和作为休闲及住宅之用的其他建筑。港湾足以停靠万吨级轮船，游客乘船便可直抵世博会会场，这也切合了丽水申办世博会的主题。申办委员会称在设计该方案时充分考虑到丽水港的未来发展计划，同时降低了场馆管理与维护的成本，具有高度的经济性。在博览会结束后，场馆将改建成海洋公园、豪华度假村、高技术园区和会议中心等。

“生机勃勃的海洋及海岸”为主题的丽水世博会，不仅将带动包括丽水在内的全罗南道及韩国南海岸地区的旅游发展，也将推进中日韩三国的海洋邮轮旅游产业的发展。此次博览会将提高国民对海洋的关心，也将给海洋及海洋人力资源产业和科学技术产业的发展带来新的契机。当时据韩国方面测算，2012 年世博会会创造 9 万个工作机会，长远来说，会带来大约 14 万亿韩元（153 亿美元）直接和间接的经济效益。

四、宁波市申办世界海洋博览会的关键环节

根据认可类世界博览会的申办特点、申办程序和国内外世博会申办的相关情况，宁波市申办 2017 年以海洋为主题的认可类世界博览会如果具备以下两个方面的关键条件，则有较大的可能性获得成功。

（1）国家的同意和大力支持。这是一个前提性的条件。无论是 1999 年昆明世界园艺博览会还是 2010 年上海世博会，因为得到国家的高度重视和有力支持才得以成功申办。中国是国际展览局的成员国，如果得到国家的支持，可以直接向国际展览局提出举办世界海洋博览会的申请，并按国际展览公约规定在与非成员国竞争时具有优先权。而根据认可类世博会的特点，也只有国家出面即负责国际关系的政府出面才可以提出申请认可。

宁波申办以海洋为主题的认可类世博会，符合加快海洋经济发展和长三角区域发展的国家战略。中国是发展中的海洋大国，拥有约 300 万平方公里的管辖海域，其中有完全主权的内水和领海 37 万多平方公里，大陆海岸线长 18000 多公里，岛屿岸线长 14000 余公里，沿海滩涂面积有 2 万多平方公里，15 米等深线以内浅海面积有 12 万多平方公里。发展海洋经济，加强海洋环境保护和海洋资源的综合利用是国家未来重要的发展战略。同时，国务院长三角指导意见把长三角区域发展纳入了国家发展的战略层面。因此从国家发展的层面来看，宁波由于具有独特的海洋资源和产业优势、地处长三角的区位优势，其申办容易得到国家的同意和支持。但是，申办世博会是国家行为，除了经济发展方面的考虑之外，还需要从其他方面作综合性的考量和权衡。近年来，我国在国际上的地位不断提升，在国际事务中越来越发挥重要的作用，并先后承办了多项国际性大型活动，尤其是 2008 年北京奥运会的成功举办，以及 2010 年上海世博会在筹办期间体现

出来的重大举措，彰显了我国集中力量办大事的能力，得到了包括联合国、国际展览局在内的国际组织和多数国家的高度认可。在2010年上海世博会之后中国再提出申办一个认可类的世博会，一方面只有在上海成功和圆满地举办2010年世博会之后才会进行考虑，另一方面以海洋为主题的认可类世博会与注册类的世博会相比，尽管规模相对要小，时间相对要短，但毕竟是一个国家举办的重大国际交流活动，在当前我国的国际地位快速提升的情况下，会慎重考虑国际政治、外交等方面的因素，要国家作出表态需要做好相关的工作。

（2）国际展览局的认可和多数国家的支持。由于已经明确规定两届注册类世博会之间只能举办一个认可类世博会，可能会有多个国家的城市提出申办，特别是已经提出过申办的国家再次提出申办，而且确定举办权是由国际展览局全体成员大会无记名投票表决产生，因此申办存在一定的不确定性。从我国和其他国家成功申办的经验来看，在国家同意和大力支持的前提下，获得国际展览局的认可和得到多数国家的支持，是申办取得成功最为关键和重要的环节。要获得国际展览局的认可和得到多数国家的支持，主要有以下几个方面：

1）宁波提出申办世界海洋博览会要符合国际展览局的相关规定和做法。宁波拟申办以海洋为主题的认可类世界博览会，会涉及与2010年上海举办的世界博览会、2012年韩国丽水举办的世界海洋博览会的关系。宁波拟申办的2017年认可类世界海洋博览会，符合国际展览公约关于在两届注册类世博会期间可以举办一个认可类世博会的规定。但在上海举办2010年世界博览会以后，宁波再提出申办认可类的世界博览会，由于时间和地域都比较接近，这能否为国际展览局和多数成员国所接受，自然是一个问题。对此，我们认为这不是一个根本性的问题。一方面，国际展览公约和国际展览局的相关规章并没有关于一个国家举办了注册类的世界博览会以后不能再申办认可类的世界博览会的规定；另一方面，从已经举办过的世界博览会情况来看，已经有同一个国家在较近的时间内举办了注册类的世界博览会以后再举办认可类的世界博览会的先例，如日本大阪1970年举办了注册类的世界博览会，1975年日本冲绳又举办了以海洋为主题的认可类世界博览会。韩国丽水于2012年举办世界海洋博览会，因为同处东亚地区，同一主题，时间上也只差5年左右，这对宁波能否成功申办也构成了一定的制约关系。对这一问题，我们的看法是，首先，国际展览公约和国际展览局的相关规章也没有就一个国家已经举办认可类世界博览会以后在同一地区的不同国家不能申办同一主题的认可类世界博览会作出明确的规定，因此只能理解为也是可行的。其次，在世界博览会的历史上，意大利热那亚1992年举办了以海洋为主题的认可类世界博览会，1998年葡萄牙里斯本也举办了以海洋为主题的认可类世界博览会，这两个国家同处南欧地区，举办的时间也只差6年。它们的成功举办，都与历史上与海洋有关的重大事件有关。

2）宁波提出申办的主题符合国际展览公约的宗旨和切合当前人类发展的需要。世界上有2/3的面积是海洋，海洋与人类的命运息息相关，是21世纪人类社会可持续发展的宝贵财富和空间。海洋经济无论是现在还是将来，都将在世界经济中发挥重要作用。纵观世界经济发展的历史，也是由内陆走向海洋，由海洋走向世界。当今世界发达国家和地区，大都是依靠海洋走上了发达之路。如何保护海洋、合理利用海洋资源已经得到了国际社会的共同关注，并随着时间的推移会继续升温。联合国高度重视海洋经济和环境保护工作，2009年将每年的6月5日定为“世界海洋日”，2009年12月召开的气候变化大会关注海平面上升，反映了这种升温的趋势。继续举办以海洋为主题的认可类世界博览会，符合国际展览公约和国际展览局关于世界博览会展示人类文明进步和相互交流的宗旨。

此外，宁波能够提出切实可行的申办计划，也是获得国际展览局认可和得到多数国家支持的重要因素。

五、宁波代表中国申办世界海洋博览会的有利条件

从现有已举办世界博览会的城市和此后举办的韩国丽水市的综合分析，宁波已经基本具备申办世界海洋博览会的基础并具有一定的外部有利条件。

（1）国家与省十分重视海洋经济发展。我国是一个发展中的沿海大国，但不是海洋强国。实施海洋经济开发战略，建设海洋强国是我国经济社会发展战略的重要组成。近几年来，沿海各地都将目光瞄准海洋资源的开发和利用，但都处在起步阶段。谁抢占先机、谁就能独占鳌头。海洋是我省经济发展的优势所在、潜力所在和希望所在，我省提出了建设“海上浙江”的战略目标。习近平同志在担任浙江省委书记时就指出：浙江省在建设海洋经济强省中要“打头阵”；要有“舍我其谁”、敢于争先的气概，站在培育全省海洋经济增长点和优化全省经济结构的高度，算大账，算远账。从中央到省对海洋经济的高度重视，为我市申办世界海洋博览会提供了有力支撑。

（2）浙江以及宁波具有海洋资源和产业优势。浙江是一个海洋大省，是我国海洋资源最丰富的区域之一。海域面积达26万平方公里，是全省陆域面积的2.6倍，港、渔、景、油、涂、海洋能等资源在全国都占有很高的份额。浙江有全国大陆第一位的深水岸线资源和海洋渔业资源，港口航道资源得天独厚，远洋捕捞能力优势明显；占全国第二位的海洋旅游资源和海洋能源有待开发，紧靠浙江的东海大陆架油气资源前景看好；有占全国第三位的潮间带滩涂资源；大于500平方米的海岛3061个，占全国岛屿总数的2/5。从20世纪80年代初就提出“大念山海经”的设想，经过二十多年的发展，海洋产业结构逐步优化，港口海运业已形成一定规模，海洋旅游业发展迅猛，沿海和海岛基础设施有了较大改善。

宁波海域面积9758平方公里，超过陆域面积，具有“港、渔、矿、景、涂”等五大海洋资源优势，且海洋产业基础扎实。一是海洋产业发达。2008年，我市海洋经济总产值达到2309.15亿元，居全省第一位。临港工业、港口服务业、海洋渔业、滨海旅游等主要海洋产业得到了充分发展，海洋化工、海洋生物制药、海洋油气等高新技术产业开始起步。二是海洋环境优美。宁波岛屿星罗棋布，岸线曲折绵长，海洋旅游景点众多，尤其是随着渔山列岛国家级海洋生态特别保护区、韭山列岛国家海洋自然资源保护区的划定和《宁波市海洋功能区规划》、《宁波市象山港海洋环境和渔业资源保护条例》的实施，海洋环境不断优化。三是海洋文化深厚。宁波有七千年河姆渡文化，也是海上丝绸之路始航地。东汉“海上陶瓷之路”发祥地上林湖越窑遗址、唐代作为航标的天封塔和海运码头遗址都铭刻着宁波海洋发展的历史，镇海海防遗址展现的军事文化，敬妈祖和祭大海等留存的民俗文化等，为申办世界海洋博览会提供了重要的文化软实力。四是海洋情结浓厚。已经连续成功地举办了十二届开渔文化节。2000年9月，宁波渔民发起成立“蓝色保护者”志愿行动组织，通过各种方式，向全世界提出了“善待海洋，就是善待人类自己”的倡议，传播他们“欲取先予”的海洋保护理念。

(3) 宁波具备较好的基础设施和综合服务能力。举办世博会，大量的境内外人员集聚，对城市的基础设施和综合服务能力如交通、住宿、安全保障等提出了较高要求。宁波地处长三角南翼，具备成为亚太地区国际门户重点城市的地理条件，经过近几年来的建设，已基本改变交通末梢的地位，宏观交通格局发生了重大的结构性变化，一环五射的地面交通体系已经基本形成。目前，除原有的杭甬高速、甬金高速、甬台温高速，杭州湾跨海大桥、宁波-舟山跨海大桥、甬台温铁路已经相继开通，绕城高速通车已经过半，基本实现了“213”交通圈，即到上海、苏州、杭州、金华、温州、台州、舟山2小时，全大市内1小时，城区内30分钟车程，杭甬高速复线、杭甬客运专线、市内轨道交通、象山港跨海大桥开始动工建设。到2017年，绕城高速、市内轨道一号、二号线、杭甬客运专线、甬台温高速复线将陆续通车使用，彻底打破宁波在长三角交通体系中末端地位的瓶颈，成为北承长三角，南接海西经济区的海陆综合枢纽城市。宁波栎社机场已经是长三角地区继上海、南京、杭州之后的第四个4E级国际机场，计划还要启动机场三期建设项目。宁波周边有发达的陆上交通，还可以依托上海、杭州机场的吞吐能力。截止到2009年10月，宁波星级酒店已达207家，其中五星级酒店12家（不包括未挂星的8家或在建的15家），商务性酒店发展较快，已形成一定规模。

(4) 宁波具有申办世博会的经济实力。改革开放以来，宁波的经济建设突飞猛进，2009年，宁波GDP达到4214亿元，人均GDP突破1万美元，宁波市地方财政收入432.8亿元，市区居民人均可支配收入2.73万元，农村居民人均纯收入1.26万元，不仅表明宁波地区的综合经济实力已率先达到中等发达国家水平，而且老百姓总体收入水平和生活质量得到了大幅度提高。从上海世博会的投入来看，主体工程建设总投资预计为180亿元，其中中央和上海市政府出资71.5亿元，占40%；发行世博债券80亿元，占44%；其余28.5亿元通过项目融资、银行贷款补充。世博会运营支出预计106.8亿元，通过门票收入、赞助收入、特许权收入等多种渠道筹集。宁波拟申办的是认可类世界海洋博览会，投资规模应该远远小于上海世博会，据初步测算在50亿~60亿元之间，并且从上海世博会的运营预算中可以看出，这部分的支出，可以通过市场运作得以平衡甚至产生利润。因此，从我市的经济和财政实力、今后几年的增长趋势及世博会的投入与效益来看，已经充分具备申办世界海洋博览会的经济实力。

（5）可以充分利用上海世博会的申办经验和人脉优势。2010年上海世博会的申办经历，为我们申办工作提供了丰富的成功经验，避免我们在申办过程中走弯路。上海世博会筹办期间，与国际展览局和相关国际组织建立起较密切的合作关系，便于国际组织进一步加深对长三角区域的重新认识。上海世博会储备的大量专业人才，也为我们提供了宝贵的人力资源。同时，吴建民曾于2003~2007年担任国际展览局主席，中国国际贸易促进会副会长王锦珍是国际展览局中国首席代表，上海世博会执委会副主任周汉民是国际展览局中国代表，对宁波申办世博会在牵线搭桥、提供咨询等方面具有一定的优势和帮助作用。

六、宁波市举办世界海洋博览会的意义和作用

世博会是当今世界影响较大而深远的一项国际性社会文化活动。从某种意义讲，承办一届世博会是一次全面检验举办城市和举办国家综合实力的契机，获得主办权，就意味着进一步赢得了国际社会的普遍尊重和信任，也是举办城市扩大国际影响和迅速提升国际地位的良机。它的影响集中在筹备期间，作用体现在举办期间，后续效应持续长远。具体而言，宁波通过举办世界海洋博览会有以下的推动作用。

（1）形成区域发展的注意力效应。纵观世界各国，举办过世博会的城市都获得了新的跨越式发展，形成了较强的注意力经济效应。从成功申办到成功举办，世博会举办城市和区域都始终处于国际高度关注之下。场馆建设、主题演绎、世博展示项目的集成，无不牵动着各国政府和民众的目光。世博会期间，众多的游人、纷至沓来的记者群体，把世博会的恢宏场面和亲身感受，第一时间传播到世界各地。1998年里斯本世博会吸引了来自88个国家和3000多家传媒机构的1.1万名记者，有效地提升了里斯本的知名度；2000年德国汉诺威世博会有138个国家3万名记者进行了采访报道，这样的全球宣传效果难以计量。世博会

留下的标志性建筑，又成为城市国际化发展的名片。而往届世博会留下的海德公园、埃菲尔铁塔、铁原子模型等，都成为不可磨灭的历史性标志。

（2）提升浙江综合竞争力的重要途径。重大事件是城市空间重构的重要动力之一。世博会作为一种区域经济和社会发展的外在动力，对区域经济的重构具有十分重要的影响。1970 年的日本大阪世博会，促成了世界六大城市圈之一的日本关西经济带迅速崛起，使原有以重工业为主体的产业区域向以高科技、信息、物流、商贸、金融、环保和中介等产业为中心的产业区域转变。上海世博会筹备后期，也开始呈现明显的注意力经济效应；它的成功举办，将成为上海经济社会发展新的起点。浙江通过筹办世界海洋博览会，有利于加速推进我省海洋经济集聚发展，使优势更优，全面提升浙江的综合竞争力。

（3）拉动经济发展的直接作用。当时据韩国丽水市世博会申办委员会测算，韩国举办 2012 年世博会期间，将有 160 多个国家和地区约 900 万客人造访丽水，仅从经济方面来说，将产生 145.3 亿美元的效益，并将创造 67.5 亿美元的附加值以及近 9 万个就业岗位（作者注：韩国丽水世博会实际接待客人为 80 万，直接收入为 600 亿韩元）。1999 年昆明世界园艺博览会、2006 年沈阳世界园艺博览会对昆明、沈阳的旅游业、会展业、房地产业和城市基础设施建设发展起到了直接而且巨大的推动作用。因此，如果宁波举办世界海洋博览会，将直接拉动宁波市的经济增长和促进劳动者就业。此外，通过举办一系列的活动，宣传我国的传统文化和我市的特质文化，可以提高国际社会对中国、对浙江、对宁波的认知度，这种效果虽然是无形的，但影响则是巨大而深远的。在展览会结束后，各类展馆、公园、宾馆等设施将成为每年接待游客的海洋旅游区、展示中心和会议中心。由此可见，世博会不仅将产生即期的经济效益，而且还将发挥长远的作用。

（4）加快宁波乃至整个浙江的海洋经济发展。进一步发挥海洋资源优势，建设海洋经济强省，是省委、省政府贯彻实践科学发展观，深入推进“两创”战略的重要内容。通过举办世界海洋博览会，可以进一步提高宁波海洋服务业的发展水平，逐步建成国内海洋产业综合服务中心；可以促进国际海洋产品生产和服务企业向宁波集聚，形成集生产、展示、销售、服务、休闲于一体的海洋产业综合服务区；可以推进海洋旅游、休闲产业的发展，向世界宣传宁波的海洋旅游资源，形成以海洋产业为核心的相关旅游、休闲配套服务区；可以为申报国家级海洋产业开发综合实验区提供基础和可能；可以提高港口的国际地位和国际知名度，增强经济贸易往来关系，促进宁波港口的发展。总之，通过举办世界海洋博览会，可以充分发挥优势，抢抓国家海洋产业发展先机，使海洋经济和海洋服务业成为宁波经济社会发展新的增长点、产业结构调整的突破点、生态可持续发展的着力点，推动宁波经济社会发展实现“由三江时代到滨海时代”的战略提升。

（5）进一步提升宁波城市的地位和功能。世博会对城市功能要求较高，因此，世博会具有加速提升城市功能的作用。2000 年德国汉诺威世博会推动了城市和区域的轨道交通设施、高速公路等基础设施建设；同时，还促成了 ISDN 网络建设（由虚拟网转数字网），并使汉诺威和下萨克森州的许多旅游及其他设施获得更新和改造，成为地区发展的推动力。

宁波城市建设正处于快速发展阶段，城市的综合功能和服务提升需要有一批综合性、国际性、现代化的龙头项目来支撑。通过举办世界海洋博览会，可加快推进宁波城市各项基础设施建设，进一步完善城市功能、优化城市环境、提升城市承载能力；有效提升城市管理和公共服务水平，营造独特的城市文化，推进文明城市建设和市民素质提高，不断提升城市价值，实现城市功能跳跃式发展，加快推进宁波现代化国际港口城市建设步伐。

七、宁波市申办世界海洋博览会的初步构想

按照科学发展的要求，宁波市拟申办的认可类世界海洋博览会主题初定为“人与海洋的和谐发展”，以“创新、生态、和谐”为理念，大致可演绎海洋科技与海洋资源、临港产业创新、海洋生态环境保护、海洋区域和物种和谐共存、海洋服务产业的发展、海洋文化发掘与保护等六个分主题。

（1）举办时间和地点。根据国际博览局对认可类世博会的举办时间要求，结合申报时间安排、浙江省气候特点，以及海洋产业资源和产品自身的最佳生产和销售季节，我市拟申办的世界海洋博览会举办时间为 2017 年的 7 月中旬至 10 月中旬。举办地点可选择在沿海地区的某个区域。目前，象山的大目湾是我市举办世界海洋博览会较为理想的核心场馆建设区块。第一，该区块处在浙江海岸线中心，有利于更好地辐射浙江沿海区域。第二，该区块有 3 万亩围垦滩涂，可大大减轻建设用地压力和拆迁投入。第三，随着我市轨道交通、沿海大通道和象山跨海大桥的相继建成，可减轻交通投资的压力。另外，象山海洋人文资源丰富，每年举办中国开渔节等系列海洋经济文化活动。

（2）展品和活动范畴。世界海洋博览会是一个涉及展览展示、会议、节庆、演出和比赛等多类会展活动的综合性会展项目。在展览方面，凡与海洋产业相关的资源、企业、产品、服务等均可列为展品范围；在会议方面，与海洋相关的内容，经过遴选也都可作为交流和研讨的主题；在节庆方面，可以深入发掘海洋文化、海洋旅游、海洋休闲、海洋科技等资源，形成科技型、文化性、娱乐性相结合的若干个节庆活动；在世界海洋博览会期间，也同样可以举办各类演出和比赛活动。因此，世界海洋博览会内容十分广泛，可根据主题进行科学合理的设计和策划。

（3）空间布局安排。世界海洋博览会空间布局可分成核心区、拓展区、辐

射区三个层面。核心区为主场馆所在地50平方公里范围，具体由展示区、会议区、配套区组成，包括陆上部分和水上部分两个空间。拓展区为主场馆周边一小时交通范围内，围绕世博会主题，组织策划相关主题活动。辐射区为浙江省周边各地，特别是舟山和台州。

（4）组织框架。根据国际展览局的规定，世界博览会是以国家名义举办的展会，因此，宁波世界海洋博览会的主办单位是中华人民共和国。为顺利筹备宁波世界海洋博览会，需要建立完整的组织体系，成立世界海洋博览会组织委员会和执行委员会。组委会是领导决策机构，由中央相关部门和浙江省政府等成员单位组成。执行委员会是组委会的执行机构，由浙江省和宁波市有关部门组成。同时，成立宁波世博局（或类似机构），具体负责世博会的筹备、组织、运作和管理等工作。

（5）运作模式。由世博局设立总规划团队和总策划团队，总规划团队负责宁波世界海洋博览会的场地规划和相关方面的规划设计工作。总策划团队具体负责相关的展示、活动、论坛、宣传等策划工作。在运作模式上，采取政府投资与市场运作相结合的方式。成立世博投资有限公司，为政府全资公司，主要负责拆迁、基础设施建设、配套设施建设、场馆建造等政府投资项目。成立世博咨询有限公司，为政府全资公司，负责政府投资以外的资金筹措，代表世博局根据市场规则开展商业化运作。

第六章

打造进口商品展览展示交易基地，探索宁波展贸经济新模式

引言： 2007 年，为进一步提升国际贸易发展水平，拓展国际贸易与会展产业的空间，宁波市政府决定推进国际贸易常年展建设工作，并将常年展、临时展区块整合成为宁波国际贸易展览中心。常年展初期主要以出口展为主。但是，基于宁波城市特点的考虑，在宁波的外国人比较少，宁波没有发达的国际航线，来宁波旅游的国际游客也相对较少，因此，让外国人到中国来考察商品并将产品出口到国外具有较大的难度。相反，宁波具有世界级港口，宁波及周边地区经济发达、人均可支配收入高，是国外商品的重要消费市场，这就使建设进口商品展示基地成为可能。本文是作者主持完成的市会展办宁波建设进口商品展示基地研究课题的相关成果。该成果经提炼后形成的研究要报，2008 年经市政协领导作为宁波市政协提案提出，先后得到市委、市政府主要领导的重要批示。这也是宁波后期大力推进进口商品展的重要转折点。

近年来，国际金融危机衍生美国次贷危机、欧债危机，全球经济结构深度调整，国际市场呈现萎缩趋势，国内需求疲软，进出口贸易面临严峻挑战。浙江省作为进出口贸易大省，备受高层关注。2011 年后，国务院总理温家宝和浙江省委书记赵洪祝、省长夏宝龙先后就国际贸易赴浙江省有关城市进行调研。

宁波市具有较强的外向型经济特征，国际贸易是全市服务经济支撑性产业之一。近年来，随着出口退税政策变化和国内外需求不足，我市进出口贸易受到较大影响。如何发挥宁波区位、产业、资源等比较优势，创新国际贸易运作模式，优化国际贸易服务体系，对于促进宁波开放型经济新发展具有十分重要的意义。

在国际贸易低迷的大背景下，一种新的贸易形式给宁波带来了启示。2010 年以来，宁波保税区集中力量拓展红酒进口贸易市场，初步形成以进口红酒为主的进口贸易新平台，成为国际贸易产业的创新模式。如何发挥宁波港口优势和保税区特殊政策优势，依托进出口商品的展览展示功能，促进国际贸易发展，着力

构建“港口保税 + 展览展示→国际贸易”的“展贸经济”新模式，值得思考和研究。

一、宁波市国际贸易面临的问题

宁波外向型经济较为发达，出国展在国内同类城市中连续多年保持领先地位，一定程度上带动了以出口为导向的国际贸易发展，但进口贸易发展缓慢。进出口贸易不平衡现象，不利于我市国际贸易长远持续发展。2012 年，国务院出台了《关于加强进口促进对外贸易平衡发展的指导意见》，省政府出台了《关于扩大进口的若干意见》。努力扩大进口，促进对外贸易平衡成为新的导向。但我市国际贸易发展仍面临一些“瓶颈”制约。

（1）国际贸易体系不够完善。我市国际贸易产业一直遵循传统贸易模式，企业各自为战、单打独斗现象比较普遍，尤其是缺乏与境外机构和生产企业的系统性合作，商品进出口渠道相对单一，结构布局碎片化现象较为严重。因区域特色产业支撑带来的国际贸易繁荣，掩盖了国际贸易体系自身存在的不足，政府部门和企业危机感不强，一旦遇到国内外环境变化带来的实际问题，应对能力较弱，导致国际贸易颓势尽显。

（2）国际贸易支撑手段单一。多年来，我市国际贸易主要依靠出口退税等政策作用，忽视了战略性、深层次国际贸易体系的建设，对潜在产业和产品的研究以及与相关企业、机构的合作不够系统深入，国际公共服务体系羸弱，整个体系缺乏足够的抵御风险和创新可持续发展的能力。因此，在国家退税政策发生变化时，应对手段匮乏，加之金融危机造成的国际需求疲软，更进一步加剧了国际贸易的滑坡。

（3）区域竞争环境压力较大。宁波地处以上海市为中心的长三角区域，周边城市都非常重视国际贸易，区域内竞争日趋激烈。尤其是上海近年来十分重视贸易的转型升级，加快打造以服务贸易为主体的区域贸易中心，对宁波带来较大的极化作用。苏州、无锡等地市级城市通过园区建设、来料加工等方式，率先抢占了亚洲、欧洲等国际市场；省内义乌、绍兴等县级市也依托产业和市场优势，在亚洲以及非洲、南美等新兴市场逐步扩大影响。这些，都在一定程度上对我市国际贸易产生影响。调研表明，我市依靠传统贸易手段很难在与上海等城市竞争中形成优势，经营手段、运作模式创新势在必行。

（4）国际贸易高端人才缺乏。我国国际贸易企业人才多停留在具备外语能力，具备一定的商品交易能力层面，这些人才对于企业开展产品贸易可以发挥一定的作用，但却无法满足城市国际贸易体系建设对人才的需求，更缺乏战略性创新提升能力。导致我市的国际贸易处于小打小闹、薄利多销的局面。相关机构在国际贸易平台运作过程中，往往是外行管理内行，专业人才引进和使用方面都存在较大不足。

(5) 国展中心建设进展缓慢。市委、市政府从2006年起下力、下决心推进国际贸易展览中心的建设，旨在打造一个以进出口贸易为龙头的临港型服务业大平台，但至今没有多大起色。常年展定位不明或多变，成效不明显；临时展表面繁荣，实质“小打小闹”。关键是缺乏一支创新性研究团队和战略性运作团队，核心是体制机制性障碍。如不加速突破，将会错失良机，造成被动局面。

二、未来宁波展贸经济的格局设计

资源，是产业发展的基础。从宁波的资源看，区位资源、城市品牌资源、城市服务资源、国际客运资源和科技资源是宁波的短板，而港口资源、产业资源、国家区域特殊政策资源（保税区、保税港区及宁波出口加工区、经济技术开发区、大榭开发区等）是宁波的优势。此外，高层次管理资源和国际服务资源是可以通过努力获取的。基于上述分析，建议宁波未来展贸经济的基本思路是：紧密依托港口资源和国家区域特殊政策资源，努力争取国家级管理资源和构建国际服务资源体系，以会展为切入点和注意力经济集聚点，以国际贸易为核心，以港口物流和国际金融服务为支撑，通过强力打造进口商品常年展示交易大平台，引领国际贸易和国际物流跨越式发展，打造新世纪的国际贸易“海上丝绸之路”，构建展贸经济新格局。

(1) 强力推进进口商品展及基地建设。紧密依托宁波保税港、两岸经贸石浦实验区作用，发挥国际贸易展览中心常年展设施优势，组建高端运行团队，努力打造“前店+后仓”、“批发+零售”式进口商品展览展示交易网络。

1）调整优化国展中心经营方向。将国际贸易常年展区由现有的以出口为主、进口为辅的格局，快速转换为以进口商品展览展示为核心的大平台。通过吸引从事进口商品展示交易的企业入驻，逐步建成进口商品展示中心。同时，要把发展进口性的临时展作为近期突破点，有效助推进口商品展示基地建设。

2）发挥保税港区仓储物流优势。发挥宁波港的优势，将保税区打造成为进口商品的仓储、物流中心，为国际贸易展览中心发展提供系统的服务和支持。

3）发挥石浦对台经贸区的作用。借助石浦经贸区“小三通”的政策优势，为台湾商品进入大陆提供便利，形成台湾进口商品的仓储及物流中心。

4）打造“洋淘宝”网络服务体系。电子商务将是今后服务贸易的重要载体。通过自主开发或与现有的顶级电子商务企业合作，着力打造宁波进口商品展览展示交易电子商务体系，提升进口商品展示交易中心的信息化服务水平。

(2) 着力构建国际贸易公共服务体系。中国是一个具有强大消费能力的市场，只要运作得当，进口商品的销售不是关键问题。而难度较大的是如何将国际上合适的商品经过恰当的渠道引入中国宁波。为此，需要在政府的大力支持下，系统构建国际公共服务体系。

1）积极构建国际商品研究体系。可依托市国际经贸研究所（外经贸局）、市会展经济研究所（会展办）等市级研究机构的平台，充分发挥宁波大学、浙江万里学院等驻甬高校国际贸易省级重点学科及相关专业的师资力量，对各国的主要商品进行分区域、地毯式的研究，及时掌握产品的种类、价格、厂商、市场等信息，以及新产品研发信息，为进口商品体系建设提供信息支撑。经过一段时间的努力，逐步建成国际商品信息资源库，并争取成为商务部国际贸易特色资源数据库。

2）加快构建国内外推介体系。要通过网络、现场推介等多种手段，有针对性地宣传宁波国际贸易进口商品展示交易体系的功能及各环节的服务特征，引导国际商品向宁波集聚，依托国家政策性区域，打造国际商品的集散地。近期应重点打造一个面向国外、以英文等多种语言文字为媒介的宣传推介平台。此外，也可以在适当条件下，在中央电视台（首选国际频道）开展一定程度的整合推介工作，在国外重要城市开展推介活动。通过上述手段，提高进口商品展示交易中心的国内外影响力。

3）着力构建进口商品服务体系。通过加强与驻外使馆商务参赞等的联系，密切与国际经贸机构的合作，发挥我市驻外分支机构和企业驻外分公司的作用，为境外商品进入宁波进口商品展示交易体系提供动力支撑。要充分发挥“宁波帮”、浙江商帮和国内相关商贸体系的作用，支持宁波进口商品展示交易体系建设。近期应重点研究与国际主要贸易体系的合作，借助他们成熟的国际运作渠道，打造进口商品服务体系，在降低风险的同时，实现事半功倍的效果。

(3) 积极培育国际贸易衍生服务体系。学习借鉴美国华尔街的经营运作模式，创新国际贸易产品运营模式。华尔街在金融产品方面运营的成功经验表明，现代服务业最明显的特征是服务产品的设计与运作。华尔街成功运作了金融产品，各种琳琅满目的金融及衍生产品，形成了经济界的“蒙太奇效应”，打造了“布雷顿森林体系”背景下美国经济的辉煌；从未来的发展以及现有的基础看，宁波不具备发展金融衍生产品的条件，但可以依托中国巨大的市场潜力和宁波港作为世界上最大的深水良港带来的贸易物流优势，积极策划设计新的贸易产品，探索国际贸易衍生体系。近期重点以国际贸易模式的设计和运营为主，期待经过一段时期的努力，依托国际贸易展览中心和进口商品展示基地建设，在宁波逐步形成贸易产品的“华尔街”，逐步设计和推广符合国内外企业和产品需要的国际贸易衍生产品，并以此构建宁波未来的现代服务业体系的核心。在具体的产品设计方面，可借助浙江省大力发展海洋经济的战略背景，依托国际贸易平台，探索大宗期货交易、进口商品展示、战略储备库建设、转口贸易、新型国际贸易近期远期交易手段等国际贸易新产品，最终形成国际贸易核心区。

1）打造进口商品销售网络体系。依托国际贸易平台等进口商品交易体系，通过直营店、加盟店等方式，在国内主要城市打造连锁经营门店，逐步形成以宁波市为核心、以国内主要城市为节点的进口商品展示交易体系，抢占国内进口商品市场，提升进口商品展示基地的竞争力。改革传统的国际贸易模式，为消费者提供更多的选择模式。

2）培育进口商品稳定消费群体。我国人口众多，进口商品的销售市场潜力巨大。在国际贸易体系的构建过程中，要重视吸引和培育消费能力较强、稳定度较高的高层次消费群体。在此基础上，鼓励消费者优先选择优质进口商品。通过积分回馈、销量折扣等多种手段，稳定培育进口商品消费群体，提高消费者的忠诚度，打造相对稳定的国际商品高端消费群体。

3）积极探索国际贸易期货交易。借助当前国际贸易手段普遍单一化的有利形势，依托宁波市大宗期货交易平台，通过深化国际商品的生产、销售、物流服务、金融服务等手段，逐步打造国际期货贸易交割基地，努力争取国家相关资源，积极拓展国际贸易体系建设。重点可考虑产品预订购买、订单式生产；国际贸易产品竞价预销，降低供货方和采购方的风险；特色化产品经营与销售，以及探索转口贸易等，提高国际贸易创新度和竞争力。

三、需要重点突破的几个方面

当前，各地市都十分重视国际贸易体系建设。2011 年后，上海市连续出台《上海市推进国际贸易中心建设条例（草案）》、《上海建设国际贸易中心“十二五”规划》等政策文件，高屋建瓴提出打造国际贸易中心城市的目标和对策。上海市大力发展国际贸易，将对宁波市产生巨大的竞争压力。宁波市若从国际贸易体系建设方面形成特色体系，必须改变传统的发展理念，打破常规性的经营运作模式，积极探索、不断创新、敢于突破，最终才有可能通过差异化、特色化在长三角国际贸易中占有一席之地。

（1）转变观点实现思路创新。以往国内各城市在发展国际贸易体系中，主要依托贸易公司作为核心要素，将退税等政策作为主要手段。这种模式极具碎片化特征，同质化现象比较严重，很难形成与其他城市不同的竞争力。因此，必须从观念上实现突破。要加大政府先期投入，引导相关资源转型集聚，通过“唱国际歌（与国际组织合作）、跳秧歌舞（与中央部委合作）”来构建国际贸易深层次服务体系，创新国际贸易发展的新途径。

1）树立大贸易发展思路。突出资源整合，树立展贸经济新理念。要通过整合现有的国际贸易管理资源，最终实现国际贸易发展思路的彻底转变。要强调主动出击、国际化发展，避免“瘸子打围坐着喊”的传统思路，努力形成宁波市展贸经济大格局。

2）突出创新发展新理念。国内贸易公司在产品的选择上往往具有较大的随意性和短视性，受国际市场以及相关国家政策的影响较大，容易带来波动性，很难形成稳定发展、具有较强抗干扰的形成。打破传统思维方式和经营理念，既要重视政策创新和渠道创新，也要强调体系和平台建设。我市国际贸易体系比较复杂，多头管理现象严重，也无法形成发展合力。近期应整合现有的平台办、会展办、保税区等资源，着力打造一个具有较强实力的进口商品贸易大体系，实现合力发展。

3）提升贸易体系运作高度。尽管我市国际贸易历史悠久，但尚缺乏具有国际化视野、全球化特征的国际贸易手段。要整合我市国际贸易研究资源，加强与商务部对外贸易研究院、中国社科院国际贸易研究所等国内高层次机构的合作，从更高层面、全球视野来设计我市国际贸易发展新格局，尤其是努力创新渠道、产品和政策环境，完善体系建设，形成国际贸易发展的先发优势。

（2）集聚优质国际贸易资源。国际贸易体系建设具有较强的可塑性，只要积极集聚优质国际贸易资源，完全可以重构我市在国内外具有鲜明特色的国际贸易体系。具体包括：

1）努力争取政府主管部门的资源。通过加强与商务部、外交部、贸促会等部门以及相关产业商会的合作，努力争取国际贸易综合改革实验区、中国进口商品展示交易中心等资源，在此基础上，积极争取大宗商品交易核心或分支机构的设立，并努力研究开发新的国际贸易政策需求向国家有关部门申请相关支持。通过一段时间的努力，最终打造一个与海南国际旅游岛相类似的国际贸易特区，通过政策的集聚带动产业的集聚和发展。积极沟通，使省政府主要领导和省商务厅等主管部门逐步形成“义乌低端出口、宁波高端进口”的浙江国际贸易战略思路和发展布局，促进资源集聚，打造“甬金国际贸易长廊”。

2）充分发挥浙商体系的促进作用。近年来，浙商在全球许多国家都形成了较大的经营体系。近期已有意大利罗马市政府移民议会议长潘永长（浙江省政协委员、罗马市外籍议员）等多个浙商表现出对进口商品体系建设的兴趣。2011年1月30日，潘永长议长在参加省政协会议期间，向本课题负责人表示他希望组织2000家以上的意大利企业参加宁波进口商品展示基地建设，并称为“维纳斯计划”。此外，浙商也在国外经营多个规模较大的商品展销项目，对国外产品和渠道都有较系统把握，充分发挥浙商境外影响力，以国别为单位整体引进境外生产企业和贸易企业，应成为我市进口商品展示基地建设的一个重要的渠道创新模式。

3）强化国际公共服务体系建设。国际贸易核心在于建立跨国运作服务体系。在这些体系中，有些是可以通过企业构建，但更多需要借助政府力量构建。当前核心工作就是通过政府渠道搭建国际公共服务体系，包括国际信息宣传推介体系，提升区域国际贸易的信誉度；建立信息调研体系，为国际贸易企业提供服务；加强与境外国际贸易体系合作，提高国际贸易综合竞争力。

4）努力推进国际贸易科研体系。知彼知己，方能百战不殆。要抓住宁波市政府与中国社科院战略合作的有利时机，连续设立重大研究项目，借助中国社科院的研究力量为我市国际贸易发展提供高层次的服务。要借助宁波科技局科技创新团队建设的有利时机，积极打造一支具有较强实战能力的进口商品常年展示基地建设的科技创新团队。围绕进口商品常年展示基地建设，有针对性地就国外产品、服务机构、生产企业、运作模式等开展系统研究，在2013年内初步形成了一致熟悉国外商品、国外企业、国外机构，在运作模式上具有层次性、实战性的研究团队，为宁波进口商品展示基地建设提供理论支撑和实战研究。

（3）努力优化国际贸易环境。国际贸易形式的变化，要求我们打破传统的运作模式，遵循国际贸易发展大趋势，努力打造国际贸易新环境，系统推进国际贸易健康发展。

1）持续发挥政策的相关优势。要抓住浙江省“营改增”试点工作，将国际贸易领域逐步纳入试点体系，形成政策的叠加效应。同时设计国际贸易发展基金，重点支持国际贸易体系创新、模式创新和服务创新。要制定进口商品临时展、常年展扶持政策，最大限度吸引国内贸易企业参与进口贸易运作，引导境外企业融入我市展贸经济体系。

2）加大财政金融支持力度。市政府要安排一定的财政资金，支持国际贸易平台早期建设；要积极试点进口信贷流动资金贷款、进口信贷固定资产贷款、资源类商品进口信贷、进口信贷型租赁贷款、进口卖方信贷业务等创新业务产品，切实加大进口信贷投入，解决进口贸易企业融资难题。

3）提高国际贸易便利化水平。我市多年来一致重视国际贸易便利化问题，但由于管理体制和运行机制等方面的因素，国际贸易便利化方面还有较大潜力可挖。下一步应进一步强化与海关、商检等部门的合作，进一步提升国际贸易体系信息化、服务集约化、模式创新化的步伐，最终实现国际贸易的便利化，为进出口贸易水平的提升奠定坚实基础。

4）打造宁波进口信用城市。城市环境对国际贸易发展具有十分重要的意义，尤其是信用环境。因此，宁波市应充分发挥城市经济实力较强的优势，率先在国际上探索国际贸易信用城市服务体系。通过政府联合金融机构，在充分掌握企业资信状况的基础上，为相关国际贸易企业的信用和信誉担保，通过建立完善的产品知识产权保护体系防止境外商品的品牌和技术被仿造和假冒，联合商业保险公司推出支持进口的保险产品和服务，降低企业进口风险，逐步形成风险共担、利益共享、具有较高的信誉度和可持续发展的国际贸易结算和分利模式。通过打造进口商品信用城市，独树一帜，形成国际注意力经济效应，推动宁波进口商品展示基地建设跨越式发展。

5）努力吸纳高端国贸人才。人才是国际贸易的重要支撑，也是建立国际贸易服务体系的核心支撑。要结合项目建设，逐步引进一批具有国外学习工作经历、外语水平高、了解国外市场及产品情况，熟悉国际贸易业务的高层次研究性、资源性复合型人才，加入到我市国际贸易平台建设中来，以更宽广的视野服务于国际贸易创新发展。

6）发挥智慧城市体系作用。我市是工信部“中国智慧城市”试点城市之一。我市建设用进口商品展示基地充分抓住这个有利时机，先争取将保税区和国际贸易平台纳入市信息化试点单位，然后再逐步争取纳入国家信息化试点项目。与此同时，可探讨与阿里巴巴等国内著名的电子商务企业开展战略合作，打造“洋淘宝”体系，逐步形成以网上支付、手机支付等为主要手段的贸易市民化手段，提升对进口商品展示基地建设的延展力度。

（4）推进国际相关组织合作。宁波城市规模较小，国际竞争力远低于北京、上海、广州等国内大型城市，因此，要充分发挥政府信用和利润分享等手段，加强与国际组织和国际贸易服务机构的合作，“借力”提升宁波展贸经济的国际竞争力。

1）加强与国际保理商联合会（FCI）合作。国际保理是保理商为国际贸易赊销方式提供的出口融资、销售账务管理、应收账款的收取及买方信用担保融为一体的金融服务。它既是一种短期的贸易融资方式，又是一种新型国际贸易结算方式。近年来，信用证结算的主导地位受到严峻挑战，以商业信用为基础的电汇等结算方式成为主流。在欧美发达国家，国际保理业务非常盛行，已被外贸企业广泛使用。该方式既可以解决国际贸易结算中的风险问题，也能够对境外国际贸易企业向中国出口商品起到推进作用。因此，我市应进一步强化与 FCI 的合作，通过分利模式，借助该机构的渠道系统提升宁波进口商品展示基地的竞争力。

2）加强与宁波友好城市的贸易合作。我市现有国际友好城市 13 个，国际友好交流城市 17 个。应借助该资源，通过筛选，有针对性地协调上述城市及国家在宁波进口商品展示基地中设立特色常年展区，加强与其政府贸易机构合作，系统推进该城市及所在国家和周边城市产品进入宁波。尤其是重点加强与意大利、西班牙、巴西、南非、挪威等国家友好城市合作，为下一步重点引进南美、非洲和欧洲中小国家产品进入宁波奠定坚实基础。

3）加强与国际商会（ICC）的合作。国际商会是为世界商业服务的非政府间组织，是联合国等政府间组织的咨询机构。该机构既可以为国际贸易提供法律咨询服务，也能够为国际贸易的发展提供指导性的意见，是国际贸易创新的重要咨询机构。宁波市作为国内二线城市，如果期待将国际贸易上升到国际层面，必须非常熟悉全球国际贸易的发展态势。因此，要通过与中国国际商会合作委员会的合作，将宁波国际贸易纳入国际商务重点关注的区域，并得到相关的指导和支持。

当前，国际贸易滑坡是国内城市普遍面临的一个棘手问题。危机中也同样蕴涵着机遇，谁能够率先创新突破，谁就能尽早走出困境。因此，独辟蹊径，积极探索创新国际贸易模式，是扭转当前国际贸易低迷的重要途径之一。宁波应借助港口优势、产业优势，立足打造全新的国际贸易模式，逐步形成以进口商品常年展示基地与国际贸易平台相结合的新型贸易体系，探索新形势下具有进口、信息化、辐射化特征的“展贸经济”新模式，为加快推进宁波现代化国际港口城市建设作出新贡献。

第七章

上海世博会背景下宁波会展业创新发展研究

引言：2009 年，是长三角地区会展业发展最快的时期。2010 年上海世博会的举办，也为长三角区域会展业合作带来重大机遇、为长三角会展城市群建设带来许多期许。在这种背景下，长三角地区的会展业受到各城市政府的高度重视，也得到社会的高度关注。如何借助接轨上海世博会的有利时机，系统推进宁波市会展业的快速提升，是宁波市会展业发展的一个重要话题。本文是作者主持完成的宁波市会展办上海世博会背景下宁波市会展业创新发展研究的相关成果。作者在回顾宁波市会展业发展历程的基础上，对会展也对宁波经济社会发展的作用开展分析，对面临的国内外形势以及现存的问题进行研究，并对上海世博会背景下宁波会展业发展的前景、特点进行分析，并就未来一段时期的工作提出对策建议。

会展业是近年来高速发展起来的新兴产业。由于国内外专家和学者普遍认为会展业对经济发展具有较大的拉动作用，同时具有生态可持续发展特征，因此，被很多城市和地区视为经济发展新的增长点、产业结构调整的突破点和生态可持续发展的切入点，得到政府部门和企业的高度重视。据有关部门和资料统计，2003 年以来，国内已经初步形成长江三角洲、珠江三角洲、京津塘三角洲、西南部地区、中部西北部地区、东北内蒙古地区等六大会展产业区，会展业连续多年以 20% 以上的速度增长，成为经济和社会发展不可或缺的组成部分。

宁波市是我国著名的会展城市，从 1997 年举办首届宁波国际服装节，到 2003 年宁波市政府将会展业列为支柱产业，提出建设长三角南翼会展之都，再到 2007 年，市政府将会展业列为宁波市经济和社会发展的战略性产业，提出建设国际会展之都的工作目标，会展产业从无到有、从小到大、从弱到强，产业规模不断扩大，会展业产业地位不断提升，成为宁波市经济和社会发展的重要核心产业之一。

迄今为止，宁波市已经逐步成为国内会展业产业定位最高、政策竞争力最强、场馆建设最具特色、项目设计相对超前的城市，以及符合长三角未来经济和社会发展整体战略的会展业发展格局。会展业将成为宁波市建设现代化国际港口城市的重要组成部分，以及未来一段时期长三角会展特色产业区的重要组成部分。

一、宁波市会展业发展历程

作为新兴的现代服务业，会展业在国内的发展时间还比较短，但较快的增长速度，已经显示出会展产业发展蕴含着强大的生命力，受到政府、企业和老百姓的关注，是我国未来经济和社会发展的重要组成部分。

（1）会展产业的基本特征。

1）会展业的内涵与外延。会展产业是指以展示、信息交流为手段，提升城市、产业、企业和产品形象，最终实现经济和社会效益手段的一种产业形式。会展产业包括展览、会议、节庆、演出、比赛等大型活动。世博会、奥运会、世界杯等大型国际赛事都是会展活动的重要组成部分。

2）会展业的产业特征。会展业是知识密集型和技术密集型产业，既是现代服务业的重要组成部分，也是创意产业和文化产业的重要组成部分；会展产业链较长，上游产业包括场馆建设、城市相关基础设施建设和展品所在产业，下游产业包括展装搭建、交通物流、餐饮住宿、广告服务、旅游服务、中介服务等多个相关产业。由于会展产业链长，因此，带来的消费刺激作用也较大，对经济具有较大的促进作用。此外，会展产业能耗低、排放少，占用不可再生资源少，具有较强的生态可持续发展特征。

3）国内外会展业发展现状。国外会展产业有较悠久的发展历史，其中德国、美国、法国、英国、意大利等国家是世界上会展业最发达的国家。在亚洲，日本、新加坡等国家的会展产业发展也具有一定的实力。我国会展产业起步较晚，改革开放以后，市场化运作的会展项目才逐步发展起来，而会展业作为一个产业提出，则是在1998年国家发改委的产业统计说明中正式提出的。但是，近年来，国内会展业呈现出高速发展的态势，许多城市和地区重视会展业发展，并出台相关政策加以扶持，使会展业每年以20%以上的速度增长。国内初步形成了长江三角洲、珠江三角洲、京津塘地区、中部西北部地区、西南部地区和东北内蒙古地区六大会展产业区。各产业区紧密结合区域产业发展的特点，逐步形成具有典型特色的会展产业发展格局。长三角区域是国内会展业最发达的区域，初步形成以上海为中心，南京、无锡、苏州等沿长江经济带主要城市组成的会展产业带和杭州、宁波、台州、温州、义乌等城市构成的会展城市群。会展产业已经成为经济和社会发展的重要组成部分。

4）会展业的发展态势。从现有会展产业发展的情况看，国际化、规模化、专业化和特色化是会展产业发展的整体趋势。国际化，是指要加大引进国外会展项目的力度，提高境外客商和参展商的比重；规模化，是指会展项目不仅数量要逐步增加，而且主办单位的层次、单个会展项目的规模也要不断提升和扩大；专业化，是指会展主办机构要逐步从政府部门转为企业，逐步降低政府主导型展会的数量，由直接面向参展商向构建以客商为主体的深层次会展服务体系转变，为客商提供服务，从依托项目吸引客商向营造专业化系统性的区域环境、服务环境转变；特色化，是指各会展城市要紧密结合自身产业实际和区位特点，逐步形成有自身特色的会展产业领域和会展品牌项目，实现差异化发展。

（2）宁波市会展产业发展的简要历程。从 1997 年举办首届宁波国际服装节，宁波市会展产业的发展可分成三个阶段❶。

1）会展业起步阶段（1997 年 10 月—2002 年 10 月）。1997 年 10 月，宁波市成功举办了首届宁波国际服装节，拉开了宁波会展业发展的序幕。1999 年，又举办了首届浙江投资贸易洽谈会。1999 年 10 月，市政府正式批准立项建设宁波国际会展中心。2002 年，与上海国际展览有限公司、上海国际展览中心有限公司合作，成立了宁波国际会展中心管理公司，加大了会展业区域合作的步伐。

2）快速发展阶段（2002 年 11 月—2006 年）。2002 年 11 月，宁波市成立了市政府会展工作领导小组，下设会展工作办公室，加强了对全市会展工作的领导和行政服务。2003 年 1 月 8 日，市政府出台了《关于加快宁波市会展业发展的若干意见》，提出了“建设长三角南翼会展之都”的会展业发展总体目标；同时，明确“把会展业作为我市新的经济增长点和重要的支柱产业之一，大力扶持，重点发展”。2003 年，宁波国际会展中心全面启用，会展业的硬件设施达到全国先进水平。在此基础上，会展项目的数量和规模都有较大幅度的提升，会展管理体系建设也不断得到系统完善。2005 年，宁波市被评为全国优秀会展城市❷。2001 年以来宁波市专业展览活动情况见表 7-1。

表 7-1　2001 年以来宁波市专业展览活动情况

年　份	展览数量	展位个数	展位面积/平方米	展商及观众人数
2001	5	2800	56000	200000
2002	8	3500	70000	350000
2003	19	7258	166830	750000
2004	27	18100	370990	1200000
2005	47	28860	609496	1900000
2006	80	40000	800000	2700000
2007	103	50100	1020000	3400000
2008	151	67000	1270000	4700000
2009	175	70120	1408000	5010000

注：数据来源于国家商务部，《“十五”期间中国展览业发展报告》，《光明日报》出版社。市会展办相关资料。

❶ 数据来源：国家商务部，《“十五”期间中国展览业发展报告》，《光明日报》出版社。

❷ 宁波市人民政府《关于加快宁波市会展业发展的若干意见》甬政发〔2007〕41 号。

3）全面提升阶段（2007 年—至今）。2007 年 6 月，宁波市人民政府下发了《关于进一步推进宁波市会展业发展的实施意见》，将会展业列为宁波市经济和社会发展的战略性产业；同月，宁波市会展中心和国际贸易平台二期工程全面启动。2007 年 5 月，成立了宁波市国际贸易平台工作办公室，国际贸易常年展工作得到进一步强化；在 2007 年 6 月召开的全市会展工作会议上，毛光烈市长提出"举全市之力打造国际会展之都"的工作目标；2007 年 11 月，宁波市成立了接轨上海世博会工作办公室，全面启动接轨上海世博会的工作。2008 年 3 月，完成《宁波市国际会展之都建设规划》的制定工作。这一切，都标志着宁波市会展业发展进入了一个全新的阶段。2005 ~ 2008 年各类专业会展活动比较见表 7-2。

表 7-2　2005 ~ 2008 年各类专业会展活动比较

年　份	会展活动总数/个	个　数	展会面积/平方米	其中节庆活动	会议论坛	其　他
2005	85	47	600000	24	8	6
2006	148	80	800000	40	26	2
2007	207	103	1020000	48	45	10
2008	276	151	1270000	63	50	12
2009	317	175	1408000	78	72	36

注：数据来源于宁波市会展办相关资料。

（3）宁波市会展业对宁波经济和社会发展的作用。产业对经济的促进作用，是一个产业高速发展的客观基础。会展产业一方面对经济发展具有较大的促进作用，另一方面对和谐社会建设也具有较强的促进作用。

1）会展业已经成为经济发展的重要组成部分。经过十年的不懈努力，宁波市会展产业对经济和社会发展的成效已经明显显露。作为宁波市会展业发展具有里程碑意义的 2007 年，宁波市会展业初步形成规模较大、结构相对合理，经济和社会效益比较明显的产业发展格局。2007 年，宁波市共举办会展活动 207 项。据宁波市会展经济研究所统计测算的数字表明，2007 年会展业对 GDP 的贡献高达 216 亿元。2007 年以后，宁波市进一步加大了对会展产业的扶持力度，会展产业的效果得到明显体现，尤其是 2009 年，在国内外受到金融危机冲击的特殊时期，宁波市会展业坚持"保增促调"的指导思想，加大会展引进和创新工作力度，会展产业克服困难，呈现出较好的效果。统计数据显示，2009 年，宁波市共举办会展活动 371 个。其中，举办展会活动 175 个，会议（论坛）活动 78 个，节庆活动 72 个，其他活动 36 个。初步预测，2009 年宁波市会展产业对经济拉动作用可达到 260 亿左右。

2）会展产业已经成为产业发展的重要引擎。2001 年来，宁波市相关部门都结合发展会展产业出台了相关的服务政策，会展搭建、会展物流、会展旅游、会展印刷等一系列衍生产品也逐步形成规模。此外，展品覆盖的服装、家居、机械、食品、文具、礼品等产业，也随着会展产业的发展得到不断提升。据统计，2009 年，宁波市共有会展主营企业 190 余家，会展辅助服务机构超过 1000 家，会展累计投资超过 30 亿元，会展产业带来的直接经济效益达到 30 余亿元。

3）会展产业已经成为产业结构调整的重要手段。宁波是以二产为主体的城市。随着生态可持续发展理念的不断深入，重化工业、机械工业、纺织服装工业等高耗能、高污染、多排放企业面临着巨大的发展压力。近年来，市委、市政府重视通过调整产业结构提高区域的综合竞争能力。但从几年来的发展情况看，房地产产业的发展，较多占用了不可再生资源，并在很大程度上增加了商务成本，甚至是影响了和谐社会建设。而在周边地区旅游资源比较丰富的情况下，旅游产业发展也受到了一定的制约。在此基础上，宁波市政府高瞻远瞩，将会展业、国际贸易、物流、金融等产业构成主导宁波市服务业发展的产业链条，作为调整产业结构的重要手段。尽管房地产等产业低迷，住博会、家博会、服装展、工博会等会展项目也受到一定的影响，但 2009 年宁波会展业的增幅仍达到 10. 2%。

4）会展产业已经成为城市功能提升的动力。会展产业最大的特征之一就是能够提升城市整体功能。研究表明，举办一个 5 万平方米的会展项目，如果外地客商达到 60% 以上，国外客商达到 15% 以上，就需要 3 万张床位的支撑，而这些床位多为四星级以上的酒店床位。对于大型国际会议项目，则需要更多的五星级酒店的床位和会议设施。在推进酒店业发展的同时，对民航、铁路交通、出租车等城市交通基础设施的发展也有较大的促进作用。2002 年，宁波市只有 1 家五星级酒店，2009 年底，宁波市已有 10 家五星级酒店，已建成待评和在建的五星级酒店 10 余家。出租车、公交车等数量不断增加、档次逐步提高；2007 年以来，增开了至韩国首尔和中国香港等地的国际民航线路。2008 年以来，又增加了至新加坡、泰国和中国澳门的民航线路。

5）会展产业已经成为和谐建设的重要抓手。会展产业一方面可以增加大量的就业机会，另一方面也可以通过提供文化活动项目，丰富群众文化生活。会展活动吸引了来自国内外的参展商到宁波，也有力地激发了宁波市民热爱宁波、完善自我的自觉性。在宁波举办展会期间，主办单位和参展企业举办了“同一首歌”、“春天送你一首诗”等大型文化项目，一些街道自发组织相关的文艺活动，开展社区文化活动，寓教于乐，在活跃市民生活的同时，也促进了市民提高自身素质的自觉性，在一定程度上化解了社会矛盾。据宁海开游节的相关统计，在 2003 年以前，3 ~5 月份上访人数月均 33 人，举办开渔节后，上访人数有较大幅度降低。举办会展活动，提高了市民的责任感和荣誉感，各级政府和社会团体自觉地为维护城市的综合环境，开展多项服务，有效地提高了城市和谐社会建设的水平。2006年和2008年，宁波市连续被评为全国文明城市，会展活动发挥了不可或缺的作用。

6）会展业也是提高政府公共服务水平的重要手段。会展是一项涉及面广、协调难度较大的综合性活动，通过举办会展活动，政府各部门之间相互配合，提高了综合协调和快速反应能力，也在较大程度上提高了城市的综合管理水平。尤其是浙江省投资贸易洽谈会期间，很多市直部门直接参与了接待活动，通过举办会展活动，进一步提高了相关部分的综合协调能力，提高了政府公共服务水平。2003年以来，宁波市政府相关部门每年都要派出数千人次的管理人员参与宁波市会展项目的管理和服务工作，在充分了解国内外企业发展实际和大项目管理程序的基础上，积累了丰富的经验，打造了一支适应现代服务业发展的干部队伍，为宁波市产业转型升级奠定了坚实的基础。

二、2009年度宁波市会展业发展的主要特点

作为新兴的现代服务业，会展业的发展既受到国际大环境的影响，也受到区域产业基础设施的制约。因此，必须系统化打造区域会展产业的环境，才能从根本上确保会展产业的快速、健康发展。

（1）2009年会展产业的产业背景分析。2009年，是国际金融危机影响比较大的一个年份。作为外向型经济依存度较高的城市，宁波市会展业的发展面临着有利条件和不利条件的交织影响。

1）经济全球化有利于我市打造国际会展之都的目标实现。随着世界经济东移速度的加快，国际会展巨头抢占亚洲会展市场态势也在不断升级。宁波地处我国乃至世界经济最为活跃的长三角地区，经济实力强，是全国出口名牌产品最多的城市，也是全国人均一般贸易出口最多的城市，已连续八年成为全国参加境外展览最多的城市。宁波以优越的投资环境、雄厚的产业基础和开放的商品市场，将成为国际资本、跨国公司投资会展业的重要选择地之一。

2）现代化国际港口城市建设为我市打造国际会展之都提供支撑。宁波港口优势明显，已成为我国进出口贸易的一个重要桥头堡，这为以进出口贸易为主要内涵的现代会展业发展提供了强大的发展基础。同时，经济实力的不断增强，为我市会展核心区配套设施建设、提高会展质量提供了必要的物质保证，也将吸引大批国内外企业、人士来甬从事经济、文化交流活动，为发展国际会展业带来了新的空间。

3）上海世博会举办为我市打造国际会展之都创造机遇。世博会是顶级会展活动，部分项目将选择周边城市举办。另外，在其筹办期间，部分原有会展项目也会转移到周边城市举办。杭州湾跨海大桥建成通车，为我市依托良好会展场馆优势、政策优势、服务优势，争取引进更多的国际性会展项目和会展企业驻甬提

供了机遇。

4）政府强势推动为我市打造国际会展之都注入了新的活力。市委、市政府大力推进现代服务业发展，出台了《今后五年宁波市服务业跨越式发展行动纲要》，明确把会展业列入现代服务业发展的六大支柱产业之一，予以重点扶持。为加快国际会展业发展步伐，市政府研究出台了《关于加快推进宁波国际会展之都建设的若干意见》。政府的强势推动，市场化培育运作，为我市打造国际会展之都注入了新的动力和活力。

5）雄厚产业基础为我市打造国际会展之都提供了资源依托。宁波是国内重要先进制造业基地，工业基础雄厚，产业门类齐全，产品种类繁多，拥有以纺织、服装、机械为代表的传统优势工业和以石化、钢铁、电力、造纸等为代表的临港大工业以及电子信息、机电一体化、生物医药等高新技术产业为主体的工业体系，品牌资源丰富，为我市培育各类优质展会项目提供了资源依托。

（2）2009 年会展项目的情况。尽管受到国内外不利因素的影响，但宁波市政府相关部门进一步强化了会展业发展的工作力度。在充分发挥会展产业政策效果的基础上，走出去、请进来，持续加大招商引展的宣传力度，使会展业克服困难，取得了喜人的成绩。

1）展览项目。2009 年，全市共举办会展活动 371 个，增长 25%。其中，举办展会活动 175 个，增长 24%；展览总面积达 140.2 万平方米，增长 10%；会议（论坛）活动 78 个，节庆活动 72 个，其他活动 36 个；举办展览面积 2 万平方米以上的大型展会 31 个，增长 6.9%。

2）会议项目。会议（论坛）活动 78 个，比去年有所减少。但参与论坛活动的人数比去年有所增加，表明会议论坛活动的规模在逐步扩大。其中长三角接轨上海世博会合作论坛、宁波市全面参与上海世博会战略合作框架协议签约仪式等大型会议活动，吸引了国内外专家学者的参与。

3）节庆项目。举办特色节庆活动 72 个，不仅参与节庆活动的人员数量有较大幅度增长，而且节庆活动的主题，举办方式也有较大的突出和创新。将国内大型赛事、产业年度会议与节庆活动有机结合，是 2009 年度宁波市节庆活动举办模式创新的重要体现。

4）其他相关数据。会展主体队伍不断壮大。全市在册有经营会展业务的企业从原有的 176 家增加到 193 多家。其中，专业会展企业新增 8 家，引进外企独资或合资会展企业 2 家。2009 年，我市荣获“中国会展业十佳会展城市”、“中国最佳会展城市”等奖项，一批大型会展活动进入全国先进行列，圆满完成了年初确定的各项目标。

（3）会展环境建设情况。会展业具有提升城市形象的作用，同样，举办会展活动也需要有良好的城市环境、产业环境、政策环境和服务环境。具体包括：

1）政府管理体制和公共服务体系建设。2009年，市会展办进一步强化管理，完善会展公共服务体系建设。由美国次贷危机引发的经济危机，对以外向型经济为主体的宁波经济带来了一定的影响，但市委、市政府紧密结合经济和产业发展实际，及时调整产业发展方向。2009年，会展业在努力做好招商引资、招商引展工作的同时，重视将出口展与出口展转进口展协调发展，先后在重庆、成都、长沙等城市举办了出口展转进口展的相关活动。市政府主要领导亲自挂帅，在重庆、成都、昆明、长沙等城市与当地政府、行业协会和企业开展交流活动，亲自推介宁波市会展产业及相关产业的企业和产品，扩大了宁波市会展业在国内主要会展城市的影响，多家企业表示要到宁波建立相关企业，与近20个会展项目达成到宁波举办相关展示活动的意向。

2）政府的政策和法规环境建设。2009年，宁波市会展业会展环境建设方面继续呈现良好的发展势头。6月份，市会展办结合产业的实际需要，进一步加大了会展政策的扶持力度，出台了《宁波市会展业保增促调、扩大内需的指导意见》，将会展政策的扶持范围由2万平方米以上的会展项目扩展到1万平方米以上的会展项目和新举办的会展项目，同时就宁波市工业创业创新倍增计划、宁波市服务业跨越式发展规划中涉及的“五+五”、“六+四”产业举办会议论坛活动出台了相关的扶持政策。此外，对连续在三年内举办会展活动，同时会展活动总面积达到2万平方米以上的新注册会展企业，给予一定的资金扶持。

3）行业协会和相关自律服务机构的建设情况。2009年，宁波市结合节庆产业发展的实际需要，成立了节庆产业联盟，进一步强化了会展产业内行业自律管理体系的建设工作。会展业促进会及所属专业委员会，也紧密结合宁波市会展业发展的实际和接轨上海世博会的工作需要，深入到企业开展调研，为企业解决实际问题，并深入到高校和社区，开展“世博进校园”、“世博进社区”等相关活动，为宁波市会展业发展营造良好的产业环境。

（4）会展服务体系建设情况。2009年，市会展办协调政府相关部门，进一步加大了会展服务体系的建设力度，为会展业发展提供了有力保障。

1）会展交通服务体系建设。2009年，市政府会展办进一步加大了推进会展产业环境建设的力度。市会展办有关领导先后与民航、铁路、公路等有关机构的管理部门进行协调，为会展业争取提供更便捷的交通服务。动车组的开通，进一步解决了宁波市铁路交通存在的问题，优化了与长三角合作的环境；民航部门也加大了国际线路的建设力度，新增两条国际民航线路；出租车、公交车等管理机构和行业协会，纷纷出台相关措施，为会展活动提供服务保障，促进了会展交通服务体系的优化。

2）会展接待服务体系建设。2009年，宁波市共有5个大型酒店完成施工建设，其中开元名都、远洲大酒店等4个酒店经过有关部门的评比检查，挂牌五星级酒店。此外，会展办还协调有关企业和部门，在会展中心常年展展区，设立了较为舒适的会展快餐区域，在一定程度上解决了会展参展商、客商吃饭难的问题。此外，会展中心周边酒店设施的建设投入运营，也在一定程度上缓解了会展活动举办期间餐饮住宿等接待问题。

3）会展志愿者服务体系建设。2009 年，会展办会同团市委等有关部门，进一步加大了对志愿者服务体系的建设工作。团市委主要领导亲自参加志愿者的相关活动，为志愿者开展培训讲座。结合接轨上海世博会工作的需要，启动了上海世博会志愿者工程项目。为进一步强化志愿者服务体系建设，团市委与江东区团委，还推出了"太阳花"志愿者服务行动，组织高校大学生、青年团员为宁波市会展项目提供服务，确保了会展项目的服务质量。

（5）接轨上海世博会的相关工作。2009 年是宁波市接轨上海世博会工作最关键的一年，宁波市接轨上海世博会工作领导小组暨办公室全面加快推进宁波市接轨世博会工作的力度，确保了项目顺利进展、服务逐步健全、特色区域鲜明，受到省政府有关部门的表彰。

1）机构的组建和体系的完善。2009 年，市政府加快了接轨上海世博会相关工作的步伐。市政府接轨上海世博会工作办公室进一步密切与市旅游局、市建工局、市经委、市文广新闻局、市外经贸局等部门的合作。上海世博会最佳城市实践区建设工作进展顺利，经过对近百个设计方案的遴选工作，最终选出宁波滕头馆的设计方案。经过相关部门的努力，确保了经费落实、工作落实，上海世博会宁波滕头馆取得了较大的国内外影响。此外，在市政府有关领导的亲自挂帅下，上海世博会首个专业论坛"信息化与国际合作论坛"的准备工作也取得了成功。

2）项目的设计开发与运作实施。在做好最佳城市实践区、信息化国际论坛等主要大型活动的筹备工作的同时，宁波市接轨世博会办公室还进一步强化了项目设计开发与市场化运作服务等方面的工作。接轨世博会办公室与宁波坤晨集团签订了世博会市场开发工作合作协议，使接轨上海世博会的市场运作工作取得了突破性进展。此外，接轨世博会办公室还根据上海世博会综合事务局、浙江省参与上海世博会工作领导小组办公室的具体要求，积极筹划宁波日、宁波宣传周的相关活动，市旅游局也积极配合接轨上海世博会办公室，积极做好世博之旅的相关工作。

3）相关服务工作的情况。在接轨上海世博会的过程中，宁波市还十分重视城市形象的展示和相关服务体系建设工作。2009 年 9 月，由市文化局等部门举办的宁波城市形象口号征集工作揭晓，"书藏古今、港通天下"成为宁波市新的城市形象宣传口号。市会展经济研究所组织教师和专家开展了"世博进校园"活动，先后为多所院校开展世博会宣传讲座工作；团市委也结合接轨上海世博会的需要，启动了宁波市接轨上海世博会志愿者培训工作。

(6) 出国展的相关情况。出国展是会展产业重要的组成部分，宁波市始终是我国出国展规模较大的城市，在国内出展领域占有重要地位。

1）出国展的总体态势。经济危机的持续，对宁波外贸产业等产生了更大的不利影响，同时也直接影响到出国展的举办工作。2009 年，宁波市出国展项目总提升呈现下滑趋势，出国参展展会的企业，也遭遇到市场不景气的影响，订单数量有较大的减少。此外，由于外贸纠纷带来的问题也在一定程度上影响了出国展的举办工作。根据宁波市人民政府《关于进一步优化外贸环境促进我市外贸稳定发展若干意见》文件的精神，宁波市政府在宁波市贸促会设立宁波市国际贸易投诉协调服务中心，对包括国际会展纠纷在内的涉及国际贸易相关的纠纷统一协调处理，以有效防范国际贸易风险，及时处理国际贸易纠纷，促进宁波市外贸和出国展等工作的稳定发展。

2）出国展数量、规模、档次及比较分析。2009 年，全市出展工作形势严峻，五个著名展会又逢“小年”，与 2008 年相比缺口 300 个摊位，为确保完成全年出展目标任务，从各方着手，努力挖掘潜力培育新的增长点，取得了一定成效。2009 年全年共完成出展项目数 150 个，出展展位数 1900 个，出展人数 4300 人。一是传统市场继续得到巩固，大型项目强中走强。50 个展位以上的百人展团达 7 个，香港春季电子展、香港秋冬时装节再次以 150 个展位、151 个展位刷新宁波市出展规模。作为德国科隆五金展“小年”的补充项目的科隆亚太五金家电展的展位数也达到 51 个，较上一届（2008 年）增加了摊位数 18 个。二是大力开拓新市场、新项目。2009 年新开发项目 30 个，较突出的如迪拜五金汽配家电美容五大展，总展位达到了 41 个展位；新开发美国达拉斯空调展、德国斯图加特汽配展、韩国 LED 展、法国里尔面料展等欧美港日新项目；继续加大对俄罗斯通信展、鞋展、建材展等系列展的开发，目前俄罗斯系列展已成为我会三年来积极开拓新兴市场的亮点，累计新项目展位数达 240 个。三是统一装修，树立我市形象。选择 3 个 50 个以上展位项目，统一装修。在德国杜塞尔多夫世界顶级服装展上，首次聘用外国模特举办宁波服装展示，引起强烈反响。

3）出国展采取的主要措施和工作成效。为进一步扩大出国展的数量和质量，为全市外贸工作发展提供基础性服务，市贸促会紧密结合宁波市政府“保增促调”的相关指示精神，一方面加大出国展的工作力度，通过设立扶持资金、减免出国展费用等手段，引导国内企业到境外参展办展，扩大产品销量、拓展国际市场；另一方面开展了出国展国内展示工作，先后在重庆、成都、昆明、长沙等城市，组织多次国内相关出口产品国内展示活动，既拓展了国内市场，又加大了商品品牌的推介力度，受到相关企业的欢迎。

(7) 会展教育科研工作情况。会展是知识密集型和技术密集型产业，对会展科研和人才具有较高的要求。会展教育科研工作是宁波市会展业的重要组成部分，也是宁波市会展业发展的重要支撑力量。2009 年，宁波市会展教育科研工作合力攻坚，为发展会展业提供了有效的服务支撑。

1）会展专业建设情况。2009 年，是宁波市会展教育和人才培养工作具有历史意义的一个年份。2009 年 8 月，浙江万里学院会展经济与管理专业成为国内首个会展经济与管理国家级特色专业建设点，填补了国内会展经济与管理专业没有“国家队”的空白；2009 年 10 月，宁波市教育局结合服务型人才培养的相关工作，启动了“宁波市服务型重点专业群建设”，会展产业重点专业群也是其中的一个重要组成部分。此外，宁波市城市学院会展类教学改革项目还获得了浙江省教学改革成果二等奖，填补了宁波市会展教学没有省级以上教学成果奖的空白。

2）会展学科建设和科研及服务地方经济工作情况。2009 年，宁波市会展科研工作也取得了一定的成效。2009 年初，长三角经济协作办受 16 城市市长联席会议委托，启动了物流、社保、金融和会展四个“长三角产业合作”调研项目。宁波市获得主持“长三角会展业合作发展研究”课题的研究工作；结合接轨上海世博会相关工作，我市相关研究人员主持完成了省社科规划课题“长三角联手搭建世博会平台的体制机制研究”项目。此外，驻甬高校教师还紧密结合宁波市会展业发展的实际，就“宁波市最佳城市实践区展示设计研究”、“宁波城市节庆的文化可持续发展研究”等课题开展立项研究。宁波市申办世界海洋博览会的建议等研究成果成为宁波市政协提案，得到宁波市委、市政府主要领导的批示；宁波市申报国家海洋综合配套改革实验区等项目被列为宁波市政协提案。

3）会展人才培养及培训工作情况。2009 年，宁波市进一步加大了会展人才的培训工作。宁波市会展业促进会成立了宁波市会展产业发展研究中心和宁波市会展人才培训中心。2009 年 5 月，宁波市会展业促进会在宁波工程学院举办会展专业培训活动，对从业人员开展相关培训工作。此外，上海会展紧缺人才培训机构也在宁波设立分支机构，为宁波市培训会展专门人才。据不完全统计，2009 年，全市共举办各类会展培训活动 20 余次，2700 人次的会展从业人员参加了培训。

三、宁波市会展业存在的问题

宁波市会展业虽经过 12 年的发展，取得了很大成效，但一些薄弱环节依然存在。从发展共识看，个别地方和部门对打造宁波国际会展之都的意义认识不足，思想还没有完全到位；从管理体系来看，我市会展职能部门编制人员少，与兄弟城市比管理力量相对薄弱；从会展主体来看，目前我市既优又强的会展主体为数不多；从会展队伍来看，会展人才短缺问题已成为制约我市会展业发展的“瓶颈”，同时会展从业人员队伍数量和质量也难以满足会展业日益发展的需要，需要逐步加以解决。

(1) 产业服务体系建设存在的问题。产业服务体系建设存在的问题主要是国际航线数量较少，市内出租车的数量尚无法满足举办大型会展活动项目的需要。此外，场馆周边配套服务设施较少，也在一定程度上影响了会展服务质量。

1) 国际航线制约会展项目的国际化拓展。尽管2008年、2009年宁波机场先后开通了到中国澳门、泰国等地的民航线路，使宁波国际民航线路达到五条，但仍然无法满足宁波市国际会展产业发展的实际需要。一些客商不得不在上海、杭州等地转机。交通方面的制约，使很多国外客商望而止步，在很大程度上影响了国外参展商和客商参与宁波市的会展活动。

2) 市内交通（出租车、公交车）无法满足大型会展活动的需要。从室内公共交通的情况看，公交车收车时间早，出租车数量少是影响会展举办期间客商交通的重要因素。尽管我市有关部门加大了对会展中心周边地区公交线路的调配，但由于会展活动具有较强的间歇性，以至于有关部门也无法与相关公司和司乘人员进行有效的沟通，导致在有些会展活动举办时，因为公交车收车时间较早，而出租车数量又不足给交通带来较大的不便。

3) 场馆周边的配套服务设施匮乏的影响。尽管会展中心周边区域近年来已经启动了建设工作，并完成了部分酒店和相关服务基础设施的建设工作，但由于会展举办期间人员比较集中，因此，无论是在住宿和餐饮方面，还是存在着无法满足参展商和客商需要的问题。

4) 城市居民数量对消费类展会的影响。此外，从消费类展会的举办情况看，由于宁波市市区居民人口的数量与杭州、南京等长三角其他同类城市相比存在较大的差距，因此，在消费类展会的举办过程中，明显感到客商的消费能力不足。也正是由于客商数量较少，又在一定程度上影响了参展商的参展积极性，使宁波市消费类展会的规模始终无法突破，总体经济和社会效益不够明显。

(2) 公共服务体系和会展专业人才匮乏等方面问题。尽管我市十分重视会展公共服务体系建设和会展专业人才培养工作，但由于受到传统的思维方式的影响，对发展现代服务业的具体手段掌握不够，因此，在举办会展活动的工作中，还存在一定的相关问题。

1) 尚未建立起能够支撑会展业发展的国际公共服务体系。2009年是国际经济危机持续影响宁波经济的一年，会展业在这种大的背景下，也受到了一定的冲击。尽管会展活动的数量有明显增加，但单个会展活动的面积却呈下降趋势。研究表明，对国外会展产业和相关产业的发展缺乏足够的了解，尚未建立能够满足宁波市会展业发展需要的国际公共服务体系是其中较为重要的因素。

2) 尚未形成较完善的以客商为主体的第四方会展体系。宁波市现有的会展项目还多是以参展商作为营销活动的首要目标，忽视了对客商的市场营销工作，导致在宁波举办的会展活动中，国外参展商和客商数量较少，省外参展商和客商的数量比重也较低。大量的本地参展商和客商支撑着宁波市的会展项目，不仅降低了会展项目的质量，也在很大程度上影响了宁波市会展业对经济的拉动作用。

3）缺乏高层次、国际化的会展专业人才。我市高等院校数量较少，层次相对较低，因此，反映在对高端专业人才的储存方面存在较大的问题。在会展产业的发展过程中，这种问题表现得更加明显。从宁波市现有会展企业的调查表明，具有高级职称和有10年以上会展从业经历的会展专业人员寥寥可数，高等院校中从事会展教育科研的高层次专业人才的数量也无法满足宁波市建设国际会展之都工作目标的需要。高素质专业人才匮乏仍然是制约宁波市会展业发展的瓶颈之一。

4）缺乏具有国际视野的高层次中介服务机构和人才。宁波市要实现建设国际会展之都的工作目标，必须要突破引进大型国际会展项目这个制约因素。但是，宁波市既缺乏具有国外工作经历的会展国际化专业人才，也缺乏具有国际视野的高层次会展中介服务机构，导致在招商引展过程中，无法明确把握国外会展项目的相关情况，影响了引进国外大型会展项目和国外会展企业等方面的工作。这也是会展业发展的制约因素之一。

四、2010年宁波市会展业发展形势分析

2010年是宁波市将会展业列为经济和社会发展的战略性产业，提出建设国际会展之都建设后会展业全面发展的第三个年头，有利条件和不利条件交织在一起，对宁波市会展业发展既蕴含着机遇，又面临着严峻的考验。

（1）有利因素。随着基础设施的不断完善和政策效应的发挥，全市会展业发展有望上一个新的台阶。上海世博会的举办，将在进一步完善和提升全市会展公共服务质量和产业服务水平的基础上，对会展业发展起到积极的促进作用。

1）场馆等基础设施建设更加趋于完善。2008年，会展中心临时展二期工程竣工，使会展中心的净展位面积达到9万平方米。根据现有的国际大中型会展项目的基本数据，宁波市会展中心已经初步具备举办国际大中型会展项目的硬件条件。此外，会展场馆在建设的过程中，重视配套基础设施建设，酒店、商务楼、餐饮设施等一系列设施建设，都将进一步促进会展区块逐步成熟，推进会展项目的全面发展。2009年10月，甬台温高速铁路建成通车，动车组线路的启动，为周边地区参展商和客商到宁波参展提供了便利条件，也有助于扩大会展产业的拉动作用。

2）政策的效应得到了较全面的发挥。2008年，宁波市出台了国内最具竞争力的会展产业政策，对会展项目给予了较大的支持力度。2009年，会展政策的效应得到了较全面的发挥。2009年，市政府又结合“保增促调”的实际需要，进一步扩大了会展政策的覆盖范围，将会展政策由重点扶持2万平方米以上的国

际贸易会展项目，扩展到1万平方米以上的会展项目、会展主体和会议产业项目。2010年，宁波市会展产业政策的效果得到了进一步体现。

3）会展公共服务体系建设逐步趋于完善。2009年，宁波市成立了节庆产业协会，进一步加大了对节庆产业的支持力度。在此基础上，宁波市会展业促进会继续发挥对会展业发展的促进、自律和协调功能，在场馆管理、企业形象提升、产业国内外拓展等方面发挥了十分重要的作用，为宁波市会展业的发展营造了良好的产业环境。2009年，宁波市没有发生一起骗展现象，会展活动的纠纷数量也有较大幅度的降低，会展企业获得各类国际国内奖项数量有明显增加。

4）上海世博会的举办为宁波会展业发展提供难得契机。世博会是顶级的会展活动，上海世博会的举办，不仅为宁波市会展业发展形成了较强的注意力经济效应，有助于吸引国内外会展企业、参展商和客商前来办展参会，也有助于宁波市会展企业走出国门，加强与国际著名会展企业的深度合作。此外，接轨上海世博会期间宁波市将举办多个大型会展活动，也将为宁波市会展业发展带来较大的促进作用，提升会展业发展的综合竞争能力。

（2）不利因素。在明确有利因素的同时，我们也必须看到，国际金融危机的影响还没有完全消除，世界经济的快速发展还有待时日，此外，上海世博会的虹吸效应、周边地区通过接轨上海世博会进一步加大对会展业的重视程度和扶持力度，也将为全市会展业的发展带来较大的竞争压力。全市会展工作机遇与挑战并存。

1）金融危机对产业的影响还没有完全消除。会展业与经济环境密切相关。当前，国内外经济环境变化很大，经济发展遇到了许多新情况、新问题，特别是美国次贷危机引发的金融风暴对世界实体经济影响加剧，世界经济的“低谷”必然影响全球会展业发展，减缓世界会展业东移的速度。同时，国内劳动力成本上升，也影响会展主体培育引进，不利于宁波国际会展之都的建设。

尽管有资料表明，我国刺激经济发展的政策已经取得良好的效果，经济增长的速度不断提升。但由于会展业面临着国外参展商、国外客商的影响，因此，受到金融危机的影响还没有完全消除，产业回暖的速度有所抑制。从现有的情况看，会展产业的增长速度还无法与其他产业的增长速度相比，甚至可能存在一定的滞后现象。

2）周边城市和长三角区域会展产业竞争不断加剧。近年来，长三角地区结合接轨上海世博会的相关工作，不断加大了会展产业发展的工作力度。场馆数量增多、规模逐步扩大，原有的会展项目资源被更多的城市所青睐，导致对流动性展会的运作成本加大。此外，相同类型的展会数量逐步增加，在一定程度上造成参展商和客商的分流，也对现有的传统展会带来一定的冲击。从全国来看，宁波既面临北京、上海、广州一线会展城市的竞争压力，也面临一些副省级和省会城市的竞争挑战。从长三角区域来看，宁波与杭州、南京、苏州、无锡等城市区位优势类同，经济实力相当，产业发展相近，都十分重视会展业发展，也面临强有力的竞争；同时，省内的杭州“西博会”、绍兴“纺博会”、义乌“义博会”、永康“五金展”等都已初具规模，颇有影响，必将与我市形成竞争之势。

3）场馆的经营压力进一步增大。随着场馆使用年限的增加，会展场馆的维护使用成本不断提升。对会展场馆服务水平的要求不断提高，以及场馆相关服务设施投入的持续加大，会展场馆的经营压力也不断增加。一些原有的会展场馆使用过程中的优惠政策不断削减，也客观上造成了会展项目运营成本的提升，给会展企业带来一定的经营压力。

五、2010 年及未来一段时期宁波会展业发展的思路与建议

2010 年，是宁波市会展业发展历史上具有十分重要历史意义的一个年份。2010 年上海世博会的举办，将进一步完善宁波市城市会展产业服务功能，优化会展业发展环境，提高会展产业整体服务水平，提升宁波市会展产业发展的整体实力。

2010 年是世博年，也是国内外在应对金融危机取得初步成效、进一步实现我国扩内需、调结构、保增长的关键一年，也是我市推进国际会展之都建设的重要一年。从国内外会展业来看，当前的宏观经济环境对我市会展业机遇与挑战并存。我们一定要把牢机遇，应对挑战，坚定不移、坚韧不拔、坚信不疑，咬定打造国际会展之都目标不放松，全力推进我市会展业发展再上新台阶。

（1）指导思想。认真贯彻落实党的十七大、十七届三中全会和中央经济工作会议精神，紧扣现代化国际港口城市建设目标，坚持“政府强力推动、市场化培育运作”的原则，解放思想，适应新形势，用好、用足、用活政策；不拘一格，突出招展、招商、招机构；创新机制，强主体、塑品牌、促发展，迎难而上抓机遇，坚定信心求突破，努力提升我市会展业发展能级，稳步推进“国际化、市场化、专业化、特色化”宁波国际会展之都的建设步伐。

（2）工作目标。2009 年我市会展业发展预期目标为：在扩大总量、提升质量、优化结构的基础上，全市举办会展活动总数达到 400 个，同比增长 10%。其中，举办展会活动 200 个，同比增长 12%；展览总面积达 160 万平方米，同比增长 10%；单个展会平均展览面积达到 1.1 万平方米；举办有影响的会议（论坛）100 个，同比增长 10%；举办节庆活动 120 个，同比增长 25%。力争举办展览面积 2 万平方米以上的展会 40 个，其中 3 万 ~4 万平方米以上的 20 个、4 万 ~5 万平方米以上的 15 个、5 万平方米以上的 3 ~5 个。

加大引进国内外会展企业工作力度，提升现有会展企业招展引展能力。计划年度新培育引进国外会展企业 2 家，与 3 家国内外巡回展主营企业建立较密切的

合作关系，促成3个以上巡回展在宁波举办。加大会展服务企业合资合作工作力度，促成新设立外企独资或合资会展服务企业数量达到5家。

（3）工作任务和措施。新的环境、新的变化、新的趋势和新的压力，将是宁波市会展业发展面临的实际情况。全市会展工作者必须面对这一现实，在充分发挥环境优势、抓住机遇的同时，也应努力克服困难，锐意创新，促进会展业又快又好发展。

1）解放思想，用好、用足、用活政策。认真贯彻中央经济工作会议精神，围绕稳步推进宁波国际会展之都建设这个首要任务，深化全市“干部进企业、服务促发展”活动，深入一线企业，研究国内外宏观经济环境变化对我市会展业的影响，调整和完善现有会展政策，切实提高政策的针对性、实效性和可操作性；解放思想，理清年度工作思路，用好、用足、用活政策，充分利用政策的宏观导向和激励作用，按照打牢基础、稳中求进、快中求质的要求，调动各方力量，千方百计克服要素制约，破解发展难题，激发发展动力，帮助企业排忧解困，积极开拓会展市场，政企合力，创新创业，扎实推进各项工作。

2）不拘一格，突出招展、招商、招机构。以招机构为出发点，大力培育引进会展主体。充分利用国际交流合作平台，发挥“宁波帮”和“帮宁波”力量及国际友人渠道，加大宁波会展政策宣传推介力度。结合“宁波周”活动，有重点地实施“走出去”宣传推介，让更多的境内外中介机构和市场主体了解宁波会展业发展政策优势。以招展为着力点，努力拓展展会市场。谋深做实大港、大桥、大海文章，多渠道拓展会展市场。既要鼓励原有会展活动做大做强，又要鼓励会展新品牌、新项目的开拓和引进；重点推进已在洽谈的展会项目，研究部门引展或服务企业引展的促进机制。同时，要适应新的宏观经济形势的要求，积极培育引进消费类的展会项目。以招商为突破点，不断提升展会国际性。围绕做大做优进出口规模和做大做强进出口企业集聚基地的要求，认真落实展会资助资金政策，鼓励展会举办单位加大招商力度，重点加强境内外专业客商的邀请力度，努力提高境内外优质展商、客商的参会率，扩大进出口贸易成交量。

3）创新机制，强主体、塑品牌、促发展。围绕“保外贸、促内需”这个核心，扎实开展“会展服务年”和“会展政策推介年”活动，通过加大政策宣传推介、创新工作机制，加快推进国际会展之都建设步伐。重点培育引进实力型会展主体；鼓励现有会展主体做大做强；推进我市会展业的国际合作、区域合作，吸引更多的境内外会展企业落户宁波或设立分支机构；大力推进已在洽谈的会展企业合作项目；不断增强我市会展业发展后劲。创新评优机制，推进自主品牌项目建设。既要鼓励原有会展活动不断做大做强，也要积极培育新的大型会展项目；既要发展以进出口贸易展为重点的展览业，又要推动会议、节庆等产业的发展；落实落户宁波并获得国际展览联盟（UFI）等国际性组织认证的或取得国家注册商标的展会奖励政策。加快培育一批影响大、效果好、有竞争力的优质品牌会展项目。

4）强化协调，优服务、强保障、促安全。协调市有关部门服从服务于打造宁波国际会展之都的大局，积极探索具有国际化特征的公共服务保障体系。主管部门要充分发挥职能作用，加强对全市会展业发展的协调和管理。公安部门要以安全为核心，突出重点，强化服务保障，全力做好大型展会活动的安全保卫工作，推进“平安会展”建设。卫生部门加强展会期间的食品卫生安全检查，提供有效的医疗卫生保障。宣传部门要积极宣传我市会展政策，推介大型品牌会展活动。城管、交通部门要做好展会期间的交通保障和城市环境的管理工作。工商、质监、知识产权等部门要加强市场和展品质量的监管。接待部门要指导大型会展活动组办单位做好来宾接待工作。海关、检验检疫要积极创造条件，为展会活动提供优质、快捷的服务。市经济协作、外事等部门要结合自身职能，做好相应服务工作。市会展业促进会要积极发挥“服务、代表、自律、协调”职能，促进会展业健康有序发展。指导国展中心抓紧组建相对稳定的专业安保队伍，做好场馆内相应的服务保障工作；建立健全场馆租赁价格和各项服务收费的协商机制，规范服务行为。

5）齐心协力，强考核、抓落实、促共识。加强对全市会展工作的组织领导，指导各地各有关部门建立健全会展工作机制，落实工作责任，齐心协力，推进工作。以考核考评为抓手，进一步完善全市会展业发展激励机制，优化考核考评要素，充分调动各方发展会展业的积极性；开展先进经验交流、总结表彰等活动，不断提高我市会展业发展水平。重点筹备召开全市会展工作会议和市会展工作领导小组会议；认真落实会议和文件精神，强化督查落实。发挥媒体的导向作用，引导各地各部门认清形势，统一思想，形成发展共识，真抓实干，努力开创宁波国际会展之都建设新局面，争取在世博年，全面推进宁波市会展业的跨越式发展。

（4）着力做好几项重点工作。2010 年，宁波市会展业面临着发展的机遇，也存在不利因素，需要进一步调整发展思路、创新发展理念，强化发展手段，形成较好的发展态势。并在此基础上，进一步强化大项目建设，发挥大项目在产业发展中的作用。

1）进一步转变观念、提升认识。以国家、省政府主要领导关于大力发展会展业的指示精神为指针，认真落实市委市政府关于发展会展业的相关讲话和文件精神，重视会展业在宁波市经济和社会发展、产业结构调整等方面的作用，将发展会展业作为落实《国务院关于进一步推进长江三角洲地区改革开放和经济社会发展的指导意见》，构建服务业特色产业区的战略思考。在此基础上，进一步统一思想认识，将发展会展业与建设现代化国际港口城市有机结合，使会展业成为宁波市经济和社会发展新的增长点、产业结构调整的突破点和生态可持续发展的着力点。

2）进一步完善体制。要充分认识会展管理机构在会展产业发展中的重要作用，加大会展管理体制的完善力度。要争取适时成立独立的正局级的会展业管理机构，强化会展业发展职能，理顺会展业管理体系，优化会展业公共服务体系建设，拓展会展业管理与服务领域。此外，要加强出国展、常年展和临时展之间的有机协调，确保形成规划统一、资源整合、项目契合、服务融合的大会展格局，全面提升宁波市会展业发展的综合竞争能力。认真落实市政府有关文件精神，市直主要部门要有专人负责会展业发展的协调工作，县区要明确机构及职责，设置专人负责会展业的促进工作。

3）进一步做好会展主体培育工作。尤其是重点引入国外大型会展主办机构，加强与国外相关行业协会的合作，密切与国家有关部门和行业协会的合作。要争取更多的国外会展企业到宁波市办展、参展和参观。要鼓励宁波市大型企业，结合自身的实际需要，主办、承办和协办与产业密切相关的大型展览项目、会议项目和节庆项目，在提升品牌、拓展市场的基础上，为会展业发展提供服务。

4）做好项目的培育和引进工作。重点做好国外知名品牌会展项目的引进工作，做好与宁波市工业创新创业倍增计划、服务业跨越式发展计划相对应的会展项目的引进和培育工作；加大引进国外大型品牌会展项目的力度。鼓励有资质、有实力的相关中介服务机构，加大国际会展服务的工作力度，使宁波市国际会展项目有突破性进展，实现建设国际会展之都的工作目标。

5）做好会展深层次服务体系的建设工作。加强与国外会展产业比较发达的城市建立密切合作关系，通过建立合作机制、开展互换展、合作办展、相互参展等方式，对外拓展国际公共服务体系；强化对会展客商的服务工作，通过建设系统化的会展客户关系管理系统，加强与会展企业的沟通与服务，组织企业开展评奖、互动交流等手段，内建以客商为核心的深层次会展服务体系，不断提升会展服务水平，提高会展产业可持续发展能力。

6）进一步做好接轨上海世博会的相关工作。在提升宁波市国际形象和知名度的基础上，进一步加大接轨上海世博会的工作力度，在做好最佳城市实践区、信息化国际合作论坛的基础上，积极参与上海世博会组委会、浙江省政府、相关兄弟城市举办的会展活动。要借助宁波市的区位优势，加强与国际友好城市、宁波市对口帮扶城市的合作，共同参与上海世博会的相关工作。在此基础上，做好宁波市各类项目的策划、设计和组织工作，为政府及相关区域招商引资，为企业国际化合作提供有效平台。

7）加快推进国际贸易平台建设工作。明确定位、开阔视野、创新思维，做好国际贸易平台的规划建设和招商引展工作，通过与国家有关部门联系，建立进口商品展示基地，加强与国内外大型电子商务企业合作，强化对外宣传和招商引展工作等手段，加大宁波市国际贸易平台政策信息的国际传播，让更多的国内外企业对宁波市相关政策有较系统的了解，能够前来参展参观，使国际贸易平台建设成为宁波市会展业发展的重要核心支撑。

8）继续做好会展教育科研工作。充分发挥驻甬高校及科研院所的作用，在做好人才培养和专业建设的基础上，积极构建服务型教育体系，为领导决策提供支撑，为企业创新提供服务。要借助宁波市与中国科学院全面战略合作的有利时机，促成宁波市与中科院合作的会展产业战略发展研究中心建设。要结合宁波市建设特色产业数据库的有利时机，做好会展特色产业数据库建设，并与现有的会展业决策平台有机结合，为宁波会展业发展提供决策支撑。形成具有宁波区域、城市、产业特色的会展科研服务体系和人才培养体系。

要认真落实教育部领导的指示精神，立足宁波市服务型重点专业建设，加大对服务型教育体系的建设与培育工作，并在此基础上，结合宁波市会展业发展的热点、难点和前点问题，加大科研工作力度。做好会展经济与管理国家级特色专业、省重点建设专业的建设工作。探索宁波市会展教育科研和人才培养工作的新渠道，使会展教育科研工作成为宁波会展业发展的重要支撑。

第八章

长三角会展业合作发展研究

引言：2009 年 3 月，长三角城市经济协调会市长联席会确定设立长三角会展业合作发展研究课题，由宁波市政府牵头并委托宁波市会展经济研究所承担。作为课题主持人，在课题研究期间，多次参加长三角协调会的相关会议，并通过多种途径，对长三角会展业的相关资料数据开展调查研究。并在此基础上，完成长三角会展业合作发展相关研究工作，重点从合作机制、合作体系、合作平台以及相关评价手段等方面提出对策建议。

会展业是近年来高速发展起来的新兴产业。国内外专家和学者普遍认为，会展业不仅对经济发展具有较大的拉动作用，而且还具有生态可持续发展特征。因此，引起了各地政府、部门和企业的高度重视，被视为城市和地区经济发展新的增长点、产业结构调整的突破点和生态可持续发展的着力点。据有关部门和资料统计，2003 年以来，国内已初步形成了六大会展产业区，平均 20% 以上的速度增长，成为经济社会发展不可或缺的组成部分。

长三角地区是国内会展业最发达的区域。据 2009 年 5 ~ 10 月间对长三角区域 16 个城市会展活动的统计情况表明，2008 年长三角地区共举办各类会展活动 14920 次。其中，展览项目 2288 个，会议项目 8466 个，节庆活动 1634 个，其他大型活动 2532 个。尤其是 2010 年上海世博会筹备工作不断推进，对长三角会展业的发展起到了重要的促进作用。

但从长三角会展业发展现状来看，还存在一些薄弱环节和要素制约。涉及会展管理体制、运行机制、项目规模和类型、企业运作与管理、政策法规制定、会展人才培养等多个方面。这些问题，不仅制约着长三角会展业健康发展，也是我国会展业发展具有代表性的问题，需认真加以研究解决。

2008 年 9 月，国务院下发《关于进一步推进长江三角洲地区改革开放和经济社会发展的指导意见》，将发展服务业，尤其是现代服务业列为未来一段时期长三角经济社会发展的首要任务。会展业作为现代服务业的重要组成部分，也是未来一段时期长三角合作发展的重要组成部分。大力发展会展业，是优化产业结构、提升产业发展层次，促进区域经济社会发展的重要手段之一。深入剖析长三角会展业合作发展现存问题，进一步探索长三角会展业创新发展的有效途径，对进一步提升长三角城市群的国际竞争能力，具有十分重要的意义。

一、长三角会展业的基本情况

本研究主要对象是长三角 16 个城市。会展产业的总量是各城市会展产业总量数据之和。研究的即时数据是以 2008 年城市会展业的数据为基础，特殊情况下也采用部分相关年度的数据（标明具体时间）。对 16 个城市以外的其他浙江省、江苏省相关城市情况，在涉及具体的问题时也开展相关比较，但只作为研究时参考。

（1）长三角会展管理机构现状。长三角会展管理机构是国内会展管理体系建设中比较完善的区域，已基本适应各城市会展业发展需要。上海、南京、杭州、宁波等会展产业比较发达的城市，已经初步形成比较完善的会展业管理体系。无锡、嘉兴、湖州、绍兴、扬州等会展业相对发达的城市，也有专门负责会展产业发展的相关机构和行业协会。此外，其他城市也根据自身特点，将会展业发展列为政府工作的重要组成部分。令人欣慰的是，很多县级市也十分重视会展业发展，形成了相关的会展管理体系。其中有代表性的是义乌、慈溪、余姚、温岭、昆山、桐乡等县级市的政府会展管理部门。健全的政府会展管理体系，不仅对会展产业规范化发展起到促进作用，也对会展业快速发展形成了较大的推动力。长三角 16 个城市会展管理机构情况一览表见表 8-1。

表 8-1　长三角 16 个城市会展管理机构情况一览表

城　市	政府职能部门	城　市	政府职能部门
上海市	上海市商委	南通市	南通市经贸委
南京市	市政府会展办（贸促会）	湖州市	湖州市贸易与粮食局
杭州市	市政府会展办（西博办）	台州市	台州市商务局
宁波市	市政府会展办	舟山市	舟山市经贸委
苏州市	市商务局	扬州市	市政府发改委
绍兴市	绍兴市商务局、绍兴市节会办	常州市	常州市商务局
嘉兴市	嘉兴市发改委	镇江市	镇江市商务局
无锡市	无锡市会展办（贸促会）	泰州市	泰州市商务局

（2）长三角会展政策法规现状。从国内现有会展城市会展业政策法规制定情况来看，长三角区域会展政策法规的制定虽是相对完善和适度超前，但也存在不够系统和完善的问题。

从 2003 年以来，长三角各城市结合区域和城市会展业发展的实际，先后制定了23项行政规章，出台了17个涉及会展的相关政策文件。此外，各级会展协会、促进会等行业组织也先后制定了60余项自律公约和规约，很大程度上弥补了城市会展业发展存在的法规和规章不完善的问题。这些不同层面的规章、政策和规约，为会展业发展营造了良好的环境。

（3）长三角会展项目发展现状。调研数据表明，2008年，长三角地区共举办各类会展活动14920次。其中，展览项目2288次，会议项目8466次，节庆活动1634项，其他大型活动2532项（含大型体育赛事、演出项目）。

1）展览项目分类情况。从展览项目的规模和档次看，国际大型展览项目11项，国家级展览项目（主办部门为国家商务部）76项，部级项目（主办单位为国家行政主管部门）377项；国家级行业协会主办的项目675项；省级政府主办的项目520项。从类型上看，国际展览项目有386项，国内展览项目有1902项；区域展览项目有320项，地方展览项目有960项。从规模上看，展出面积10万平方米以上的展览项目有11项；展出面积在5万~10万平方米之间的有543项；展出面积在2万~5万平方米之间的有861项；展出面积在2万平方米以下的有837项。从结构上看，境外参展商数占30%以上的展览项目为385项，境外参展商数占10%~30%的展览项目为560项，境外参展商数占10%以下的展览项目为1343项。

2）会议项目分类情况。从会议的级别和结构看，大型国际性会议有897项，国家级会议有2315项，区域级会议有1376项，地方性会议有3878项。从类型看，专业类会议有3350项，综合类会议项目有3380项，其他会议1736项。从规模上看，1000人以上的会议有323项，500~1000人的会议有1534项，200~500人以上的会议有1870项，200人以下的会议有3196项。

3）节庆项目分类情况。从节庆活动的级别看，由国际组织举办和参与的节庆类项目有77项，由国家级部门或协会主办的节庆项目有276项，由省级部门和相关协会举办的节庆项目有388项，由地方政府和企业举办的节庆项目有893项。从规模上看，10000人以上参与的节庆项目有230项，2000~10000人参与的节庆项目有910项，1000人以下参与的节庆项目有494项。

4）其他项目情况。这些项目主要包括大型体育赛事、演出活动，综合性文化活动，文化教育活动等。其中长三角共举办各类大型体育赛事236场，大型演出活动1350场，相关综合性活动近400场，其他活动550场左右。

从项目的布局看，已经初步形成以上海为中心，周边2小时经济圈内主要会展城市会展项目为主体的空间布局结构。

（4）长三角会展场馆现状。长三角现有各类展览会议设施3367个，主要包括会展中心、会议酒店、节庆场馆等。此外，还包括部分封闭式节庆场馆和场地，以及部分大型活动场所及场地。

1）会展场馆情况。相关数据表明，长三角地区共有各类展览场馆117个，场馆总面积达到252万平方米。其中，超过2万平方米净展位规模以上的展览场馆38个。从地区分布看，上海市有会展场馆15个，浙江省有会展场馆56个，江苏省有会展场馆46个；从不同级别的城市分布看，直辖市（上海）有15个，副省级城市（南京、杭州、宁波）有29个，地级市有会展场馆45个，县域（县级市）有会展场馆28个；从场馆的规模看，10万平方米以上的场馆有3个（上海、南京、义乌各1个），5万~10万平方米的场馆有10个，2万~5万平方米的场馆有23个，1万~2万平方米的场馆有34个，1万平方米以下的场馆有47个。长三角16个城市主要会展场馆设施情况一览表见表8-2。

表8-2 长三角16个城市主要会展场馆设施情况一览表

序 号	城市名称	场馆数量	场馆面积/平方米
1	上海市	15	567938
2	南京市	7	294114
3	杭州市	14	356085
4	宁波市	8	198851
5	苏州市	10	134900
6	无锡市	6	89435
7	南通市	2	21400
8	镇江市	3	24000
9	常州市	2	26900
10	泰州市	1	12692
11	徐州市	3	23000
12	扬州市	4	57216
13	连云港市	1	18000
14	宿迁市	3	53000
15	盐城市	1	20000
16	淮安市	4	20000
17	温州市	5	71800
18	绍兴市	5	42689
19	金华市	10	237500
20	台州市	3	47050
21	嘉兴市	3	39100
22	舟山市	2	25000
23	湖州市	1	25000
24	丽水市	1	600
25	衢州市	2	5868

2）会议场馆情况。长三角区域共有各类会议设施1420余个。其中专业会议中心233个，四星级以上酒店670个，政府及企业专用的会议场馆527个，最大可容纳参会人员237300人。此外，有些高校及科研院所的部分大型会议设施也在统计范围之内。长三角16个城市主要会议场馆设施情况一览表见表8-3。

表8-3　长三角16个城市主要会议场馆设施情况一览表

区　域	星级数量	四星级数量	五星级数量	四星级以上酒店
上海市	520	54	35	89
江苏省	1763	227	47	274
浙江省	1875	254	53	307
总　计	4158	535	135	670

3）节庆场馆。长三角现有各类节庆活动场馆及场地647个。其中封闭式节庆场馆120余个，封闭式节庆场地220余个，开放式节庆场地300余个。

（5）长三角会展企业现状。会展企业是会展业发展的核心和坚实基础。2003年以来，长三角区域的相关城市都十分重视会展主营企业的培育和引进工作，使会展企业的数量和档次都有了较大的提升。

1）会展主营企业的现状。长三角现有会展主营企业1256家，其中有50%以上在上海注册。此外，苏州、杭州、南京、宁波等城市的会展企业数量也较多，占长三角会展企业的25%左右。

2）会展辅助服务机构的现状。据不完全统计，长三角地区共有会展辅助服务机构13210家，包括物流、搭建、旅游服务、餐饮、住宿、中介服务、法律服务、策划服务、装饰服务等。会展辅助企业规模较小，注册资本金平均为110万元左右。

3）会展分支机构的现状。除会展主营企业和辅助服务机构外，还有一批国内外的会展企业和相关服务公司在长三角区域设置会展分支机构。包括国外会展公司在国内设立的独资、合资机构，也包括国内其他区域的会展企业在长三角区域设置的分支服务机构。据统计，国外（境外）会展企业在长三角区域设置的分支机构（含合资机构）63家，国内其他区域在长三角区域设置的分支机构有260余家。此外，还有长三角内城市异地设立的会展分支服务机构，约50家左右。这些分支机构也是长三角会展业发展的重要生力军。

（6）长三角会展服务体系现状。会展属于服务业范畴，也是现代服务业的重要组成部分，因此，会展服务体系建设对会展产业发展具有举足轻重的影响。2003年以来，长三角各城市高度重视会展服务体系建设，在出台政策、制定标准、完善体系、强化监管等方面做出了不懈的努力，使长三角会展服务体系的建设处于国内领先地位。

1）会展环境建设有了较大改善。据不完全统计，从2003年到现在，涉及会展项目的投诉率有了明显下降；此外，骗展现象逐步减少、展会社会治安状况也有了明显好转。2007年，宁波市在长三角率先出台了《关于防范会展诚信度较差企业进入会展产业服务领域的相关意见》，将恶意开展会展不正当经营、哄抬价格、骗展骗会等相关企业，采取行业自律的方式予以淘汰出局，改善了会展产业发展的环境，促进了城市会展业的健康发展。

2）会展公共服务体系建设不断完善。长三角有上海、南京、杭州、宁波、苏州、嘉兴等8个城市已经针对会展业建立起政府公共服务体系，突出体现在设立了会展项目综合服务平台，建立了会展公共危机应急预案。此外，12个城市设立了会展服务投诉电话，在会展活动举办期间，卫生、公安、防疫、工商等部门渗入到会展现场，为企业提供咨询服务和知识产权保护等工作。

3）会展产业服务体系不断健全和完善。2003年以来，长三角主要会展城市都十分重视会展服务体系的建设，并逐步形成了会展衍生服务产业。在物流服务方面，上海、宁波、南京等会展城市制定了会展物流服务标准；在展装服务方面，上海、杭州、宁波、南京、苏州等多个城市制定了展装企业市场准入标准；在酒店服务方面，杭州、南京、宁波等针对大型会展活动项目，开展了酒店服务业评比工作，对在举办大型会展活动期间大规模提高酒店服务价格、服务质量较差的酒店类服务企业，采取不予推荐等手段。南京市强化在会展活动期间对酒店等相关服务设施的管理工作，通过出台价格指导政策，实施相关奖励政策等手段，为会展业发展营造了良好的服务环境。

（7）长三角会展教育科研工作现状。长三角会展教育科研工作在国内具有十分重要的地位。2002年，上海师范大学、浙江万里学院、北京第二外国语学院、广州大学等四所院校，率先在国内开设会展管理本科人才培养工作。由于当时国家教育部尚未设立会展类本科专业，因此，上海师范大学在旅游管理本科专业开设“会展旅游管理”课程模块，浙江万里学院在国际经济与贸易专业开设“国际会展与服务贸易”课程模块。在启动人才培养工作的同时，相关高校也结合长三角会展产业发展和各地区会展产业发展的实际情况，通过多种途径开展会展科研工作。会展教育科研工作呈现出快速发展的态势。

1）会展本科专业设置情况。2004年，国家教育部结合2010年上海世博会对会展人才的需要，批准上海师范大学和上海外经贸学院开设会展经济与管理本科专业。这是我国首次批准设立会展类本科专业。此后，浙江万里学院、上海应用技术学院、上海大学、上海第二工业大学、浙江大学城市学院、华东师范大学、上海工程技术大学、东华大学等高校先后获准设立会展经济与管理专业；2006年，东华大学获准设立会展艺术与技术专业；2007年，上海工程技术大学设立会展艺术与技术专业；2008年，上海大学设立会展艺术与技术专业。至此，长三角会展经济与管理本科专业有 11 所，占全国 36 所会展经济与管理专业的 30% 以上；全国设立会展艺术与技术专业 3 个，全部为长三角高校设立。会展专业建设和人才培养工作的快速发展，也体现出长三角会展业在国内的重要地位。长三角会展经济与管理专业在校生情况一览表见表 8-4。

表 8-4　长三角会展经济与管理专业在校生情况一览表

学校名称	06 级	07 级	08 级	09 级	总　量
上海师范大学	77	78	78	79	312
上海对外经贸学院	80	78	80	80	318
上海理工大学	57	60	58	60	235
上海第二工业大学	67	68	70	70	215
上海应用技术学院	45	41	42	48	176
上海大学	38	38	39	40	155
东华大学		38	31	35	104
上海工程技术大学				60	60
华东师范大学				60	60
浙江万里学院	77	73	78	80	308
浙江大学城市学院		59	59	58	176
总　计					2119

2）会展专科人才培养工作。2002 年，浙江经贸职业技术学院开设会展策划与管理专业，这也是国内最早开展会展专科人才培养的高职高专院校。截至 2008 年 12 月，长三角共有 36 家高职高专院校设立会展策划与管理、会展服务与管理、会展旅游管理等专科专业，累计毕业生 8210 名，累计在校生 6500 名。在发展过程中，高职高专院校紧密结合会展产业对人才的需求特点，立足实用性、操作性会展人才的培养目标，一批会展专科人才投身到会展产业发展中，为长三角会展业的发展做出了应有的贡献。在此基础上，高职高专院校重视会展人才培养的改革和专业建设工作。截至 2008 年底，长三角区域共设立省级会展专业建设和教学改革项目 12 项，地市级会展专业建设和教学改革项目 30 余项。完成会展实验室建设 17 个，建立各类实践教学基地 200 余个。

3）会展科研与学科建设工作。在做好人才培养工作的基础上，长三角区域的高校和科研院所也十分重视会展学科建设工作，并借助 2010 年上海世博会的有利时机，强化会展科研工作，使会展科研工作呈现出理论研究与应对性研究相结合的态势。截至 2008 年 12 月，长三角“两省一市”共设立省级以上会展相关研究课题 11 项，副省级城市设立研究课题 17 项，省厅级研究课题 21 项，地市级研究课题 120 余项。主要研究方向包括会展业发展的宏观研究、会展产业与先进制造业融合互动、接轨上海世博会、会展产业与旅游产业互动关系等。此外，为做好上海世博会相关工作，上海世博会事务协调局先后就世博会相关问题开展各种立项研究60余项，各省市设立的关于上海世博会场馆设计、场馆建设、布展服务等方面的研究课题20余项，相关研究课题超过百项。

（8）长三角接轨上海世博会现状。在离上海世博会举办只有几个月的时间里，从长三角地区接轨世博会的准备情况看（见表8-5），并不尽如人意。我们就各城市接轨上海世博会的机构、方案、宣传、活动、科研、项目等指标开展调研工作，具体情况如下。

表8-5 长三角各城市接轨上海世博会的准备情况

城市	机构	方案	网站	专题论坛	最佳城市实践区	科研立项
南京	★	★		◆		★
苏州	★			◆	▲	
无锡	★	★		◆		
南通						
镇江						
扬州	★	★				
常州	★	★				
徐州						
泰州						
连云港						
淮安						
盐城	★	★				
宿迁						
杭州	★	★	◎	◆	▲	★
宁波	★	★		◆	▲	★
温州						
绍兴	☆			◆		★
嘉兴	★	★				
湖州	●		◎			
舟山	☆					
金华						
衢州						
台州						
丽水	★					

注：★代表有直接为世博会服务的机构或方案；●代表有相关或相近的世博会服务的机构或方案；▲代表最佳城市实践区；◆代表主题论坛；◎代表有接轨世博会专门网站；☆代表筹办工作领导小组（数据截止时间为2009年9月30日）。

分析表明，尽管部分城市已经成立了接轨上海世博会的相关组织机构，出台方案，并开展一系列的活动，但从整体上看，参差不齐是当前一个比较明显的问题。很多城市尚未就实质性问题出台举措。

1）各城市接轨上海世博会进展程度差异较大。除上海外，长三角其他城市在接轨上海世博会的工作中呈现出空间效应、层级效应和项目效应。从接轨工作的实际情况看，离上海距离越近的城市，接轨上海世博会的热情越高，比较明显的是苏州、南通和嘉兴等城市，不仅政府高度重视，而且宣传工作启动也较快，力度也比较大；城市的级别越高，对接轨上海世博会的热情就越高，如杭州、宁波、南京和苏州等副省级城市和“较大的市”，突出体现在资金投入大，与上海市有关部门沟通的次数较多，力度也较大；项目效应，已经承担世博会最佳城市实践区、主题论坛的城市，对接轨上海世博会的重视程度较高，相关工作起步较早，工作方案比较完善，呈现出较强的势头，而没有承担世博会主要项目的城市，由于工作上与世博会管理机构接触较少，因此工作进展较缓慢。

2）城市接轨上海世博会的定位差别较大。这主要取决于政府领导对上海世博会的认识角度上的差异。从接轨上海世博会的相关领导讲话和政府文件上看，杭州对接轨上海世博会的期望值最高，也被媒体称为是上海世博会受益最大的城市。南通市则希望通过接轨上海世博会，在城市的地位上有较大的提升，与嘉兴市被认为是可以通过上海世博会最大限度提升城市地位的两个城市。宁波市在接轨世博会工作中起步较早，因此，对接轨上海世博会的期望主要是提升城市品牌，并做好招商引资和企业国际合作工作。南京市由于未能获准参加最佳城市实践区的展示工作，在接轨世博会的工作中压力较大，近期工作力度明显加强，也是在杭州之后，旅游、国际交流合作等方面潜力巨大的城市，被认为是接轨上海世博会另一个受益最大的城市。其他的长三角城市则主要是在接受世博之旅拉动消费作用的基础上，结合自身的特色和优势与世博会对接，因此，也都形成了较鲜明的特色。

3）接轨上海世博会的方式具有较大的差异性。杭州市、南京市、苏州市和扬州市重视旅游产业与世博会的对接，不仅宣传力度大，而且在项目的运作方面也比较扎实；宁波、舟山等城市重视在海洋经济方面借助世博会发挥作用。嘉兴市则重视系统化、全方位提升城市功能，提出嘉兴接轨世博经济要从单纯的经济合作向全方位、多层次、宽领域、大范围、高水平的对接转变，从靠近上海向全面融入上海转变，实现思路接轨、政策接轨、产业接轨和生产力接轨。绍兴市则重点针对世博会层次高、人流量大的特点，将扩大开放作为绍兴接轨世博会的工作重点，提出要充分利用世博会契机，加快基础设施建设和推进城市化步伐，引导具有竞争优势的绍兴产业和产品全面进入上海市场，分享世博会带来的商机。

引进人才、资金和科技等要素，实现技术水平与经营管理水平的升级，加速推进绍兴经济社会的全面、协调和可持续发展。无锡市则希望通过接轨上海世博会，把握战略重点和工作领域，加强无锡与上海的接轨融合，实行全方位的渗透与合作，要抓住工作重点和关键领域整体推进。

二、会展业对长三角区域经济社会发展作用分析

会展既是现代服务业的重要组成部分，也是文化产业和创意产业的重要组成部分。会展产业在拉动相关产业发展的同时，还对提升城市品牌和城市功能、丰富城市文化生活等方面发挥着重要的作用，具体体现在以下方面：

（1）会展业对区域经济社会发展软实力具有提升作用。会展产业是通过展览、会议、节庆及相关大型活动等方式，强化形象展示、信息交流等手段的一种新型产业模式。由于会展活动涉及面广，因此能够较大提升区域经济社会发展的协调能力。

1）会展业具有注意力经济效应。根据神经经济学原理，会展产业能够形成注意力经济效应。通过举办会展活动，可以在一段时期、甚至是较长时间内，吸引全球的注意力，使之关注举办会展活动的城市和区域。这种注意力无论对城市品牌的提升，招商引资环境的宣传和推介，以及企业国内外合作都具有十分重要的意义。

2）会展业具有形象展示作用。通过举办会展活动，可以展示区域、城市、企业的形象，宣传区域和城市发展理念，传递产业、文化和社会发展信息，有效塑造区域、城市品牌，提升区域、城市的国际化竞争能力。特别是2010年上海世界博览会的筹办，不仅提升了上海市的国际知名度和品牌影响力，也有效地提升了长三角区域的国际知名度和品牌影响力。

3）会展业具有产业集聚作用。通过信息传播、氛围营造、政策宣传等手段，在经济全球化时代，促成人流、物流、信息流和资金流的有序流动，逐步实现企业流动向产业流动的转化，最终促进产业集聚。这是在区域经济发展过程中，构建产业集聚区的有效手段之一。

（2）会展业对城市经济发展具有拉动作用。会展产业由于产业链长，可借助现有产业资源，极大发挥政府公共服务的作用，以及能够优化产业结构、促成衍生产业发展、扩大内需等特征，对经济发展具有十分重要的意义。主要体现在以下几方面：

1）会展产业对经济的拉动作用。会展业在服务业产业链中位置靠前，受其他产业影响小，是服务业的重要先导产业，它可以对相关产业产生重要的拉动作用，并通过构建较系统完善的产业链，与上下游产业之间形成密切的联系，对上下游产业的发展产生较大的作用，并不断衍生出相关的产业。从长三角已经测算

2008 年度会展业对经济拉动作用的南京、杭州、宁波等城市的情况看，每举办 1 平方米的会展项目，对经济拉动作用高达 6000 元。以此推算，2008 年度长三角地区会展产业对经济的拉动作用高达 2300 亿元，是旅游产业拉动作用的一半左右，成为区域经济发展新的增长点。

2）政府会展产业政策具有信号放大作用。政府对会展产业的政策扶持具有十分重要的作用，尤其是在产业发展初期。这种促进作用就好比一个三极管，政府的扶持政策就如在三极管基极上施加一个信号，将社会相关的资源通过集电极进行集聚，最终以产业的形式通过发射极发射出去。这种政策效应在产业发展的过程中具有重要意义，可以鼓励和引导社会闲散资金投入到会展项目中，也可以促使相关产业的企业结合自身的需要参与或主办会展项目，提高会展产业的规模。这种运作手段，体现了政府政策对产业发展的促进作用。

以宁波市为例。2003 年以前，宁波市只有会展主营企业 3 家，会展辅助服务机构 11 家，会展项目 32 个。2003 年，宁波市政府出台了《关于加快宁波市会展业发展的实施意见》，会展业得到了快速发展。2007 年 6 月，宁波市出台了《关于加快推进宁波国际会展之都建设的若干意见》，并出台了相关的扶持政策，会展企业的数量、会展项目的数量都有了较大的提升。2009 年，宁波市已经有会展企业 37 家，会展辅助服务机构 637 家，逐步形成了围绕会展业的衍生产业。2008 年除上交税金 1220 万元外，还能够解决 12000 个就业岗位，为和谐社会建设作出了积极的贡献。

3）发展会展产业具有拉动内需的作用。会展业与人民文化生活息息相关，随着生活水平的提升，消费类、参与类项目成为会展活动的重要选择。会展产业不仅可以通过展览活动为市民提供参观和参与的机会，还可以通过举办会议和节庆等项目丰富群众文化生活，是文化产业发展从政府主导型向市场运作型转化的重要途径。

据 2008 年度对南京、宁波、苏州等城市的调研表明，对于专业类展会，每举办 1 平方米展会可带来 350 元的消费拉动作用；而对于消费类展会，每举办 1 平方米的会展项目，带来的消费拉动作用可达到 480 元。此外，展会也刺激了居民的消费热情。有关专家的研究表明，同样类型的产品，会展场馆的氛围对消费者购买情绪有较大的刺激作用，容易激发消费者的购买欲望，在展会上被购买的可能性是在商场被购买的可能性的 2 倍以上。

（3）会展业对优化产业结构具有引导作用。会展业具有能耗低、排放少、占用不可再生资源少等特征，因此，具有较明显的生态可持续发展特征。对于优化区域产业结构、提升区域的综合竞争能力具有重要的作用。

1）会展活动具有转换器的作用。长三角区域的会展项目大多是依托优势产业资源而举办。它可以通过举办相关的活动，将第一产业、第二产业转换为第三产业形式，也可以将第三产业从一种存在形式转换为另一种存在形式。这种过程可以延长产业链、提升产业及产品的附加值。通过发展会展业，可以增加服务业的总量，提升了服务业的发展水平，促进了现代服务业的发展。

2）会展产业具有生态可持续发展的作用。会展产业具有产业风险低、占用不可再生资源少、能耗低、排放量少等特点，在国际金融危机、能源紧缺的大背景下，发展会展产业具有可持续发展意义，对城市和经济的生态化发展具有十分重要的促进作用。

根据中国会展经济研究会相关研究机构的研究资料表明，会展产业10000元的收益，形成的废气排放几乎为零，对能源的消耗为120元左右，对耕地等不可再生资源的占用仅为10平方米，远低于房地产、物流和旅游产业的相关值（以产业持续发展10年为计算单位），因此，会展产业具有较强的生态可持续发展特征。按照2008年度长三角区域平均每平方公里土地产出4921万元的结果比较，每平方公里会展设施产生的GDP数额为136700万元，几乎高出GDP平均数值的一倍还多。

3）会展业能够促进区域产业结构的优化升级。顶级的会展项目和大型的国际会议项目，对产业升级的作用更大。1970年的大阪世博会，为日本促成了六大城市圈之一的关西经济带，使原有的以重工业为主体的产业区域转变为高科技产业、信息产业、物流产业、商贸产业、会展产业、金融服务产业、环保产业和中介产业为中心的产业区域，加快了现代服务业的国际化步伐。

从长三角会展产业发展的实际情况看，2008年长江三角洲地区实现地区生产总值53956亿元，会展产业产生的GDP为2300亿元，占长三角GDP比重的4.3%，已经超过发达国家会展产业占GDP的比重，显示出较强的竞争能力。此外，会展活动的举办，增加了GDP中服务业的比重，优化了区域及城市的产业结构。

（4）会展业对社会发展具有促进作用。会展产业具有较强的注意力经济效应和产业溢出效应，在区域会展产业发展的过程中，能够形成对文化产业的补充作用，也能够促进城市功能的完善和市民素质的提高，对城市精神文明建设有较大的促进作用。

1）会展业能够加快推进城市功能的完善。会展业对城市的功能具有较高的要求，也客观上促成了城市功能的加快提升。2000年德国汉诺威世博会带动了城市和区域的基础设施建设，特别是轨道交通设施和高速公路，为该区域的未来发展打下了良好基础。同时，汉诺威市还进行了ISDN网络建设，也为城市进一步发展创造了条件。世博会的“世界项目”使汉诺威和下萨克森州的许多旅游及其他设施获得改造和更新，成为地区发展的积极因素。

同样，长三角区域会展产业的发展也对城市功能的提升产生了巨大的推进作用。2003 年，长三角地区五星级酒店的数量为 27 个，2008 年 12 月，长三角地区五星级酒店的数量已经达到 135 个。2010 年上海世博会筹办期间，上海市共投入城市基础设施建设资金 3000 亿元，对城市的交通设施、服务设施和环境整治工作提供了强有力的保障。上海市借助举办世博会的有利时机，对黄浦江两岸的多个大型工厂企业进行了动迁，解决了市中心产业布局不合理现状。据有关专家预测，世博会结束后，永久馆周边区域的土地升值，将大大弥补举办世博会的资金投入，实现世界博览会投入产出的良性循环，这也应是会展业对城市发展和城市功能提升带来的积极影响。

2）会展业可提升城市的品牌及品质。通过举办大型会展活动，可以使城市在各项硬件建设中强化国际意识、环境意识、生态意识，营造独特文化氛围，使各种系统更加规范化与现代化，从而与国际化发展接轨，也可以进一步提升城市的管理水平，提高城市的文明程度，扩大城市的国际知名度。上海世博会筹办期间，就得到了国内外的高度关注。

杭州市自连续举办西湖博览会以来，每年都会吸引大量的国外客商来参观、旅游、休闲和消费。据西湖博览会组委会提供的数据表明，第十届西博会共举办了 102 个会议、展览、文体和观光活动项目（展览 28 个，会议 32 个，节庆活动 42 个）。其中，国际性项目 57 个，占项目总数的 55. 88%，展览境外展位比例达 22. 55%。项目数量、项目质量、国际化程度、经济指标、亲民程度、节俭力度、参与人数等均创历届西博会新高。第十届西博会完成贸易成交额 108 亿元，协议引进外资 10. 49 亿美元，协议引进内资 127. 78 亿元人民币，接待中外游客 1020 万人次。西湖博览会的成功举办，进一步提升了“天堂西湖”在国际上的知名度，扩大了旅游景区的国际化影响，吸引了更多的国际游客。

3）会展业是促进和谐社会发展的润滑剂。举办会展活动，吸引大量区外参展商和客商，能够提高城市的零售业水平，增加经营者收入，满足个体经营者的经济需求。也能够增加市民的自豪感和荣誉感，以最佳的精神状态展示城市文明。在一定程度上可以化解社会矛盾，促进城市文明建设。

宁波举办展第十届国际服装节期间，主办单位和参展企业举办了“同一首歌”、“春天送你一首诗”等大型文化项目，一些街道自发组织相关的文艺活动，寓教于乐，在活跃市民生活的同时，也促进了市民提高自身素质的自觉性，在一定程度上化解了社会矛盾。2007 年，宁波罗蒙集团借助服装节，举办了“同一首歌——相约罗蒙”大型活动，企业出资，不需要政府提供任何资金，就为宁波及周边地区的群众提供了一台丰富多彩的高端文艺节目。企业提升了品牌，社会得到了优质文化服务，取得了双赢的效果。

三、长三角会展业存在的问题分析

会展业作为新兴产业，与其他产业发展初期一样，既具有发展的活力与潜力，也同样存在其他相关产业发展初期遇到的难题，存在制约产业发展的体制和机制性问题。长三角会展业快速发展的背后，也存在一系列会展管理体系、运行机制、项目策划与管理、服务体系建设、教育科研及人才培养等问题。主要体现在以下几个方面：

（1）会展管理机构方面。同国内其他省市一样，长三角会展业的管理体系也存在着管理机构不规范、管理体制不健全的问题。根据我国会展业发展的隶属关系，国内会展业主要由国家商务部主管，在境外举办的出国展由中国国际贸促会分管，而我国尚未成立国家层面的会展行业协会，会展业的行业管理由 2006 年 3 月成立的主管部门为商务部的中国会展经济研究会来具体实施，由于定位等方面的问题，行业自律管理工作存在职能不明确、管理不到位等方面的问题。

长三角各城市会展业管理机构主要包括政府会展管理部门、贸促会、会展行业协会等层面的管理机构。

1）政府会展管理部门情况。长三角有专门的会展管理机构城市有 9 个；没有会展专门管理部门，但挂靠在相关管理部门的城市有 4 个。职能和名称，各城市不尽相同，存在较大差异。

2）会展行政管理职能情况。由于会展业起步较晚，各城市会展业发展不够均衡，因此，长三角各城市政府会展管理的行政职能也具有较大的差异。总体上可分成四大类：

会展行政管理机构明确、职能比较完善的城市。主要包括上海、杭州、南京、宁波、苏州等城市。这些城市都较早地组建了政府会展行政管理机构，或有明确的会展产业主管部门。尤其是上海市，结合举办世博会的需要，组建了世博会事务协调局，强化了大型会展项目的组织与管理。此外，部分城市还出台了会展管理的相关政策法规，对会展业的发展形成促进作用。

会展行政管理机构相对明确的城市。主要代表性城市为绍兴市、扬州市。绍兴市 2007 年成立了节会工作办公室，挂靠在市委宣传部，主要负责鲁迅文化节和绍兴黄酒文化节的运作与管理，此外，也部分承担会展产业发展的相关工作，但由于职能比较单一，因此，政策法规还不够完善，管理职能也不够健全。同样，扬州市会展办也存在相关的问题，具有一定的管理职能，但尚未出台相关的管理制度，因此，在具体的管理过程中存在一定的难度。

会展相关管理机构不明确，相关职能划归到政府其他机构。其他多数城市都属于这种类型。这些城市由于会展业规模较小，因此，尚未成立会展业的相关管理机构，也未制定完善的政策法规和行政规范，对发展会展业的监管力度、服务力度和协调力度相对比较薄弱。

会展行政管理机构不明确，主要依靠行业协会自律。这些代表城市中主要包括嘉兴、舟山等城市。这些城市虽然没有明确的会展行政管理机构，但会展产业管理的制度法规比较健全，相关的行政职能主要由行业协会来完成，政府负责对会展产业发展提供指导和监督职能。

3）出国展机构情况。由于自上而下管理的缘故，长三角区域出国展管理部门的机构设置和职能设计等方面还比较规范。长三角 16 个城市均设有贸促会，负责本区域境外参展、办展事宜。但由于多方面因素，也存在很多职能不明确、工作力度不够等问题。

机构交叉带来工作脱节。各城市的贸促会机构的指导工作归国家贸促会，主要职能是出国展。由于各城市经济结构的特点，很多城市的贸促会职能单一，工作力度不够，与当地会展产业管理部门形成矛盾冲突，不能较好地发挥自身的作用。

机构设置差异较大。长三角现有的情况看，贸促会的设置方式有很大差异。有些城市的贸促会与会展办合署办公，因此，工作力度较大；更多的城市贸促会与会展办分属两个不同的管理部门，因此，无法参与会展产业的发展工作，甚至形成会展业的交叉管理，甚至是真空地带。

4）行业自律组织的情况。从长三角会展业行业自律组织的情况看，长三角会展业自律组织呈三种特点。一是由会展行业协会来负责会展产业的自律和协调工作，绝大多数城市是采取这种模式；二是通过会展业促进会的方式来统筹和协调会展业的发展，主要以宁波市为代表，这种模式的管理旨在提高会展业行业协会的运作范畴，尽可能吸纳政府的相关部门和其他行业协会加入，以便调动各方面力量来促进会展业发展；三是没有明确成立会展行业协会的城市，这些城市会展业起步较晚，会展企业和从业人员较少，因此，无法组建相关的行业协会。

此外，有些城市也存在会展行业协会、会议行业协会、节庆行业协会共同存在的局面。

（2）会展政策法规方面。会展政策法规也是困扰我国会展业健康发展的主要瓶颈之一。1997 年以来，长三角各城市先后出台各种类型的政策法规 120 余项，包括会展管理规章、会展产业发展规划、会展业相关扶持政策，在一定程度上缓解了政策法规缺失带来的实际问题。但由于会展政策法规呈现出点式分布，未能形成系统化和全面覆盖的特征，因此，会展政策法规的现状也不容乐观。

1）会展产业定位与规划。会展产业定位是会展业发展的基本标杆，也是城市会展业发展的重要基础，而会展产业规划则是会展业发展定位的最直接体现。从长三角 16 个城市会展业发展的定位与规划的情况看，只有少数城市对会展业发展有明确的定位，并制定相应的产业发展规划。

会展产业规划定位差异较大。宁波市是长三角会展业定位较高的城市，2003 年，宁波市政府将会展业列为宁波市的支柱产业；2007 年，宁波市又将会展业提升为经济社会发展的战略性产业，提出了建设国际会展之都的工作目标。杭州市将会展业列为服务业的支柱产业，苏州、南京、绍兴等城市也将会展业列为经济发展的重要产业。相比之下，其他的城市对会展业的定位不够明确。

会展产业规划制定工作比较滞后。资料表明，长三角城市中，有7个城市已经制定了会展业发展规划，5个城市在政府工作报告中提出要大力发展会展产业，但并没有制定明确的会展产业规划。相比旅游、物流等产业，产业规划的制定工作比较滞后。

会展产业定位目标不够明确。正是由于城市会展业规划制定的滞后，以及长三角区域缺乏会展业发展的整体规划，因此，对未来一段时期会展产业的发展目标而言，绝大多数城市缺乏明确的工作目标。这对进一步加快推进长三角区域会展业的发展带来一定的不良影响。

2）会展产业发展扶持政策。会展产业政策是会展产业发展初期，政府支持会展业发展具体手段的体现。2003年以来，南京、杭州、宁波市等城市先后出台了会展产业发展政策，2007年，会展业政策在城市会展业定位发生较大变化的基础上，政策法规也有了较大的提升。但从各城市的实际情况看，会展政策的制定工作参差不齐，缺乏相关的工作标准。

会展产业政策力度差异较大。从长三角会展业发展的实际情况看，宁波市的会展政策支持力度具有较大的竞争力。此外，杭州、苏州等城市也先后出台了会展产业发展的扶持政策，会展产业在政策的支持下实现较快的发展。

会展政策无法形成较大的支撑作用。南京、苏州、扬州等城市先后出台了扶持会展业发展的政策，但从总体看，政策的力度较小，尽管对会展企业有一定吸引力，但不能改变会展企业的参展决策。

会展产业政策兑现过程存在问题。在会展产业的发展过程中，有些城市尽管提出了会展产业的扶持政策，但由于缺乏客观的评价标准，以及没有能够协助政府开展项目评价的中介机构，因此，在对会展项目的评价工作中缺乏准确度。有的城市只能根据企业上报的资料来兑现奖金，缺乏客观性和准确性；也有的城市由于资金方面的原因，无法兑现政策承诺，造成政府和企业之间的矛盾。

3）会展业相关管理法规及规章。近年来，长三角区域内的很多城市都十分重视会展政策的制定和行政管理规章的起草工作。截至2008年底，长三角共制定各类制度和法规60余项，但却存在着很多的问题，导致无法在区域层面上具体实施。

会展法规的差异度较大。由于各城市在制定政策法规的过程中，重点解决所在城市会展业发展的实际问题，因此，长三角各城市会展政策法规的差异度较大，适用性较差，只能在一定程度上满足所在城市的需要，无法上升到长三角区域层面。

会展法规的约束力较弱。由于会展产业起步较晚，对会展政策法规的制定过程中，各自为政，缺乏较系统的调研工作，因此，在政策法规的具体执行过程中，往往出现难以执行或矛盾较尖锐的问题。

会展政策法规的稳定性差。由于国家相关会展政策法规缺失，所以，国家有关部门也在逐步出台相关的会展管理制度。由于制定法规的部门沟通不到位，导致国家相关的会展政策法规与地方政府制定的会展政策法规存在冲突现象，影响了区域会展产业政策法规的制定与执行。很多城市处于观望态度，这也是长三角区域会展政策法规存在覆盖面小、权威性差等问题的客观原因。

4）会展业相关的标准与规制。会展业在发展过程中，由于规制、标准等方面的缺失，导致会展业基础工作比较薄弱。长三角区域也同样存在这样的问题，主要表现在以下方面：

会展产业缺乏相关的标准。国外一些会展业发达国家（如德国）已经建立比较完善的场馆、展具、展位搭建等方面的相关标准。国内一些会展专家也曾将在2008年着手制定会展业的相关标准，但由于该项工作是由民间发起的，缺乏足够的力度，因此，在经过一段时间的探索后，最终没有能够进行下去。从现有的情况看，会展业缺乏国家标准、甚至是区域标准，在一定程度上影响了会展业发展的质量和国际会展项目的合作。

相关的规制不够健全。尽管长三角区域许多城市一直在探索如何制定产业相关的准入标准，但从现有的实际情况看不容乐观。长三角城市现有会展物流企业准入制度、展装企业市场准入标准和餐饮企业市场准入标准等相关的行业标准，但主要的问题是比较零散，只应用于少数城市。此外，很多标准尚在探索之中，缺乏足够的管理和约束力度，一旦发展问题，往往会带来一系列的产业纠纷，执法工作无法可依，最终影响产业发展。

(3) 会展场馆建设方面。会展场馆建设是会展业发展的最基本条件，2001年以来，长三角区域会展场馆的建设速度较快，为会展业发展奠定了坚实的基础。但是，会展场馆建设也存在设计不科学、用途不明确、管理不专业、使用率不高等方面的问题。

1）会展场馆的设计不够科学合理。很多场馆设计时过分考虑感官效果，忽视了实用性。有些场馆设计未充分征求相关部门的意见，导致场馆建成使用后发现不少问题；有些场馆设计未能准确定位，周边也没有预留足够的发展空间，导致随着城市会展产业发展，场馆的功能无法满足会展活动的需要；还有些会展场馆选址时未经过科学的论证，场馆不具备举办会展活动的相关条件。

2）场馆建设过程中缺乏相关的标准支撑。由于会展相关的标准还没有出台，所以在场馆的建设过程中，缺乏系统规范的建设标准。导致会展项目举办过程中，无法按照科学的标准来设计场馆的展位布局。有关部门也无法对会展的综合效应进行评估。

3）会展场馆的使用率较低。统计表明，长三角区域会展场馆普遍存在使用率低的状况。这些除季节性的原因外，未能对会展项目进行科学合理的时间空间分配也是主要的原因之一。从现有的情况看，长三角区域各城市的会展场馆，尚没有科学的会展项目时间安排遴选排序制度，在项目的布局上随意性较强，忽视了未来发展对空间的需求，也隐藏着较大的深层次矛盾。

（4）会展主体建设方面。会展主体建设主要是指从事会展项目策划、组织的相关机构和企业的建设与培育工作。从长三角现有会展业发展的情况看，政府主导型展会占规模以上展会项目的比重较大，而规模较小的展会项目则多为会展企业市场化运作。长三角会展主体建设方面主要存在以下问题：

1）会展主体的规模较小。对宁波、杭州、南京、上海和苏州五个城市的调查表明，50%以上会展主营企业注册资金不足500万元；从业人员超过70人的会展公司占全部会展主营企业比重不到20%，而公司员工30人以下会展公司的比重高达43%。人员流动性较大，对20家会展公司调查表明，同一公司稳定工作5年以上的员工占现有员工的比重只有26%，而两年以内的员工则占公司人数的35%以上。新员工工资低、工作性质繁杂是员工不能长期留在会展企业的重要因素之一。

2）缺乏具有较大影响力的品牌会展项目。尽管多数会展主营企业都具有较稳定的会展项目和经营领域，但真正拥有区域内有较大影响和规模的会展项目的主营企业数量较少。长三角区域内拥有至少一个2万平方米以上项目的会展主营企业只有160余个。绝大多数会展主营企业主打会展项目的规模都在2万平方米以下，且主要盈利模式为政府的政策支持。

3）经营手段比较单一。多数会展主营企业的经营目标是争取更多的参展商参加会展项目，却忽视了对客商的营销工作。这种运作模式的结果是本地参展商较多，外地参展商数量较少，几乎没有国外参展商，即使是国外的企业或产品参展，也多是该产品的国内代理或区域代理，无法发挥会展活动的应有作用。

4）会展主营企业的国际化程度较低。长三角现有独资、合资的会展主营企业21家，主要集中在上海市。其中很多公司主要是以中方人员经营为主，有些公司虽然是合资公司的架构，但公司的实质还是中方公司和中方公司驻外分支机构的合作。基于这种状况，中外合资的会展主营企业根本无法拥有丰富的国外会展资源，缺少国外客商和参展商的支撑，导致该类企业组织的会展项目与国内企业组织的会展项目没有明显的区别。

（5）会展项目数量与结构方面。统计数据表明，2008年，长三角区域共举办各类会展活动14920项，比2007年增长了7.7%。其中展览项目增长5.2%，会议项目增长7.9%，增长幅度较快的是节庆项目，达到11.7%。但从会展项目的自身情况看，展位面积和参会（节）人数增长速度较慢。

1）展览项目的规模偏小。2008年度长三角展览项目的平均面积只有0.87万平方米。根据会展业发展经验，只有700个标准摊位的展会，项目才能保持盈利，而达到1000个标准摊位的展会（约折合2万平方米）才能有较大的抵抗会展风险能力。这说明长三角区域多数会展项目的盈利能力较弱，抵抗产业风险的能力较小，主要是依靠降低成本、或依靠政府的政策扶持资金来维持项目的运转；会展项目的增长速度慢，抽样调查的30个会展项目中，连续三年平均展位面积增长10%以上的会展项目只有5个，而连续三年平均展位面积增长在5%以下的会展项目有14个，接近调查对象的50%，这说明很多会展项目都处于维持阶段，发展的潜力和空间较小。

2）展览项目的国际化程度较低。据课题组对长三角30个不同类型会展项目的抽样调查表明，除上海市外，长三角其他城市会展项目的国际化水平都比较低。2008年度长三角区域规模以上（2万平方米）会展项目的国外参展商比重只有9.37%，而境外客商的比重则只有7.85%；而本地参展商的比重则高达57%（按照展位面积计算），本地客商的比重则高达86.6%。大量的本地参展商参展，以及本地客商参观，降低了会展活动的影响力和消费能力，对经济拉动作用的效果也不明显。

3）会议项目的专业化程度较低。2008年度，长三角共举办会议活动8466项，在数量上有一定的增长，但多数会议项目是规模较小的企业、产业会议项目，综合性会议项目较少，会议的层次偏低，国外参会人员数量较少。从抽样调查的30个会议项目看，参会人员在400人以上的会议有2个，参会人员在100人以下的会议有12个。全部参会人员中，来自境外的人员比重不到5%，来自本地的参会人员占参会人员的68%。从会议项目的经营情况看，完全依靠市场化运作盈利10%以上的会议项目有11个，盈利在10%以下的有10个；9个会议得到了当地政府的资金支持；从会议的实际效果看，与会人员非常满意的有7个，比较满意的有16个，7个会议的参会人员对会议的举办工作不尽满意。这7个会议项目全部为市场化运作的会议项目。

4）节庆活动持续时间长但参加人数较少。从研究人员抽样调查的30个节庆项目的情况看，一般节庆活动的持续时间为一周左右。除首日的参与人数较多外，其他时间参与人数都较少。其中平均日参加人数为2000人以上的节庆活动有5项，日参加人数为1000~2000人的节庆活动有8项，日参加人数为500~1000人的节庆活动有8项，日参加人数为300人以下的活动有5项。

（6）会展服务体系建设方面。会展产业对城市的环境和服务体系具有较高的要求，而这些方面，恰是长三角诸多城市的薄弱环节。

1）会展公共服务体系建设不到位。会展活动涉及项目申报、审批备案、筹办保障、危机管理和缴纳税金等多个环节。此外，国际会展项目还涉及海关、商检等多个管理部门。由于会展活动的时间比较集中，因此，繁琐的申办手续对会展企业带来较大的压力。从长三角现有的城市看，只有少量的会展城市设立了会展“一站式”服务体系，多数城市没有完备的会展公共服务体系，导致会展主营企业花费较大的精力、财力进行项目申报、审批、备案和运作保障协调等方面的工作，影响了会展活动的整体质量。

2）产业服务体系滞后。会展产业服务体系包括了会展产业链的相关组成部分，如物流、搭建、餐饮、住宿、旅游、印刷、广告、中介、法律、财税等各个方面。但这些方面提供的信息不全面，甚至有些会展企业故意隐瞒信息，有意识地引导参展商按照自己的意愿去寻找中介服务机构，企业或营销人员从中谋取利益。此外，会展相关服务企业的管理缺乏必要的标准和规则，很多无法从事会展相关活动的企业也混入会展项目的服务工作中，导致会展服务质量不高，最终形成参展商与主办单位、服务机构的纠纷。

3）会展人才服务体系缺失。会展活动的举办过程中，往往需要较多的工作人员和服务人员，而一般的会展企业员工数量较少，因此，除雇用专业的保安人员外，还需招收大量的临时性服务人员。有些城市会展数量较多，相关的管理部门协调会展机构与驻地高校建立起合作关系，由政府相关部门出面招募会展志愿者，在一定程度上解决了会展企业燃眉之急。但有些城市由于会展项目少，会展管理体系不健全，只能靠企业自己与学校联系，或面向社会招收临时务工人员。在人员稳定性、时间保障和志愿者安全等方面存在着较大的隐患。

4）信息服务体系无法满足产业发展需要。长三角很多城市、甚至是会展企业，都建设了独立的会展产业网站。但大多数网站都不能够系统地满足城市会展业或项目的需要。一是国际化程度低。对长三角 10 个城市会展业网站、10 个会展场馆网站和 20 个会展企业网站调查表明，34 个网站只有中文页面，未开设外文页面。少部分网站虽然设有外文页面，但内容较少、更新速度慢或几乎没有更新，未能发挥外文网页的宣传效用。二是网站提供的服务信息不够全面、准确。有些网站只是根据对宣传对象的收费情况进行宣传，破坏了城市公用信息的完整性。三是网站的运行速度慢。很多会展项目网站的网页登录时间长，不利于更好地宣传推介和招展招商工作的开展。

（7）会展公共危机管理体系建设方面。尽管长三角各城市都十分重视会展公共危机管理体系的建设，部分城市还先后出台了大型活动安全保障管理办法等相关文件和规章，但由于会展业缺乏国家层面的公共危机管理法律法规，因此，区域及城市的会展公共危机管理制度与规章存在滞后的问题。

1）公共危机管理体系建设参差不齐。从长三角现有情况看，多数城市对会展公共危机的管理缺乏法律和行政依据。尽管很多大型会展项目都制订了公共危机管理预案，但往往是流于形式，或缺乏较强的可操作性。

2）社会保障体系不健全带来系列问题。有些城市已尝试会展项目保险。但现有的会展项目保险主要是依照已有的人身保险和财产保险的相关规定，对会展活动举办过程中场馆自身出现的损害以及由于参展带来新产品的技术外泄等方面的损失还没有投保的法规依据，使会展项目保险限制在一个较窄的范围，无法结合会展产业自身的特点创新保险体系。

3）企业自身实力较弱带来的潜在危机。无论是会展主营企业还是会展辅助服务机构，自身的经济实力都比较薄弱。对长三角30个不同类型的会展企业的调查表明，70%以上的会展企业注册资本在300万元以下，只有2个企业注册资本金在1000万元以上。一旦会展活动期间发生较大规模的人身伤亡和财产损失事件，企业往往无力承担相关的赔偿责任，给政府带来了较大的潜在风险。

（8）会展教育科研服务体系建设方面。长三角区域会展教育科研和人才培养等方面的工作处于国内领先地位，但仍然无法满足会展业发展对科研服务的需要以及对专业人才的需求，会展教育科研工作仍然是长三角会展业发展的主要瓶颈之一。具体反映在以下几个方面：

1）会展科研工作与相关产业相比差距较大。本项目主要从研究机构、市级以上课题立项数量、市级以上课题立项经费和专业研究人员数量方面，与旅游产业、物流产业进行比较分析。数据显示，2008年度，长三角区域各类会展研究机构的数量为17个，科研立项建设项目23个，累计会展科研经费170万元（不含上海世博会相关立项建设项目）。相比之下，2008年度长三角旅游研究机构为167个，旅游市级以上立项建设项目195个，旅游相关研究经费为1020万元。

根据长三角区域已经测算出会展产业拉动作用的南京、杭州、宁波三个城市与同城市旅游产业的GDP相比，会展产业的GDP约为旅游产业的38%左右（其中未剔除旅游产业中包含会展产业的部分）；而会展科研立项数量为旅游产业立项数量当量的17%；会展产业的立项经费为旅游产业立项经费的12%；会展研究机构与旅游研究机构的比重为1∶10，产业差距较大。

2）会展专业建设与人才培养方面。截至2008年12月底，长三角共有会展经济与管理本科专业11个，会展艺术与技术本科专业3个，累计会展本科专业14个；而旅游管理、酒店管理专业的数量累计达到85个；会展专业本科在校生数量为2119人，旅游本科专业在校生高达17820人。截至2008年度，长三角地区会展类省级以上教学改革与建设项目有9个，而旅游类省级以上教学改革与立项建设项目高达75个。

3）从业人员培训方面。截至2008年12月，长三角地区共有会展人才培训项目7个（含其他省份在长三角颁发证书的项目），旅游人才培训项目9个。但从参加培训的人数看，参与会展职业证书培训项目的人数为3570人，而参加各类旅游培训项目的人数高达37300人，几乎是参加会展培训项目人员的10倍。

此外，旅游产业有2个证书是强制性职业证书，而会展业的培训证书均为认证类职业资格证书，证书的权威性有待商榷。

（9）会展业合作机制建设方面。现有的长三角会展协调机构是2005年成立的长三角城市会展联盟。2009年8月，由长三角20个城市会展（办）、行业协会及相关机构组成的长三角城市会展联盟在上海发起成立长三角展览场馆专业委员会。但是，长三角城市会展联盟是一个行业协会性质的协调机构，不具备行政管理的职能，只能依靠相关的协会规约和公约来维持区域会展业的协调发展。因此，在具体的工作中，存在很多的困难，也缺乏足够的工作力度。因此，需要考虑依托长三角相关城市，探索构建一个具有政府管理职能的会展产业管理及协调机构。

（10）接轨上海世博会合作方面。上海世博会举办在即时，长三角地区接轨上海世博会的相关工作也在紧张地进行。但是，相关的研究显示，长三角接轨上海世博会还存在以下方面的问题：

1）对接轨上海世博会的意义缺乏统一的理解。尽管很多城市对接轨上海世博会工作具有较高的热情，也有一些可圈可点的亮点项目，但整体看，许多城市对如何做好接轨上海世博会工作，对上海世博会可能带来的影响缺乏明确的思考。已经设计的项目过多集中在如何通过世博之旅吸引游客、拉动消费方面。诚然，拉动消费是世博重要的组成部分，但绝不是最重要的组成部分。通过世博会的举办，优化发展理念、完善城市功能、强化区域协调、拓展国际合作，最终强化整个长三角区域在国际上的综合竞争能力，才是世博会给我们带来的最重要的作用。

2）如何做好接轨上海世博会工作缺乏明确的思路。在离上海世博会举办只有几个月的时间里，从各城市实际情况看，尚缺乏明确思路。很多城市虽结合自身的实际，设计了一部分影响力较强的项目，但对于如何将接轨上海世博会的影响力由中心城市拓展到中小型城市和乡村，扩大世博会的影响，没有形成明确的工作方案。

3）对世博会的难度缺乏客观的思想准备。世博会的举办工作持续时间长，工作压力较大，需要做好周密的准备工作，确保世博会收到良好的效果。我们并没有期望通过接轨上海世博会，就可以一揽子解决长三角区域合作的诸多问题，但至少希望通过接轨上海世博会，对城市的功能和形象有较清晰的定位，对世博会期间带来的拉动作用有充分的承接准备，并能够通过参与世博会相关工作，不断扩大和提升区域经济和社会发展的国际化影响。

4）对世博会的后期工作缺乏超前思维。世博会是一个系统化的发展过程。影响在筹办期间，作用在举办期间，而更大的发展趋势则体现在后世博阶段。但这需要我们在世博会的筹备和举办期间做好相应的准备工作。具体包括城市功能的完善和整体形象的设计，产业的集聚和差异化发展、区域合作体系的构建、国际公共服务体系的拓展等方面。从某种意义上讲，接轨上海世博会将提升长三角地区“十二五”规划制定工作的整体档次，在国际上扩大长三角区域的影响，同时也提升长三角区域合作发展在国家整体战略布局上的重要地位。

四、长三角会展业未来发展的前瞻性分析

我国会展业起步虽晚，但从发展伊始，就以独立的、系统化的产业格局出现，呈现出科学化和规范化的特征，与国外会展业发展混杂于贸易、旅游、服务等产业的现状相比较，存在着明显的专业化特征。长三角是国内会展业最发达的区域，产业地位十分重要，产业国际化、区域化和专业化特征比较明显，负有探索国内会展业发展规律性、管理模式等方面的重任。因此，要结合国务院《关于进一步推进长江三角洲地区改革开放和经济社会发展的指导意见》的文件精神，从基础理论研究、产业实用性方法研究、产业发展的应对性策略研究等方面入手，探索中国会展业发展的基本规律和手段，充分发挥会展产业的自身特点及区域经济社会发展中的重要作用，形成具有典型国际化特征的会展产业区块，逐步将长三角建设成为国际上最大的会展产业城市群。

（1）未来发展的定位思考。长三角未来会展业发展，要突出大区域、大管理、大项目、大服务建设目标。期待经过10年左右时间的努力，形成比较系统完善的区域会展管理、服务及项目体系，将长三角建设成为具有国际上重要地位的会展产业城市群。

1）区域合作机制建设方面。要突出长三角区域会展业合作发展的主题，逐步建设适合产业发展实际，具有国际化特征的合作机制、竞争机制、优化机制和共享机制。在不断增加会展项目数量、扩大会展项目规模、优化会展项目结构、完善会展项目服务基础上，逐步形成层面清晰、特色鲜明、管理规范、服务优良的会展业发展体系。

2）管理体系建设方面。要突出规范性、创新性和实用性特征。在行政管理体系建设方面，要通过逐步完善管理机构建设和职能，提升管理机构在区域会展业发展的作用。在制度建设方面，要逐步形成覆盖会展业发展层面、解决会展业发展实际问题、营造会展业发展良好环境的会展政策法规体系建设。

3）项目建设方面。要突出多量与高质相结合的特点。展览方面，在做大做强华东商品交易会的基础上，一方面大力发展常年展示交易基地，另一方面引进和培育具有典型国际化特征的大型会展项目。会议方面，在举办好2010年上海世博会的基础上，重点培育APEC会议等一系列大型的国际会议，并争取创造条件，再度申办和成功举办世界博览会，甚至可以考虑系统引进国际机构，长期落户长三角地区，形成国际化的会议区域。节庆产业方面，在结合各地实际，大力

促成举办文化类、休闲类、生产生活类节庆活动的基础上，逐步培育具有国际影响力、跨区域联合举办的大型节庆活动，同时整合现有的节庆项目，按照时间、空间合理布局，形成若干个系列化的节庆活动，打造区域节庆活动链和产业服务链。

4）服务体系建设方面。要充分发挥信息化手段的作用，提高长三角会展业发展的整体水平。要加强对国内外会展产业的相关研究，构建适合会展业发展的教育科研和人才服务体系。要强化会展业发展的动力机制建设，加强与国内外会展城市、会展中介服务机构和会展主体的联系与合作，外拓国际会展公共服务体系，内建以客商为主体的深层次会展服务体系。

（2）未来发展的总体预测。为实现建设国际重要会展产业城市群的发展目标，长三角未来会展业发展将主要呈现以下态势：

1）展览活动规模化、国际化、层次化和布局合理化。规模化是指长三角会展项目的数量要处于国际城市群领先水平，大型会展项目所占的比重也要处于主要国际会展城市群的领先地位。国际化是指会展的主办部门、承办机构、协办机构和服务机构具有国际化特征，也包括会展参展商和观众具有典型的国际化特征。层次化是指未来会展项目在主办单位方面将呈现国际机构、国外行业协会、企业和国内行业协会、企业共同举办会展项目相结合的格局。布局合理化是指长三角区域城市间，会展项目的规模和布局符合城市会展产业基础设施、展品所在产业布局以及会展承办能力的客观需要，逐步形成项目的规模、结构和布局的时空优化分布。主要会展城市要重视紧密结合城市发展定位和产业发展的优势，发展大中型会展项目；其他会展城市要结合产业、产品、区位和设施特点，重点发展适合自身需要的中小型会展项目。

2）会议活动呈现出规模化、专业化和国际化的特点。会议规模化是指会议项目的数量在国际同类城市中具有领先地位，大型会议的数量占有较大的比重。会议产业专业化是指发挥专业机构在各类会议举办中的作用，将会议逐步由专业机构来操作，减轻政府相关服务工作的负担，同时也是政府管理体制改革和创新的重要组成部分。会议产业国际化是指国际会议平台建设，适时争取国际组织、国际产业协会，甚至不排除联合国下属机构，在长三角区域设立长期稳定的会议合作单位，逐步吸引上述机构落户长三角合适的区域，努力争取使长三角成为未来国际组织举办国际会议的重要区域。

3）节庆活动呈现覆盖化、国际化、联动化和系列化特征。覆盖化是指紧密结合新农村建设、和谐社会建设，将节庆活动的重心由城市下移到乡村，通过文化节庆、民俗节庆、特色产品节庆、特色区位节庆活动等手段，形成数量多、覆盖面广的节庆活动新格局。国际化是指要进一步加强国际化合作，采取引进、设立分会场等手段，与国际大型节庆活动形成跨国互动，为长三角区域国外专家、留学生等提供活动平台。要通过创新节庆活动手段，吸引国外游客和在华外国人参与到相关节庆活动中，使他们深入体味中华民族的民俗文化和地方特色，成为了解和学习的重要手段。节庆活动联动化是指要强化长三角区域内相同主题、相近主题节庆项目的联动机制。鼓励长三角区域内的节庆活动品牌与其他区域节庆活动品牌联姻、互动。逐步形成一个主题、多个区域、众多项目携手联动、共同发展的格局。节庆活动系列化是指要逐步打造一定数量的、具有良好节庆产业发展条件的旅游景区、休闲区域和文化区域，引导相关的政府和企业主办和承办各类节庆活动，在宣传区域形象、宣传企业品牌的同时，打造系列化的节庆项目，逐步形成区域品牌和项目品牌，吸引国内外客商、游客和相关产业人士，到长三角区域旅游、休闲消费。

（3）未来发展的基本原则。长三角会展业的发展，既要立足合作的原则，又要强化规范和创新发展的原则，使长三角会展业成为长三角区域产业最活跃的领域之一，成为国际会展业最具发展潜力的区域之一。因此，在合作发展的过程中，要注意处理好以下原则。

1）坚持科学发展、量质并举的原则。不断提升长三角会展业国际化、市场化、专业化水平。

2）坚持政府推动、市场运作的原则。形成政府和市场各司其职的良性发展机制。

3）坚持统筹规划、资源共享的原则。促进长三角会展业规模化、集群化、品牌化、特色化发展。

4）坚持突出重点、协调发展的原则。区域中心城市大力发展国际综合性会展项目、大型产业会展项目和高端会议项目；次中心城市重点发展大中型产业类会展项目、休闲娱乐类会展项目和专业类会议项目；地级市和县级市重点发展中小型会展项目和各类节庆项目。

5）坚持分工合作、联促共推的原则。着力形成区域联动、产业联动、行业联动、部门联动的会展业发展格局。

6）坚持突出重点、体现特色的原则。充分发挥长三角服务经济、区域特色经济、块状经济和民营积极发达的特点，激活发展动力。

7）坚持改革创新、扩大开放的原则。在改革中求提高，在创新中求发展，在开放中上水平，着力打造世界上最具影响力的会展城市群。

（4）未来发展的主要特征。长三角会展产业肩负着中国会展业参与国际化竞争的重任，在发展过程中既要确保自身的系统化规范化运作，同时又要逐步形成与国际接轨、具有典型国际化产业特征，紧密结合产业发展的实际，为长三角服务业先行发展提供重要支撑。

1）国际化特征。要经过 10 年左右的努力，逐步拓展会展项目和会展参展商、客商的国际化水平，使长三角会展业成为具有典型国际化特征的会展区域。

2）产业化特征。要坚持“立足产业、服务产业、提升产业”的原则，强化会展业的产业服务功能，最大化地发挥产业资源的作用，使会展业成为延长展品所在产业的产业链、提升产业及产品附加值的重要手段。

3）区域化特征。要紧密结合落实国务院《关于进一步推进长江三角洲地区改革开放和经济社会发展的指导意见》，充分依托长三角区域发展的会展城市群，紧密结合长三角产业和区域特征，逐步形成以现代服务业为主体、传统服务业为支撑，产业与文化相结合、生产和消费相结合的区域化产业特征。

4）科学化特征。会展是知识密集型和技术密集型产业，需要不断提高会展产业的科研工作能力，才能提高会展产业的综合竞争能力。长三角会展业发展过程中，要强调会展产业的科学化特征，争取成为国内外会展理论研究和应用研究的先行军。

5）规范化特征。逐步形成会展管理体系、会展公共危机管理及安全规范、会展相关行业标准、会展政策法规体系、会展服务体系系统科学等为标志性特征的产业规范。

6）服务化特征。通过展览和会议服务，为国内外会展企业提供生产性的信息和产品消费平台；通过节庆和相关大型活动项目，为全球游客提供休闲娱乐和文化消费空间。经过10年左右的努力，逐步将长三角区域建设成为国际化的最佳消费目的地，为长三角区域经济发展和产业转型升级提供有力支撑。

五、长三角会展业发展的对策建议

为实现建设国际品牌会展城市群的奋斗目标，未来长三角会展业的发展，应打破传统的各自为政的发展模式，通过整合资源、优化项目结构、建设服务平台、探索区域特色，逐步形成区域会展产业的“合作机制、共享机制、约束机制和优化机制”，最终形成具有双赢特色、具有较强国际竞争能力的会展产业格局。

(1) 构建合作机制。要打破传统的管理模式，通过政府推动、协会联动、企业互动、项目移动等手段，强化区域间产业合作，构建长三角两省一市整合发展，各地会展业协调共进、共存共赢的区域会展产业管理模式。

1）会展职能机构合作机制。长三角区域合作中，最突出的问题是会展职能机构的合作问题。应借助长三角会展业合作发展的有利时机，先行先试，探索长三角区域行政主体合作的有效途径，逐步推广到长三角区域其他合作领域。近期应主要探索行政主体的合作模式、合作手段和合作机制建设问题。在此基础上，逐步探索会展管理机构名称统一、职能统一和轮值制度一体化模式，实现长三角区域会展管理机构的合作发展。

2）会展产业合作机制。要通过制订区域规划、协调区域会展服务体系建设等手段，强化长三角会展产业的一体化发展。一是做好制订长三角区域会展产业发展规划工作，逐步制订和完善会展场馆布局规划、会展项目布局规划、会展服务体系建设规划和会展教育科研人才培养规划；二是明确各城市会展产业发展的主攻方向，要结合各城市区位资源、产业资源、文化资源、管理资源、服务资源、设施资源和产品资源，打造具有典型特色的城市会展产业品牌形象，形成特色鲜明的会展项目格局；三是推进长三角会展服务体系建设，逐步完善会展服务要素，规范会展服务手段，提升会展服务能力。

3）行业协会的合作机制。行业协会是产业的自律机构，由于会展行业协会是企业自发形成的机构，因此，与政府相比，更容易参与经营类的活动，发挥“政府不能做、企业无法做”的作用。行业协会间的合作应重视项目间、企业间的合作，通过提供数据、打造品牌等手段，为长三角会展业发展提供服务。一是应重点探索会展行业机构的名称统一、职能统一，以及如何进一步强化长三角会展行业协会的一体化合作发展的渠道建设；二是要逐步统一会展相关服务措施，协助政府有关部门做好会展相关数据的统计工作，在此基础上，每年评选区域会展名城、品牌企业、品牌项目和会展优秀人物，提升会展产业的品牌价值；三是强化区域会展企业的行为规范，自我约束、自我提升，对那些损害区域会展产业发展的企业，要通过承诺等手段，约束其进入会展领域；对因骗展、骗会而给区域带来较大影响的不良企业，应通过自律等手段将其清除出会展领域。

4）会展企业的合作机制。会展项目具有较强的间歇性，因此，很多会展企业在具体的工作中存在着差异性和互补性，会展企业之间合作具有较大可行性。一是要引导企业跨地域组合，通过资本运作等方式，造大船、建品牌，逐步形成有国内外影响，并争取在规范化运作基础上，争取上市时机；二是鼓励同类会展企业在同一品牌下，跨城市、跨区域联建品牌连锁机构，资源共享，品牌共享，提升实力，扩大影响；三是鼓励不同地区、不同类型的会展企业，通过连锁经营、项目合作等方式，在设施使用、人才使用、服务协作等方面开展合作，提高企业的服务质量。

5）会展项目的合作机制。会展项目合作涉及面广，是提升区域会展业发展的重要手段。一是要加强项目品牌合作，通过在同一品牌下举办系列会展项目，提高会展项目的附加值和综合竞争能力；二是密切会展活动的招商引展合作，同类项目的主办单位应强化不同区域项目的信息互通、客商共享、联合招展、共同受益的机制。不同类型会展项目的主办单位，也要立足本地资源，相互支持，形成跨区域、跨城市的项目招展、招商服务体系；三是建立会展项目合作和权利优化机制，明确各城市在合作招商引展过程中责任、权利和义务，提高会展项目合作的可持续性。

6）会展公共危机管理合作机制。会展公共危机涉及面广，一旦处理不当，影响的不仅仅是一个项目，可能会影响一个城市会展产业的发展，甚至是整个区域会展业的发展。因此，要加强长三角城市间的合作，建立健全区域会展公共危机应急机制。一是要建立区域会展公共危机预警机制。在统一标准、统一流程的基础上，强化信息交流，对某个城市已经出现的公共危机现象，要及时通报，相互借鉴，对长期出没于会展场馆的危害社会治安的人员，要建立档案，互通信息。二是要建立公共危机应对机制。公安、消防、卫生、信访等部门，要通力合作，共同解决可能出现的公共危机现象。三是建立会展公共危机消除机制。在会展危机结束后，长三角区域城市应联手共建，相互支持，以消除会展公共危机带来的不良影响，恢复区域会展产业发展的良好环境。四是重视会展场馆的安全与风险管理，建立健全政府管理部门、行业协会、场馆、会展企业和会展项目主承办单位相结合的会展公共危机管理体系。要针对场馆管理和会展项目编制公共危机预案，强化会展公共危机的早期管理、应急管理和危机消除管理，从根本上防范可能出现的会展公共危机，打造“平安会展、和谐会展”。

（2）完善共享机制。作为现代服务业的重要组成部分，会展产业需要建设符合产业发展的现代服务体系，提高会展产业的整体服务水平，为会展产业发展提供良好的服务。

1）品牌共享机制。要通过联合打造品牌、共享品牌等手段，共同培育长三角会展区域品牌，提升长三角会展产业的附加值和核心竞争力。一是建议注册“长三角会展”品牌商标，完善品牌运作相关的程序，逐步打造“长三角会展”的国际化品牌，并通过认证方式，逐步扩大享有“长三角会展”品牌的项目、企业数量。在监管的基础上，为长三角会展品牌企业和品牌项目提供相关的服务。二是建立长三角会展品牌的使用管理办法。本着自愿、自律的方式，逐步扩大“长三角会展”品牌的适用范围。三是要加强长三角会展品牌的推介工作。要整合长三角各城市的会展产业资源，联合组建会展推荐团队，集中开展国内外会展项目推介工作。建设由多种语言组成的长三角会展网，从项目、环境、管理、服务、政策和人才资源等角度，宣传长三角会展产业，并形成较系统的国际化会展服务网络；要通过展中展、展中会、会中展等多种形式，邀请国内外会展主办机构、品牌会展项目管理机构和国际行业协会、国际中介服务机构，到长三角实地考察，并形成系列化、年度化工作任务。

2）资源共享机制。建立较系统完善的长三角会展业场馆、可移动设施、人才等资源的共享机制。充分发挥场馆、设施、人才、教育、科研和服务等资源的整合力量，为长三角会展业发展提供服务。一是要建立长三角会展资源库，理清长三角会展产业资源的数量、规模、类型及特征，通过相关的服务体系，为会展项目主办单位提供服务信息；二是建立健全长三角会展资源有偿使用管理办法，明确各种资源的使用价格、使用手段、结算方法和优惠政策，提高资源的有效利用率；三是建立长三角会展产业资源监管机制，强化对资源质量、资源安全等方面的监督检查工作，确保会展资源作用最大化。

3）服务共享机制。由美国次贷危机引起的金融危机，对外向型经济发达的长三角区域带来了较大的影响，也反映出我们在国际公共服务中的薄弱环节。因此，有必要整合长三角会展产业服务资源，充分发挥资源共享、优化使用的作用，提高长三角会展业服务水平。一是要立足长三角现有的会展研究机构，加强对国外主要会展国家、主要会展市场和主要参展商、客商集聚地的研究，并在此基础上，通过派出机构、建立企业分支机构和友好城市联络机构等手段，强化国际公共服务体系建设，为长三角会展产业国际化创造有利条件。二是构建以客商为主体的深层次会展服务体系。要彻底改变以参展商为主体开展招商工作的被动会展服务模式，立足为相关产业发展服务，构建以客商为主体的深层次会展服务体系，使会展活动成为企业采购设备和生产资料、了解市场信息和产品信息的大平台，进而吸引参展商来展示产品和技术，由“要我参展”向“我要参展”转变。提高会展组织服务工作的主动性，提高会展活动的综合效果。三是完善“会展绿色通道”建设。要立足长三角区域会展业发展，通过出台相关的文件和会议纪要等形式，建设会展保税区、会展物流绿色通道、会展快速服务通道等有利于会展业发展的相关措施；要建立跨区域的会展公共服务体系，完善会展保险服务体系，强化会展人才服务体系建设，为会展业发展提供优质服务。四是进一步密切与国际展览局、国际会展业联合会等国际组织的合作。加强城市间招商引展、招商引企工作的合作，有针对性地拓展国际会展市场，吸引国际组织、国际会展企业和国际中介服务机构落户长三角，或在长三角设立分支服务机构，逐步形成具有典型区域特征的国际会展服务中心。要加强与会展产业较发达国家的会展协会的合作。展示长三角区域发展会展产业的良好环境，争取国外双年展品牌会展项目，在空闲年度到长三角区域举办会展活动，或在长三角区域设立著名国际会展品牌项目的分支会场；要争取更多的国际会展服务机构到长三角区域开展会展产业服务工作，提高长三角区域会展服务业的国际化水平。五是要充分发挥我国驻外机构的作用。在加强与我国驻外机构合作的基础上，借助政府外交机构的力量，加强对长三角会展业的推介工作；积极与会展产业比较发达国家的政府机构建立沟通渠道，通过引进展、互换展、城市交流展等多种途径，引进国外各类会展项目，提高长三角会展产业的国际化程度。

4）教学科研共享机制。会展是知识密集型和技术密集型产业，长三角会展业要实现创新发展、合作发展和全面发展，必须按照科学发展要求，强化会展教育科研服务平台建设，提高区域会展业发展的科技含量。一是设立长三角会展业专题研究项目。要充分发挥长三角社会科学联合攻关的有利条件，在指南发布和课题立项方面，有针对性地加大对会展产业科研的支持力度。长三角“两省一市”的科研机构，也要立足长三角会展业合作发展的大背景，结合区域会展业发展的实际需求，针对会展业发展的热点、难点问题，加大会展科研的立项建设工作。相关的地级以上城市，也要在条件允许的情况下，推进会展产业发展研究。鼓励会展企业结合产业和企业发展过程中遇到的实际问题，设立招标项目、横向联合科研项目，以弥补政府会展科研经费不足带来的研究领域空白。政府、行业协会和企业联手，为会展科研工作创造有利条件。二是建设长三角会展科研服务平台。通过网站的形式，将会展研究成果公布于众，为政府决策、产业发展和企业创新提供服务；要设立区域、省市多层面的会展产业研究内参体系，鼓励会展科研人员结合产业面临的问题开展前瞻性研究，对研究观点超前、意义重大，并在实际工作中能够落实的研究成果，要给予一定的资金奖励和立项支持；要加大对国外会展产业发展的研究工作，总结和提炼国内外会展业发展的先进经验和优良方法，为长三角会展业发展提供理论支持和成果借鉴。要坚持每年出版《长三角会展业发展报告》，系统展示和分析长三角会展业发展的相关数据和相关项目，为政府决策和企业创新会展项目提供参考。三是要加大对会展基础理论和方法的研究工作。要立足长三角会展产业相关数据，加大对会展产业发展基础理论和基本方法的探索、提炼工作，使会展业的理论研究“从实践中来，上升到理论层面；到实践中去，指导产业发展”。要通过研究，形成会展产业发展的实用性研究方法，并强化会展产业数据库建设，形成决策平台和产业数据库相互配合，为产业决策发展提供科学化、系统化的服务手段。四是强化教育教学服务平台建设。进一步强化长三角会展教育联盟的工作职能，进一步密切长三角高校、科研院所之间的深层次合作。进一步规范人才培养目标和课程体系建设，深化会展人才培养体系改革，逐步形成以就业为导向的会展人才培养体系，强化资源的合理使用，通过校际交流，提升长三角开设会展类专业的高效快速提升专业建设水平。

5）会展信息共享机制。要通过构建公共信息服务平台、行政信息服务平台、产业信息服务平台等手段，强化信息服务体系建设。要通过科研、产业信息、人才信息服务等手段，逐步提升长三角会展业信息化服务水平。一是管理信息共享。各城市间要通过要报、简报、年度会展工作报告、会展管理信息系统等方式，及时通报、交流各城市出台的会展产业政策、制定的会展管理规章、总结的会展项目经验、发现的会展潜在危机。使长三角各城市间及时、有效地借鉴经验、防范出现的相关问题。二是服务信息共享。要通过会展网站、会展服务信息等手段，及时公开各城市会展产业的相关资源数据、项目数据、统计评价数据等，为相关城市发展会展业提供参考。三是项目信息共享。要提前公布长三角会展项目的信息。具体包括项目的名称、项目的举办时间、项目的类型及级别、项目的收费标准及服务项目，以便相关企业及时掌握会展项目的具体情况，也便于会展行业协会等行业组织围绕重点项目，配合开展招商引资和项目服务等工作。四是人才信息共享。要通过设立人才专栏等手段，及时发布会展企业的人才需求信息，各高校要结合自身人才培养的特征，将会展专业学生的信息及早上报到有关信息服务平台上，实现政府、企业和高校之间的互动，为人才就业提供有效渠道。五是市场信息共享。要通过联合开展调研，构建长三角会展产业数据库和会展决策平台等手段，逐步开展会展市场研究工作，为政府发展会展业决策提供支撑，为会展企业开展创新提供服务。

(3）强化约束机制。要强化部门规范、职能规范和管理规范等工作流程，进一步完善会展行政体系建设，强化会展行业自律管理服务体系建设，加大会展产业监督力度，推进会展业的行政管理与自我约束相结合，为会展业发展提供良好的环境。

1）职能约束机制。逐步规范会展行政管理体系，要结合国务院机构改革和大部制的改革目标，立足“上下一致、对口管理”的基本思路，逐步统一会展行政管理机构的名称、级别、职能。建议在允许的条件下，在省市机构改革的过程中，将会展行政管理部门纳入各省市商务主管部门管理范畴内，并形成相对独立的半格局的机构设置。将展览、会议、节庆和大型活动等方面的内容，统一纳入会展主管部门的工作职能范围。

2）法规约束机制。要本着立足区域、面向全国、放眼国际的原则，强化区域会展产业管理的法律和规章体系建设，明确会展法律规章制定的重点、基本原则和基本程序。在此基础上，通过制定法律、规章等手段，强化区域会展产业管理法制化、制度化和规范化，形成具有较强管理力度的区域会展产业法规管理体系。强化长三角区域会展业法规冲突协调机制，及时协调解决长三角区域会展产业发展过程中出现的法规冲突，逐步形成较系统完善的长三角政策法规体系，并争取上升到国家层面，最终实现与国际接轨。

3）政策约束机制。要本着尊重历史、放眼长远的原则，进一步规范和约束会展政策制定和产业管理。一是建立会展政策冲突协调机制。对长三角区域原有的会展产业政策进行系统化、规范化，防止由于不同区域、不同城市会展政策差异带来的矛盾冲突。二是建立会展产业新政策通报制度。各城市在新出台会展产业政策之前，要及时将拟制定的会展产业政策，通过行政渠道通报给长三角的会展管理部门，在主要措施上达成一致，避免出现由于政策力度差异过大而带来的会展产业恶性竞争现象。三是做好跨区域会展政策奖励认定协助机制。各城市之间要积极为相关城市认定会展企业的奖励政策提供数据信息，确保政策奖励措施合理使用。

4）标准约束机制。完善会展法律法规和相关标准建设。要结合会展产业发展的实际需要，构建具有较强覆盖性的会展政策法规体系，探索会展场馆、展具、项目、管理、服务及会展公共危机应对等方面的区域标准，先行先试，逐步提升为国际级标准。一是规范会展政策的建设标准。在允许各城市结合自身实际出台会展业发展政策的同时，本着“尊重历史、面向未来”的原则，通过出台区域会展业政策措施的相关标准和相关程序，尽可能避免区域会展产业政策方面出现的矛盾冲突，防止会展业形成区域内恶性竞争的局面。逐步稳定和完善会展政策协调机制，形成既有城市特色、又体现区域内协调发展的区域化会展产业政策体系。二是强化行政法规建设的手段。要逐步形成长三角区域内会展法规协调机制和审核机制，在不断完善现有的城市会展业规章的同时，避免各城市出台新的会展法律规章，逐步转变为区域内各城市共同制定会展产业发展政策的格局。争取用5～10年的时间，逐步统一长三角区域内会展产业发展的扶持政策，以长三角区域的整体产业形象出现，向国内外开展招商引展等方面的工作。三是探索区域会展业相关标准的建设工作。要本着系统化、规范化原则，在系统借鉴国外会展业发达国家和区域会展产业发展法律规章的基础上，探索区域内会展业相关标准的建设工作。适度出台会展场馆管理、会展展具和设施管理、会展项目管理、会展服务管理、会展公共危机管理和会展统计评价等方面的标准。在长三角区域内先行先试，并逐步上升为国家标准。

5）工作约束机制。强化政府会展主管部门、贸促会、行业协会等相关管理部门的职能，各司其职，各尽其职，确保到位而不越位。一是要强化会展行政管理部门的监管职能，提高城市会展业发展的推进力，优化城市会展产业发展环境；二是充分发挥贸促会的作用，将出国展、来华展有机结合，依托出国展资源做好大型国际会展项目的引进和培育工作；三是发挥行业协会的自律功能，以及会展业促进会、会展研究会（学会）等民间团体的管理、研究和服务等方面的职能，自我管理、自我约束、自主创新、自主研发，弥补会展行政管理工作存在的空白、死角，解决政府管理部门不能做、企业与从业人员无法做的相关问题，促进会展业持续、健康发展。

6）服务约束机制。要强化会展城市联盟的服务功能。通过搭建长三角会展业相关服务平台，探索区域会展业发展的服务体系建设工作。一是逐步制定和完善会展服务机构市场准入机制，逐步提高会展服务机构的准入门槛，约束会展服务机构的服务行为，逐步与国际接轨；二是制定和出台会展物流、展装服务、中介服务、法律服务等相关标准，规范服务行为，化解服务风险，提升区域会展服务业的整体水平；三是逐步引入国际化会展服务机构，引入国际会展服务体系和服务标准，构建适合中国会展业发展的服务体系，在提升国际化程度的基础上，提高会展服务的国际化竞争能力。

（4）形成优化机制。逐步形成项目布局合理、产业结构合理的长三角会展产业优化机制，并在强化优化机制功能的基础上，逐步形成长三角会展业发展的最优化格局。

1）产业结构优化机制。要立足长三角的管理资源、区位资源、产业资源、文化资源、产品资源、服务资源、设施资源和人才资源，逐步形成展览、会议、节庆产业合理布局，形成特色化、差异化发展的态势。通过体制创新和机制创新，促进会展产业的提质提能、升级转型。一是要鼓励各城市结合自身的产业特征，重点培育几个代表性的大型会展项目，逐步形成品牌项目；二是鼓励现有的会展项目根据产业布局的原则，有计划地向展品所属产业比较发达的城市转移；三是按照时空布局的原则，限制同质同构的会展项目集中举办，逐步形成优化合理的项目布局。

2）产业基础设施布局优化机制。场馆建设要形成区域化、层次化特征。一是要重视主要会展场馆的改建扩建工作。依托现有的会展场馆，通过改建和扩建，逐步形成5～10个净展位面积在20万平方米以上的大型会展场馆，以满足举办国际性大中型会展项目的需要；二是要重视中小场馆的改建工作，使之满足中小型城市会展业发展的需要，提高中小型会展场馆对大型会展场馆的补充作用；三是要重视城市会展基础设施的系统化、规范化建设，逐步形成场馆、酒店、出租车等配套合理的基础设施架构，防止出现场馆、酒店、城市交通实施不对应、不配套而影响会展项目发展。

3）项目结构优化机制。坚持“做大做强现有会展项目，积极引进国际性会展项目，不断培育新兴会展项目”的原则，实现会展项目上数量、上规模，形成布局合理的项目结构。一是要重视大型国际顶级项目的运作。2010年上海世博会在筹办期间的巨大影响，使我们进一步深入了解大型国际项目对区域经济和社会发展的促进作用。世博会是顶级的会展活动，其相关的作用也完全体现出会展产业的基本特征。因此，长三角区域要借助上海世博会的有利条件，重视引进国际顶级会展项目和国际顶级会议活动。二是重视常年展的运作与管理。常年展示活动也是会展活动的重要组成部分。由于常年展没有间歇时间，参展商和客商稳定，因此，是会展产业发展的重要支撑。在未来的发展过程中，应重视结合城市产业发展的实际，创新和完善常年展示活动，提高会展业发展的持续性和稳定性。三是积极争取国际大型项目在长三角区域举办。大型会展活动不仅在场馆建设投资方面对经济具有较大的拉动作用，在消费方面的影响也是巨大的。在当前国际金融危机尚未完全见底的情况下，消费在经济发展中就具有举足轻重的作用。因此，要重视引入大型国际化会展项目，来扩大消费，拉动经济增长。

4）人才使用和管理机制。强化人才标准，完善人才培养体系，提高会展人才的使用效果。一是在国内率先出台会展人才培养标准，规范会展人才的目标定位、培养体系、课程建设和实验实践教学体系，形成系统规范的会展人才培养格局；二是通过建立长三角人才培训标准等手段，强化区域会展产业证书体系建设，要通过一段时期的努力，在长三角区域内逐步形成相对统一的会展人才标准，将现有的会展人才资格认证标准转化为职业强制性认证标准。三是探索长三角会展产业从业人员职称评定体系建设工作，争取形成统一的长三角会展人才职称体系。在与人事部门密切合作的基础上，将会展人才的职称评定工作单列，形成具有较明细产业标准的职称评定体系，为会展人才提供优质服务。

（5）借助举办世博会强化机制建设。基于上述思考，长三角联手搭建世博会平台应重点做好以下方面的工作：

1）强化体制机制建设。一是建立管理综合服务平台。通过建立上海世博会综合管理信息系统，每个省份和城市设一个节点（可以考虑放在长三角地区各省政府及各城市接轨上海世博会工作领导小组办公室），形成比较完善的信息发布平台、管理平台等，动态协调和管理世博筹备和举办期间，以及世博会结束后一段时期相关工作的协调与管理。二是建立接轨上海世博会政策协调机制。每个城市派专人，负责协调在接轨上海世博会的过程中，各城市间政策法规的冲突协调机制。三是建立信息综合服务平台。主要针对各省市和主要城市在接轨上海世博会过程中的信息综合协调机制，以上海世博会官方网站为核心节点，各城市分别建设接轨上海世博会工作网站，形成互相连接、共享资源的格局。四是建立统计评价工作网络。及早制定统计评价指标体系，设计统计评价方法体系，建立数据统计网络平台，为做好上海世博会对长三角地区经济拉动作用统计评价测算工作做好准备工作，具体包括设立世博会观测点、对国外客商推荐一卡通等。五是建立无线影像播录体系。借助已经开通的3G项目，在国内率先推出影响世博会项目，通过手机和无线上网方式，加大世博会的宣传力度，提高宣传工作的档次。

2）完善世博合作平台建设。一是会展产业合作平台。探讨长三角地区在上海世博会举办期间，展览项目的主要布局情况。具体包括展会的整体数量安排、主题安排、城市间互动性和接续性等方面的思考，以及展览项目之间的协调关系，确保展览活动能够在确保世博园参观者数量的基础上，有效分流国内外客商，避免出现人员过度拥挤等方面的问题。二是会议（论坛）项目合作。从系统化角度入手，设计各城市在接轨上海世博会之间，相关的会议论坛的数量分配、主题设计、时间安排、规模设计和服务配套准备工作，强化论坛之间的合作功能，确保上海世博会举办期间，各类会议和论坛主次分明、时间安排均衡得当、与世博会进程有机衔接、为各城市招商引展、企业国际合作提供有效途径。三是做好旅游服务合作。立足世博之旅，探讨在世博会举办期间，各城市之间如何协调景区管理、景点票价、营销手段、交通服务安排等方面的内容。四是城市形象展示定位合作。世博会被视为国家展示，在世博会筹办和举办期间，长三角地区各城市如何结合自身的特点，理清城市发展目标定位、设计城市形象展示理念和城市LOGO，为未来城市发展明确标志性符号。

3）加强项目的合作与协调。一是在项目的设计方面，重点研究项目组织机构设置、主要功能、运行方式和协调手段；具体包括如何组建接轨上海世博会的工作机构，如何设计接轨上海世博会工作方案，如何制定城市接轨上海世博会的相关政策等。二是在项目的运作方面，重点探讨合作机制、制约机制、共享机制和优化机制方面的内容，确保长三角省市和各城市在接轨世博会的过程中，能够在发挥各城市自身特色的基础上，形成合力，达到最佳的运行效果。三是在项目责权利的分配方面，重点探讨上海世博会筹备和举办期间，上海市与江苏省、浙江省，上海市与长三角城市之间，在主办、参与上海世博会的责任、权利和义务方面的分配机制，以便最大限度地调动各方面的工作积极性，提升上海世博会运行过程中的协调性。四是项目组织工作渠道的设计方面。包括如何在上海设立相关城市接轨上海世博会工作专区，以及如何为各城市接轨上海世博会工作人员提供便捷条件。五是项目宣传工作的合作。各城市如何在世博会筹备和举办期间，借助多种渠道，开展宣传工作，确保宣传工作整体效果。以上海举办世博会为契机，研究长三角区域通过积极参与世博会，建立会展、论坛、旅游、参观游览、宣传服务等区域共享平台的发展思路。

4）强化服务体系的建设与完善。一是管理体系建设。在世博会的筹备和举办期间，需要设立管理平台。重点针对管理平台的作用、功能、框架设计和权力分配等开展合作，提高城市间合作力度。二是信息服务体系建设。如何通过建立长三角世博服务平台，探讨优化接轨上海世博会的相关服务工作。具体包括栏目的设计、功能的设计、语种的设计和分析等。三是应急工作体系建设。探讨如何在长三角一盘棋的基础上，形成互动关系，确保能够及时应对在世博会举办期间出现的危机事件，确保世博会顺利举办。四是统计评价和数据共享体系建设。针对上海世博会结束后，对上海世博会拉动经济作用效果分析的需要，及早设计统计评价指标和统计评价工作体系，并系统做好数据的收集和整理工作，为做好世博会对长三角经济和社会拉动作用做好基础资料方面的准备工作。

六、长三角会展业发展近期需推进的工作

近期，长三角会展业应本着循序渐进、重点推动的原则，早谋划、早发展，建议重点做好以下方面的工作：

(1) 构建长三角区域政府会展业合作机制。重点包括组建长三角会展城市政府职能机构合作制度，信息交流制度。主要是定期召开会议，研究和商讨长三角会展业发展中的相关事项；信息交流制度主要是指各城市间通过信息和简报等方式，加强城市会展业信息的交流等工作。长三角会展业合作机制建设项目一览表见表8-6。

表 8-6 长三角会展业合作机制建设项目一览表

工作项目名称	项目类型	工作项目内容	备 注
组建长三角会展业合作办公室	机 构	作为长三角会展业合作的常设机构，可采取轮值主席、常务副主席和常设办公室等管理制度	也可隶属在城市经济协调会
健全长三角城市会展业联席会议制度	体系、文件	定期举办，为长三角会展业重大项目提供决策支持	
设立长三角会展业政府要报制度	文件、要报	引导专家、学者和管理人员有针对性地开展研究，为政府决策提供支撑	
启动长三角会展业信息交流制度	文件、信息	通过简报、网络信息等手段，为产业发展提供服务	
长三角会展业公共危机应急管理协调机制	机制、体系	重点应对长三角会展业发展过程中出现的公共危机现象	
建立长三角会展政策法规冲突协调机制	机制、体系	重点解决长三角区域会展发展过程中，由于历史原因和现实原因造成的政策冲突、法规冲突、项目冲突和服务冲突等方面的问题	

（2）着手制订长三角会展业发展规划。在系统研究和科学预测的基础上，重点制订长三角会展业一体化发展总体规划、长三角会展场馆设施建设发展规划，长三角会展项目发展规划、长三角会展教育科研规划、长三角会展业服务体系建设规划等。通过制定发展规划，不断明确未来发展目标，明确阶段性工作任务，形成系统规范的会展业发展格局。长三角会展业规划建设一览表见表 8-7。

表 8-7 长三角会展业规划建设一览表

工作项目名称	项目类型	工作项目内容	备 注
长三角会展业一体化发展总体规划	区域发展规划	明确未来长三角会展业发展的整体目标、发展模式、空间布局、产业类型布局、项目布局等	
长三角会展基础设施建设发展规划	专项规划	明确未来长三角会展场馆建设的总体目标、分类目标、分区目标，以及实现目标的措施及手段	
长三角会展项目发展规划	专项规划	明确未来长三角会展业项目发展的整体架构、产业布局、空间布局等	
长三角会展服务体系建设规划	专项规划	明确未来长三角会展服务体系建设的整体目标、具体目标、运作模式和主要工作措施	
长三角会展教育科研及人才培养规划	专项规划	明确未来长三角会展教育科研工作的总体目标、专业数量、人才的层次及数量、培训机构的相关数据等	
长三角会展企业引进培育规划	专项规划	明确未来长三角区域会展企业的建设和发展目标，提出引进国外会展企业和培育现有企业的具体措施	

（3）构建长三角会展业综合服务平台。重点包括政府服务平台、企业服务平台和社会服务平台。政府服务平台重点推行管理信息系统，各城市及时将上年度会展产业的相关情况及时录入到信息系统中，为区域会展业发展提供信息保障；企业服务平台采用网站集群的方式，宣传长三角会展业项目情况及服务企业的相关情况；社会平台主要面向市民，为市民提供会展项目信息，会展活动花絮、会展活动相关图像等。长三角会展业综合服务平台建设项目一览表见表8-8。

表8-8　长三角会展业综合服务平台建设项目一览表

工作项目名称	项目类型	工作项目内容	备　注
长三角会展网	网　站	作为整个长三角会展业的基础平台	
长三角政府会展工作平台	网站、系统	为政府间合作提供基础平台	
长三角会展企业服务平台	网站、系统	通过项目信息、参展商信息和客商信息，为会展协会、企业和项目合作提供便利	
长三角会展公众服务平台	网站	通过发布场馆、酒店、物流、搭建等企业资源和服务项目，为国内外客商和观众提供相关信息	
长三角会展统计评价体系	网站、系统	通过构建指标体系和统计工作体系，为各城市提供会展项目数据及服务平台	
长三角网络展示平台	网站	通过图像、视频等方式展示会展产业	
长三角会展国际服务平台	外文网站	采用多种语言，集中展示长三角会展业	
会展客户关系管理系统	信息系统	主要为参展商和客商提供注册平台	
会展公共危机管理系统	信息系统	为协调长三角会展公共危机管理提供平台	

（4）完善长三角会展政策法规体系建设。会展政策体系建设主要是制定政策协调机制，完善政策定位及制定程序和相关机制。法规体系建设主要包括需要立法的项目研究，需要立法约束的内容研究等。在此基础上，重点开展一系列主要会展法规建设项目，完善长三角会展产业政策体系，强化会展业法规约束能力，做到有法可依。建立长三角会展政策法规咨询服务平台，为政府决策提供参考，为企业发展提供服务。长三角会展业政策法规体系建设项目一览表见表8-9。

表8-9　长三角会展业政策法规体系建设项目一览表

工作项目名称	项目类型	工作项目内容	备　注
长三角会展法	区域法规	会展产业的概念、行政职能部门、项目的备案与审批、项目保护内容、项目解释归属等	拟发展为国家会展法规

续表 8-9

工作项目名称	项目类型	工作项目内容	备　注
长三角会展业管理办法	行政规章	主要阐述如何进一步强化对会展产业、会展企业和会展项目的管理工作	
长三角会展产业知识产权保护条例	法规细则	对国家商务部会展知识产权保护办法进行细化，落实到执行层面	
长三角会展服务机构准入标准和管理办法	行业规章	主要对物流、搭建、餐饮、中介服务等机构的资质进行认证与管理	拟发展为国家标准
长三角会展场馆及设施管理办法	区域行业标准	主要对场馆的规划、设计、建设、安全标准、环境标准提出规范建议，强化对设施的安全、环保、指标等管理工作	拟发展为国家标准
长三角会展业政策协调机制建设	文件、规章	重点约束各城市出台会展业发展政策的基本要素，避免形成区域内的产业恶性竞争	
长三角会展产业公共危机管理条例	文件、规章	重点针对会展项目举办过程中的公共危机管理体系、项目公共危机预案、公共危机管理责任体系、公共危机消除体系等	

（5）着手制定区域会展行业标准。强化长三角区域行业标准，逐步规范长三角会展相关标准，提高长三角会展产业发展的规范化、科学化手段。主要包括场馆及设施标准，展台展具标准、会展项目标准、会展统计评价标准、会展服务企业标准、会展公共危机管理相关标准。在长三角区域先行先试，逐步完善形成覆盖面广、适应性强的区域会展法规，并逐步上升为会展产业的国家标准。长三角会展业规范体系建设项目一览表见表 8-10。

表 8-10　长三角会展业规范体系建设项目一览表

工作项目名称	工作类型	工作项目内容	备　注
长三角会展场馆服务及管理标准	标准	包括会展场馆的类型、最大可容纳面积、配套设施标准、设备标准、安全标准等	拟发展为国家标准
长三角会展设施管理及服务标准	标准	包括设施基本类型、设施基本功能、设施安全标准、设施技术标准、设施维护标准等	拟发展为国家标准
长三角区域展台搭建标准	标准	包括展台类型、展台标准、展台搭建企业准入标准、展台环保标准、展台拆卸标准等	拟发展为国家标准
长三角区域展具强制性标准	标准	主要包括展具的基本概念，展具环保要求、标准展位相关标准、特装展位相关标准等	拟发展为国家标准

续表 8-10

工作项目名称	工作类型	工作项目内容	备　注
长三角区域会展项目标准	标准	主要包括会展项目的类型、规模、结构、特征、管理制度和管理标准等	拟发展为国家标准
长三角区域会展服务标准	标准	包括会展服务的范围、作用，服务企业的资质及准入标准、服务工作的规范化标准等	拟发展为国家标准
长三角区域会展企业准入标准	标准	主要包括会展建筑企业、会展场馆设计企业、会展场馆管理企业、会展物流企业、会展搭建企业、会展中介企业等	拟发展为国家标准
长三角会展危机管理标准	标准	包括会展公共危机的概念、类型、危害认定、损失赔偿、危机预警等级、危机消除标准等	拟发展为国家标准
长三角区域会展人才培养标准	标准	主要包括会展人才概念、会展人才分级分类标准、会展知识点标准、会展考试标准	拟发展为国家标准
长三角区域会展企业评级标准	标准	包括不同类型会展企业的评级标准、评级程序和评级机构等	拟发展为国家标准

（6）构建区域会展服务相关运作机制。重点梳理会展项目的合作内容、合作权利与义务、合作渠道、合作手段等。主要包括长三角区域会展项目合作实施办法等系列规章制度、UFI 认证服务体系建设、长三角会展项目合作体系及长三角会展项目互动机制等。长三角会展业服务体系建设项目一览表见表 8-11。

表 8-11　长三角会展业服务体系建设项目一览表

工作项目名称	工作类型	工作项目内容	备　注
长三角区域会展项目合作实施办法	行业规约	主要包括会展项目合作的内容、主体、权利与义务、违规处罚等	
UFI 认证服务机构建设及认证	社会机构	主要为会展企业、会展项目提供 UFI 认证服务	
美国会展职业经理人资格认证服务体系	服务项目、机构	主要为会展从业人员提供高端、国际化的人才职业资格证书培训服务	
长三角会展项目合作体系建设实施意见	行业规约	主要包括项目合作的目的、途径、利益分配原则、项目合作的责任等	
长三角会展项目互动机制	行业规约	主要包括大型项目举办过程中，分会场设置、城市间联合宣传等手段建设	
长三角会展服务项目补偿机制	行业规约	重点对在服务过程中，服务主体不到位，对会展项目带来的相关损害进行赔偿的相关机制和手段	

(7) 完善会展人才培养体系建设。要在充分发挥现有高校自身特点的基础上，尽可能规范会展人才的培养规格，健全会展人才培养体系。要通过对人才培养目标定位、课程体系建设、教材建设和实习基地建设进行规范与完善等手段，促进会展教育工作的规范化和系统化。探索统一的会展人才培训标准，争取在长三角区域内，整合现有的人才培训标准，形成较系统完善的人才培训体系，将现有的会展职业资格证书体系，转变为强制性资格证书体系，提高培训工作的层次性、实用性和权威性。在此基础上，进一步完善区域间会展人才流动机制，提高会展人才的使用率和使用效果。长三角会展业教育人才培养体系建设项目一览表见表8-12。

表8-12　长三角会展业教育人才培养体系建设项目一览表

工作项目名称	工作类型	工作项目内容	备　注
会展经济与管理专业本科人才培养标准	标准	包括人才培养目标、人才培养规格、课程体系建设、实验实践教学体系建设等	可由相关高校承担
会展艺术与技术专业本科人才培养标准	标准	包括人才培养目标、人才培养规格、课程体系建设、实验实践教学体系建设等	可由相关高校承担
会展管理与策划专业专科人才培养标准	标准	包括人才培养目标、人才培养规格、课程体系建设、实验实践教学体系建设等	可由相关高校承担
会展设计类专科人才培养标准	标准	包括人才培养标准、人才培养准入标准、人才培养的基本规格和课程标准	可由相关高校承担
长三角会展人才培训标准	标准	包括人才培养标准、人才培养准入标准、人才培养的基本规格和课程标准，考证相关标准	
长三角会展人才专业评级标准	标准	主要是与人事部门沟通联系，争取设立具有职称评定类型的人才评级标准	
会展人才区域流动制度标准	标准	包括会展人才的认证机制、互认机制，相关待遇处理和社会保障连续性等	

(8) 完善会展科研体系建设。立足现有的科研院校、高校和企业研发机构，逐步形成长三角一体化的会展科研工作机制。通过组建长三角会展战略发展研究院，协调政府加大对会展科研的投入力度、设立年度科研课题、建立长三角会展专家库、有针对性开展相关研究等手段，为长三角会展业发展排忧解难。在此基础上，每年出版长三角会展业发展报告、长三角会展产业研究报告、长三角会展教育科研工作报告等综合性的成果，并设立会展要报等服务政府决策的内部刊物、会展信息等服务企业的相关刊物，举办一次国际化高端产业论坛，并努力争取设立一个会展专业性研究刊物，在服务区域经济的同时，提高会展业的核心竞

争力。长三角会展业科研体系建设项目一览表见表8-13。

表8-13 长三角会展业科研体系建设项目一览表

工作项目名称	工作类型	工作项目内容	备 注
组建长三角会展业战略发展研究院	机 构	组建研究机构，设立年度研究课题、举办相关会议、发表论文及出版专著	可为实体性或虚拟性研究机构
长三角会展科研工作机制	机制、文件	建立长三角会展科研工作机制，建立长三角会展专家库、项目库、数据库，开发长三角会展决策平台	
长三角会展业研究要报	通知、内参刊物	包括要报内容、出版频率、轮值机构、要报撰写专家库和要报研究平台等	
长三角会展业工作信息	信息简报、网络文稿	包括简报运作、体系构建、轮值机制建设、信息渠道建设和编辑工作渠道建设	
长三角会展业年度发展报告	专著、皮书系列	计划每年出版1部，包括长三角会展业的相关数据、运行机制	
长三角会展科研及服务产业工作报告	专著、皮书系列	每年出版1部，包括长三角会展科研相关数据、运行机制	
长三角会展教育及人才培养工作年度报告	专著、皮书系列	每年出版1部，包括长三角会展教育和人才相关数据、运行机制	

（9）推进会展项目优化机制建设。通过制定长三角区域会展业发展规划，会展场馆布局规划、会展项目布局规划、区域会展项目流动补偿机制等手段，逐步优化会展产业的区域布局。主要包括长三角会展业品牌共享保护机制、长三角区域会展项目流动扶持优化机制、长三角会展特色产业区项目优化政策，以及长三角会展项目时间空间优化布局体系建设等。长三角会展业优化机制建设项目一览表见表8-14。

表8-14 长三角会展业优化机制建设项目一览表

工作项目名称	工作类型	工作项目内容	备 注
长三角会展业品牌共享及保护机制	文件	注册登记“长三角会展”商标，逐步培育品牌，提升长三角会展产业在国际上的综合竞争力	
长三角区域会展项目流动扶持优化机制	政策、文件	有针对性引导现有的会展项目，按照特色产业集聚和会展项目层级分类的原则，形成最优化模式	
长三角会展特色产业区项目优化政策	政策、文件	主要是为了加快推进现有的会展项目，按照特色产业区建设的目标，形成科学合理的流动机制	

续表 8-14

工作项目名称	工作类型	工作项目内容	备　注
长三角会展项目优化补偿机制	政策、文件	主要是鼓励中小型项目由一线城市向二、三线会展城市流动，引导大项目向一线城市发展，并根据项目的流动情况给予一定的补偿	
长三角会展项目时空优化布局体系建设	政策、文件	主要是约束会展项目的设立与举办，避免会展项目同质同构和由此引起的恶性竞争	

（10）建立统一的会展业统计评价机制。要参照国内外现有的统计评价体系标准，努力借鉴国外会展统计评价标准和流程，科学设定会展资源普查标准和会展统计评价标准，做好会展统计评价工作。通过建立、完善长三角会展资源普查标准、会展项目统计标准、区域会展产业统计体系、区域会展产业评估体系、区域会展业竞争力评价体系等手段，明细长三角会展业发展的相关数据，为产业发展提供服务。长三角会展业统计评价体系建设项目一览表见表 8-15。

表 8-15　长三角会展业统计评价体系建设项目一览表

工作项目名称	工作类型	工作项目内容	备　注
长三角区域会展业资源普查标准	标准	明确会展资源普查标准、对资源进行分级分类	拟发展为国家标准
长三角区域会展项目评估标准	标准	包括项目的规模、结构、类型、经济和社会效益、发展潜力等	
长三角区域会展业统计标准	标准	包括统计的时段、项目、指标、程序、计算方法、发布渠道、责权范围等	拟发展为国家标准
长三角区域会展业评价标准	标准、指标体系	主要包括会展项目的评价、会展城市评价、区域会展项目评价等	
会展业对经济拉动作用测算标准	标准、计算方法	包括会展产业拉动作用的测算原理、测算程序、测算指标和数据管理等	拟发展为国家标准
会展产业对经济拉动作用测算程序标准	标准、体系	包括抽样调查标准、运作机构资质标准、运作程序标准、计算方法标准等	

（11）联手搭建接轨上海世博会平台。通过建立长三角接轨上海世博会联席会议制度，构建接轨上海世博会服务平台，开通网络可视系统，联手开展国际合作与招商引资工作，做好世博会拉动作用的统计评价工作等，提高长三角联手举办世博会的综合效果。长三角联手搭建世博会平台项目一览表见表 8-16。

表 8-16　长三角联手搭建世博会平台项目一览表

工作项目名称	工作类型	工作项目内容	备　注
建立上海世博会长三角城市联席会议制度	制度、规范	由上海市牵头作为主席单位，其他相关城市作为成员单位，各城市世博会工作机构定期召开联席会议，在上海设立专门办公机构，协调长三角地区接轨上海世博会相关工作	
建立上海世博会综合管理信息系统	系统、网站	主要针对各省市和主要城市在接轨上海世博会过程中的信息综合协调机制，以上海世博会官方网站为核心节点，各城市分别建设接轨上海世博会工作网站，形成互相连接、共享资源的格局	
建立接轨上海世博会政策协调机制	文件、机制	制定接轨上海世博会政策指导意见，规范政策的基本内容，强化监督管理，每个城市派专人，负责协调在接轨上海世博会的过程中，各城市间政策法规的冲突协调机制	
建立无线影像播录体系	网络传输系统、可视平台	借助已经开通的 3G 项目，在国内率先推出影像世博会项目，通过手机和无线上网方式，加大世博会的宣传力度，提高宣传工作的档次	
重视产业国际化合作	项目、论坛、推介会	有针对性选择产业国际化合作的对象，争取在世博会举办前夕就开展系统化的交流合作，形成意向，在世博会举办期间，争取达成有实质性意义的合作框架，使合作落到实处	
建立统计评价工作网络	统计评价指标体系、统计工作体系	制定统计评价指标体系，设计统计评价方法体系，建立数据统计网络平台，为做好上海世博会对长三角地区经济拉动作用统计评价测算工作做好准备工作；具体包括设立世博会观测点、对国外客商推荐一卡通等	
结合世博会开展市场化运作	市场化运作方案、运作空间	组织企业积极参与，并通过最佳城市实践区、主题论坛、专题论坛等方式，宣传企业的文化与产品；要通过冠名权、赞助等方式，指导企业参与到世博会的项目中去	

七、结论

通过本项目的研究，可以得出以下结论：

（1）长三角会展业具有较大的发展潜力。研究表明，长三角会展产业是国内会展业最发达的区域，2008 年度会展产业的 GDP 约为 2300 亿元，占长三角区域 GDP 的 4.5%左右，已经超过国际会展业发达国家会展产业 GDP 占国内生产总值的比重。长三角会展城市群比较密集，基础设施在国内具有领先地位，与国外会展业比较发达的城市相比也具有较强的竞争优势。

（2）长三角会展业仍存在不完善的方面。长三角会展业同国内会展业一样，存在着会展管理体制不健全，缺乏较系统规范的会展业相关标准和统计评价体系，区域城市间会展产业合作体系不健全、合作力度不够，会展人才匮乏、会展科研工作无法满足产业发展需要等方面的问题。

（3）会展业合作发展是长三角会展业发展的必由之路。在国务院《关于进一步推进长江三角洲地区改革开放和经济社会发展的指导意见》的背景下，强化长三角会展业合作发展，打造长三角会展品牌，构建全球最大的会展产业城市群，充分发挥资源、产业、项目、人才的合作功能，为我国会展业发展探索区域合作手段，是全面推进长三角区域会展业发展的必由之路。

（4）未来长三角区域要努力构建四个机制。未来长三角会展业的发展，要逐步形成大区域、大会展的概念。通过打造“长三角会展”品牌，实现区域会展业的一体化发展。为确保长三角会展业合作发展的整体态势，需要结合长三角会展业的实际特点，逐步构建会展业“合作机制”、“共享机制”、“优化机制”和“约束机制”，确保区域会展产业一体化发展收到良好的效果。

（5）近期需要推进十项重点工作。为加快推进长三角会展业一体化发展的进程，近期要重点做好行政管理体制建设、政策法规建设、行业标准建设、科研体系建设、服务体系建设、信息体系建设、公共危机管理体系建设等工作。并在此基础上，重点做好长三角会展业发展规划制定工作、长三角会展业统计评价体系建设工作、上海世博会对长三角经济和社会拉动作用测算、长三角区域会展业发展政府合作模式探索和长三角区域会展业合作发展服务平台的建设工作，推动长三角会展业一体化发展尽早实现。

第九章

宁波发展海洋会展业研究

引言：浙江省是国内海洋资源最丰富的省份之一，拥有国内最多的岛屿、最长的海岸线和第二大海域面积。2007年，时任浙江省省长吕祖善曾经指出：海洋资源丰富是浙江在长三角最大的比较优势。2011年3月，国务院批准浙江省海洋经济示范区发展规划，标志着浙江省海洋经济上升为国家战略。作为浙江省海洋经济的地理中心与核心支撑点，宁波市具有发展海洋经济得天独厚的资源优势和机遇。对于会展业而言，充分发挥宁波海洋资源的优势，积极探索海洋会展业发展具有十分重要的意义。本文是作者主持宁波市政府会展办宁波发展海洋会展业研究课题的成果。

2011年3月，国务院批准浙江省海洋经济示范区发展规划，标志着浙江省海洋经济上升为国家战略。宁波市是浙江省海洋资源比较丰富的城市之一，地理位置特殊，是浙江省未来海洋经济发展的重要组成部分。会展产业作为现代服务业的重要组成部分，将在浙江海洋经济发展过程中发挥越来越重要的作用。本文将结合2010年6月国务院颁布的《长江三角洲地区区域规划》将商务会展业列为宁波服务业发展定位的大背景，探讨宁波发展海洋会展业的相关思路。

一、国内外海洋会展业发展的相关情况

（1）国外海洋会展产业。国外会展活动数量不少，但由于国外没有会展业的概念，因此，国外的海洋会展项目主要体现在滨海旅游、节庆活动、会议活动、展览活动中。在一些国家，会展活动统称为活动（events）。国外的会展活动主要集中在经贸领域和娱乐领域。代表性的会展活动包括各类大型涉海展览项目，涉海节庆活动和涉海会议类项目。

在展览项目方面，近年来涉海的展览活动逐步增多，比较有代表性的如德国国际船舶制造、船舶机械和海洋技术贸易博览会，美国波士顿水产品展览会，印尼的防务、航天和海洋工业展览会，德国汉堡的国际海事展，摩洛哥卡萨布兰卡国际海洋展，韩国的国际造船及海洋工程展，巴西国际海洋石油及天然气展等。

此外，很多食品类、化工类、工程类、物流类的项目也都涉及海洋主题或海洋产品。

在海洋节庆方面，很多涉海国家都有海洋类的节庆活动。如马尔代夫每年将12 月 10 日定为法定的“渔民日”，在这一天，全国各地都要举行与渔民有关的节庆活动；在上海世博会新西兰馆的开馆仪式上，毛利人的粗犷的唱咏祝福，最早就来自毛利人在下海捕鱼前的“喊海”活动，这也是新西兰开渔节的经典节目；大家熟悉的《拉网小调》是日本渔民的拉网号子，也是在日本渔民收获的季节庆祝和祭祀的一种特色体现。

以海洋为主题的世界博览会项目。世博会是国际上最高层次的会展活动。自1850 年创办以来，先后举办过四次以海洋为主题的世界博览会，即西班牙萨拉戈萨 2008 年 6 月 14 日举办以“水与可持续发展”为主题的世界博览会，1998 年葡萄牙里斯本举办“海洋——未来的财富”为主题的世界博览会；1975 年 7 月日本冲绳举办以“海洋——未来的希望”为主题的世界博览会；2012 年，韩国全罗南道丽水市举办以“天然的海洋及海岸：资源多样性与可持续发展”为主题的世界博览会。此外，近二十年来，相关的世界博览会中也都或多或少涉及海洋文化、海洋产品等方面的内容及展品。

（2）我国海洋会展项目情况。近年来，随着会展业的快速发展和海洋经济的重要性不断体现，我国海洋会展项目的数量有较大增加、质量业不断提升。我国沿海的山东、福建等地，海洋会展活动发展十分迅速。

在海洋会议方面，厦门举办的亚太经合组织（APEC）蓝色经济——促进海洋经济绿色增长论坛，厦门海峡两岸海洋论坛，福州两岸船政文化研讨会，青岛的中国国际航海博览会，北京进军大洋 20 年学术研讨会，广东举办的水生野生动物保护科普宣传月，天津海洋经济发展论坛，南海国际合作发展研讨会，东亚海岸带可持续发展地方政府网络年会等有代表性的会议活动。我省近年来也先后举办过第二届大陆架和国际海底区域制度科学与法律问题国际研讨会等一系列涉海研讨会和高峰论坛。

在节庆活动方面，最早的是青岛举办的中国国际海洋节，我省的舟山市近年来也持续举办海洋文化节等活动。

二、宁波市海洋会展业发展的现状

宁波市海洋会展业的发展已具备一定的基础，为未来进一步结合浙江省海洋经济发展战略、拓展特色会展项目奠定了坚实的基础。

（1）海洋会展项目稳定发展。我市自 1999 年举办首届象山开渔节以来，涉海会展项目数量不断增多，质量稳步提升。2007 年北仑举办港口物流文化节，2009 年市政府相关部门积极与国家海洋局洽谈并获得 2013 年中国国际海洋博览会在宁波举办，2010 年雅卓会展服务公司举办海事展，2011 年华博会展公司策划举办浙江海洋产业洽谈会，2011 年城之新会展公司启动海洋产品展。这些项目，基本覆盖了海洋经济的相关领域，初步形成我市海洋会展项目的格局。此外，我市被商务部作为代表浙江省参加韩国丽水世界博览会的城市，参加了 2012 年在韩国举办的以海洋为主题的世界博览会，进一步扩大了我市海洋经济在国际上的影响，提升海洋产业在国际上的注意力经济效应，为形成海洋产业集聚奠定坚实的基础。

(2) 申办以海洋为主题的世界博览会已进入前期准备阶段。自 2008 年我市提出申办以海洋为主题的世界博览会以来，市委市政府高度重视，组建了以时任市委副书记陈新为组长的申办世界海洋博览会前期工作班子。先后在课题研究与国际展览局和国家有关部门沟通方面开展了大量的工作。2010 年 10 月，国际展览局秘书长洛塞泰斯先生访问宁波，向毛市长表示了与宁波市联手举办对人类有益的大型活动的意愿，为我市申办以海洋为主题的世界博览会奠定了坚实的国际合作基础；2010 年 4 月，时任浙江省省委书记赵洪祝、省长吕祖善在我市关于申办世界海洋博览会的研究报告中作出批示，支持我市申办世界海洋博览会，也使我们在国内的申办工作中迈出了坚实的步伐。一旦世界博览会申办成功，将极大提升我市海洋经济在国际上的地位，集聚海洋产业资源，形成我市在长三角区域乃至全国范围内海洋经济高地的地位与格局。

(3) 海洋会展业发展的潜力凸显。浙江省共有七个涉海地市，其中在两个副省级城市中，宁波市无论在海岸线长度、岛屿数量、涉海产业总量等方面都遥遥领先于杭州市。与浙江省海洋经济发展中心区舟山相比，宁波市在经济总量、财政收入、基础设施、科教资源等方面也处于领先地位。在会展产业方面，宁波市的会展场馆、酒店数量及档次、交通基础设施条件、会展项目的品牌与数量方面，更是处于较高层次。宁波市是浙江省唯一一个与海岛城市舟山有陆路连接的城市，从区域会展中心城市的角度而言，宁波市发展海洋会展业，可以形成宁波沿海区域海洋会展业的中心城市，对浙江省海洋经济发展起到核心支撑作用。这也是在当前形势下，进一步提升我市在浙江省海洋经济发展过程中战略地位的重要手段。

三、宁波市会展业面临的形势及发展海洋会展业的整体思路

(1) 国内会展产业形势的影响。2010 年以来，我市会展业发展是喜忧参半。喜的是国务院颁布的《长江三角洲地区区域规划》中，会展业被列为宁波市未来服务业发展的两大定位之一，确立了会展业在宁波未来服务业发展中的重要地位；忧的是 2010 年上半年商务部批准上海建设国家会展中心，2015 年正式启动后，将形成覆盖面广、影响力强的会展国内顶级项目的高度集聚，对长三角地区

各城市会展产业发展产生较强的极化作用，宁波市在这种背景下，很难独善其身，会展业的发展将受到一定的负面影响。因此，结合我市的优势产业、特色产业重构会展产业，不仅具有良好的现实意义，也具有长远的战略意义。

（2）宁波市相关部门在海洋会展产业中开展的前瞻性工作。近年来，我市会展等相关部门的工作人员及从业人员，也在积极探索我市发展海洋会展业的创新思路，并在积极为实现海洋会展业的发展创造条件。2010年，借原联合国秘书长助理、国际海洋学会会长贝楠先生访问我市的机会，会展办等相关部门在积极探索近期与国际海洋学会联合举办世界海洋经济论坛等工作，得到贝楠先生的认同和称赞。2011年9月17日，国家商务部在千岛湖举办会展工作座谈会，我市参会专家结合商务部未来规划的货交会、贸交会、技交会、高交会、科交会等重点扶持的大型国际展会的思路，不失时机地提出支持宁波整合现有涉海会展项目，积聚成规模较大、质量较好的海交会项目，纳入国家会展重点扶持范围的建议，也在商务部分管领导心目中留下了深刻的印象，近期，会展办领导正计划赴商务部拜访相关领导，探讨进一步推进该项工作的操作手段。

（3）宁波市未来会展业发展的整体思考。自1997年举办首届国际服装节以来，我市先后经历了将会展业列为支柱产业、提出建设长三角南翼会展之都，到将会展业列为战略型产业、建设国际会展之都的工作目标的战略性、跨越式发展。国务院长三角规划的颁布，意味着我市会展业已由城市发展战略上升为国家区域发展战略。我市是国内会展产业定位最高、政策竞争力最强、会展项目发展特色较鲜明、会展服务体系较完善的会展城市。为落实国务院长三角规划中我市会展业发展定位的整体构想，也为了及早入手，做好应对国家会展中心建成使用后长三角会展业格局的重大变化，我市始终在系统研究、认真思考会展特色发展、国际化发展、可持续发展的战略思路。

1）大力发展专业型展会。在现有的基础上，逐步围绕我市的优势产业和发展潜力最大的产业，逐步形成以先进制造业和海洋产业为核心的两大专业会展产业群。围绕两大会展产业群，逐步拓展相关的会展项目，延长产业链、提升附加值，进而形成以先进制造业和海洋产业为核心的国际化会展项目集聚地。

2）大力发展专业性会议及节庆活动。在明确展览项目主攻方向的基础上，结合我市中心工作，有针对性地扶持一些主题新颖、对我市产业有重大提升作用的高端论坛项目。通过高端论坛提升我市会议产业服务水平，拓展我市会展论坛数量，最终建成长三角地区的重要会议城市。

3）大力发展国际化的会展产业。通过引进国外高科技用品展、国外奢饰品展、国外生态食品展等一系列具有较大发展潜力的会展项目，逐步形成我市国外会展项目在国内的展示基地。信息表明，商务部正在研究批准国外奢饰品进入我国的相关政策，并在少数城市进行试点，我市完全具备引进国外奢饰品的经济和社会条件，与商务部具有良好的合作基础，应在这方面有所作为。

4）大力发展国际进口商品常年展。2011 年 11 月，胡锦涛总书记在奥地利出席 G20 峰会时，承诺对非洲国家 97% 的产品实施零关税，为我们进一步拓展非洲国家在中国建立进口商品常年展示基地奠定了坚实的基础。此外，南美洲、东盟等地区的产品近年来进口势头强劲，为我市引进上述区域的出口商品，在我市国际贸易常年展示交易中心拓展相关业务提供了便利条件。2010 年，商务部批准义乌设立国际贸易综合改革实验区，义乌在原有的小商品出口的基础上，已在大力探索进口商品展示基地建设。理论上讲，我市无论在常年展基础设施、物流成本、保税港相关政策方面，都具有较大的优势，建设进口商品常年展示基地方面我们是当仁不让的。

四、“十二五”期间宁波市发展海洋会展业的对策建议

(1)“十二五”期间我市发展海洋会展业的整体目标。“十二五”期间，我市发展海洋会展业应突出“专业化、国际化、规模化”的特点，逐步形成“一长（常年展）两短（先进制造业、海洋产业）”的会展格局。在国际层面，应进一步加大申办以海洋为主题的世界博览会工作，争取在 2022 年成果获批。与此同时，加强与世界海洋学会的合作，争取成功举办世界海洋论坛。在国家层面，一是争取中国国际海洋商品博览会落户宁波，形成宁波会展业的品牌项目；二是整合现有的海洋会展项目资源，争取形成中国国际海洋产品交易会的品牌，纳入国家商务部重点扶持项目的范围。在区域层面，应进一步做好象山开渔节这个渔文化品牌项目，使之成为我市海洋发展历史的一个集中展示长廊，在此基础上，充分发挥我市沿海的渔业资源，聚合成为在国内外具有较大影响的海鲜美食节和海洋美食区域，更多吸引国内外的游客。同时，进一步发掘我市海洋文化资源，探索海洋科技类的展示活动。此外，还可以在现有的智慧博览会、食品博览会等品牌会展项目中，逐步融入、拓展海洋类资源的比重，使之进一步密切与我市海洋发展战略的关系。最终，使我市成为长三角区域海洋会展中心城市、国内特色海洋会展城市、在国际上具有较高知名度和较大影响的海洋会展城市。

(2)“十二五”期间我市发展海洋会展业的对策建议。为实现上述目标，建议从以下方面开展相关的工作：

1）进一步强化海洋会展项目的规划工作。应结合宁波市会展业“十二五”发展规划，提升海洋会展业的地位。要将大力发展海洋会展业作为宁波市未来一段时期会展业发展的重要突破点，成为宁波会展业“一长两短”战略目标的重要组成部分。在此基础上，对基础设施、服务体系、会展项目和会展教育科研工作进行系统规划，并逐步形成较完善的体系。

2）加大政策扶持力度。我市每年拿出 2500 万元资金支持会展业发展，是国

内会展政策扶持资金力度较大的城市之一。之前扶持的重点主要是规模化、国际化的项目。我市会展项目国际化程度较低，国际化水平仅体现在进出口贸易企业参展和国外客商参展方面，未能在引进国外会展项目和大规模提高国际参展商和客商的比重中发挥作用。因此，建议在继续做好招商引展的基础上，适度减低对常规型消费类展会的支持力度，集中力量支持先进制造业、海洋会展类项目的发展，有针对性地开展国外品牌会展项目的引进和国际化、专业化会展项目的设计开发工作。

3）强化与国际机构的合作。近年来，国际展览局秘书长、世界海洋学会主席先后访问我市，并表示出与我市合作开展国际大型活动的意向。因此，我市应抓住这个有利时机，与国际展览局和世界海洋学会建立紧密的合作关系，并通过上述两个平台，建立更系统、具有较强辐射性的国际会展产业发展平台。

4）创新思路加大会展主营机构的扶持力度。我市会展主营机构发展处于停滞阶段，因此，现阶段应创新思路。一是进一步强化与上海会展业的战略性合作，2015 年国家展览中心建成后，必定对上海市的中小会展企业带来较大的冲击，上海的一些会展企业已经开始向周边区域转移。我市应抓住这个有利时机，通过渠道沟通、政策扶持等手段，争取引入 8 ~ 10 个题材新颖，与我市现有主题具有较强的互补性的大型会展项目；二是加强与国外会展企业的合作，争取在“十二五”末期，引入 5 ~ 8 个大型国际会展项目，长期稳定落户宁波，提升宁波会展业的国际化水平。

5）进一步强化会展教育科研工作力度。我市拥有教育部唯一一个会展经济与管理国家级特色专业，主持承担的市级以上研究课题的数量和科研服务地方会展经济的应用性成果在国内同类城市中也处于领先地位，彰显我市会展教育科研工作在国内的先发优势。会展是知识密集型、创意密集型产业，科技人才是不可或缺的组成部分。因此，我市应进一步加大对会展教育科研的支持力度，依托科教提升会展产业的整体发展水平。

第十章

余姚铜产业博览会可行性研究

引言：宁波市是国内县域会展业最发达的城市之一，余姚、慈溪、宁海、象山等现实都十分重视发展县域会展产业。根据我国县域会展业发展的基本特征，一是结合常年展市场举办会展活动，如海宁结合皮革城举办皮革展，绍兴县（现更名为柯桥区）结合纺织城举办纺织展，义乌结合小商品市场举办义博会；二是依托本地及周边地区的块状经济及优势产业举办会展活动，如温岭结合泵机产业举办泵机展，嵊州结合电机产业举办电机展等。从余姚资源特点看，围绕有色金属城和发达的铜产业，完全可以策划举办一个铜产业博览会。本研究主要是针对这种情况，在分析国内铜产业布局和发展需求的情况下，结合宁波铜产业特点，对余姚举办铜产业博览会的可行性开展研究，以便为政府决策提供依据。

余姚市是国内县域会展经济比较发达的城市之一，近年来，随着塑博会（中国余姚国际塑料博览会）规模不断扩大、相关主题会展项目逐步开发，会展业已经初具规模，在努力做好服务地方产业发展和拉动消费等工作的同时，具有典型的城市综合体与县域会展业发展特征的会展发展模式得到国内会展业的高度认同。

为进一步提升全市会展产业的发展水平，努力服务于工业企业创新提升，余姚国际会展中心管理有限公司在余姚市会展办的指导下，与宁波市会展经济研究所共同调研，初步形成关于余姚举办铜产业博览会的相关思路，恳请能够得到市政府有关领导及相关部门的认同与支持，争取经过一段时期的努力，将余姚市打造成为国内具有典型特色的、以服务中小铜生产企业为主体、以支持铜产业转型升级提升发展为宗旨的铜产品会展项目。具体内容报告如下：

一、我国铜产业基本情况

我国是世界上第一大铜生产国，2011 年，我国铜材产量达到 1028.15 万吨，产量占全球的50%以上。其中板带、管、棒、线等主要产品都超过 100 万吨。进口量同比降低 14.13%，表明我国铜产品自给率迅速提升，已经形成较完善的体系和较稳定的供需关系。

（1）国内铜产品主要类型特征。从铜产品的供给类型看，主要集中在电力、交通、电气等行业。国外铜及其合金加工材料在各领域的比例大致为电子电力60%，建筑15%，轻工家电10%，机械5%，交通4.5%，我国铜产品的应用范围与国际相当，结构基本合理。空调管质量和品种都处于世界领先地位，高强高导电材料、高速列车用铜材、现代汽车用铜材、现代电网和现代电力电子用铜材、新能源用铜材、环境保护用铜材、高散热用铜材、电连接用铜材、高精尖功能材、复合材料等已成为企业重点发展方向，形成一批以高速列车接触线、引线框架、变压器带、电缆带、光伏铜带、电连接带、压延铜箔、内螺纹管、外螺纹管、高翅片管、海水淡化加热管、环保卫浴用硅磷黄铜棒、特种超细漆包线、铜包铝线、铜包铝管、铝包铜管、铜包复合导电排等一系列优质、国产化程度高的标志性产品。

（2）国内铜产业空间分布情况。我国铜产业呈现出以市场为主配置铜加工产地的特征。长江三角洲、珠江三角洲是国内最大的铜加工生产基地，总量超过国内总产量的1/3以上。其中浙江、江苏一直处于全国领先地位。2011年，浙江省铜产业总量达到189.06万吨，位居国内各省（直辖市）之首。宁波金田铜业、浙江海亮铜业（诸暨）、浙江宏磊铜业（诸暨）、宁波兴业电子铜带、宁波博威有色合金材料、绍兴立博铜材有限公司均处于国内同行业的领军位置，围绕骨干企业，逐步形成具有较强竞争力的浙江铜加工生产产业群。此外，围绕各地的主导产业发展，相关地市和县区也形成规模不等、形态各异的特色铜产品加工产业，而且发展势头比较强劲。

（3）国内铜产业面临的问题。尽管我国铜产业在世界上具有举足轻重的作用，但由于国际金融危机不断发酵，国际市场呈现疲软特征，对我国铜产业发展也带来一定的影响。一是表现在铜材价格震荡，直接影响到铜产品的成本与价格；二是国际铜市场衰退并没有明显好转迹象，2011年出口虽有所增长，但增长幅度较小；三是我国铜的资源严重短缺，国内资源供给率不足25%，生产电解铜用原料中铜精矿粉、再生铜等主要依靠进口；四是铜加工材料市场竞争日趋激烈，国内产能不断扩大、国外铜加工生产技术不断提升，对传统的铜加工企业带来较大的发展压力；五是企业面临结构调整和产业升级的困境，企业数量多、生产规模小、成本高、能耗大、技术设备落后等问题给企业整合重组、转型升级带来较大的压力；六是产品质量不均衡、人工成本持续增高、污染现象不断扩大进一步加剧了铜产业发展的成本与环境压力。

（4）未来我国铜产业发展态势。调研分析表明，未来一段时期我国铜产品产量将持续保持全球领先地位，同时也面临着技术提升、设备更新、产品创新和管理服务体系完善等整体发展趋势的影响。

1）铜产品，开展技术创新提升产品附加值势在必行。要通过多渠道研发，攻克相关生产难题，提升产品的附加值。当前重点是铜铝复合导线铜排的产业化生产技术、再生铜直接利用技术、合金管材盘管拉伸技术、高效传热铜管生产技术、环保铜合金开发、引线框架带材生产技术、高性能比铜加工生产设备及整条生产线开发技术，通过技术攻关，逐步创新和提升产品质量。

2）铜企业，低碳、节能、环保是发展大趋势。鼓励企业通过资本运作、企业合作等方式开展集约化经营，发展流程短、节能、环保、高效的生产技术，建设连续化、自动化、专业化的生产线，加强生产过程及工艺流程的管理，重视产品的品牌化建设，逐步提升企业的国际化竞争能力。

3）铜行业，优化服务提升整体竞争力是当务之急。在做好当前国内外都十分重视的潜流式铸造、连续挤压、管材行星轧制等行业技术创新的同时，做好资源信息服务、标准研发的基础性服务工作。在此基础上，重点探索以物联网、信息技术等为核心的产业管理软件开发，以及以国际贸易物流为核心的国际化铜产品服务体系建设工作，系统提升铜产业的服务质量。

二、余姚铜产业发展现状分析

调研表明，余姚市现有涉铜生产企业 10115 家，主要以涉铜材质的零配件生产为主。具体如下：

(1) 企业的产品类型分析。余姚市铜生产加工企业主要产品是五金件、磨具、机械配件等，其中五金件的生产企业数量较多。此外，围绕塑料产业发展，以铜材、铜合金为基本材料的模具生产企业也占有一定的比重。同时，线材、金属设备备件、电力设施配线等生产企业数量也不少。整体看，铜产品生产企业与我市及周边地区产业发展对相关产品的需求是相吻合的。

(2) 企业的规模和空间布局分析。余姚市铜生产企业的规模普遍偏小，布局也较为分散，其中大多数在乡镇设厂。在保持厂房用地供应、企业生产成本较低的情况下，企业的发展呈现不断提升的态势。同时，也面临着产品品牌和服务质量等方面的制约和影响。

(3) 企业的生产服务需求分析。近期，余姚国际会展中心在会展办的指导下，在相关行业协会及企业的配合下，对全市涉铜生产企业进行抽样调查，重点了解企业在产品营销、创新服务等方面的需求。结果表明，多数企业希望能够有一个规模较大、体系比较完善的综合性服务平台，也希望能够较全面地了解把握企业的管理技术、生产技术和服务技术，并能够选择对提升企业竞争力有实效的产品与服务。

综上所述，余姚具有较为发达的铜产品生产产业，其中在五金件、磨具加工、机械配件等方面具有集聚效应。由于规模较小，产品技术、服务技术、市场拓展等方面成本较高，体系不够完善，急需在技术服务、管理服务方面有所提升。

三、余姚举办铜产业博览会的可行性分析

鉴于余姚拥有较发达的铜产业，但企业规模较小，营销及信息服务存在一定的困难，服务成本较高。因此，举办铜业博览会，配合铜产品常年展示交易基地建设，既是会展业服务工业企业，落实市委市政府工业提升工程的重要手段，也是余姚会展业依托优势产业创新发展的一个新的切入点。

（1）会展业对经济拉动作用分析。国内外会展产业发展的理论研究和全市会展业发展的实践表明，会展产业对经济具有较大的拉动作用，主要体现在以下几方面：

1）会展业的注意力经济效应。神经经济学理论表明，在信息化时代，受重视的不是信息，而是信息的注意力。以上海世博会为标志性项目，举办大型国际会展项目对吸引全球展客商注意力，引导展客商定向流动和相关产业扩散具有十分重要的作用。余姚市在宁波市率先发展县域会展经济，尤其是以塑博会为主要项目的专业性会展项目的发展，不仅提升了余姚市在国内相关行业中的地位，也在国内县域会展经济的发展中产生较大的影响，形成特色品牌。

2）会展产业的交流平台特征。通过我市近年来举办会展活动过程中，客观上为国家有关部委、行业协会的高层领导来我市参观、考察、指导创造条件，为国际组织和境外产业机构主要成员参与我市会展项目以及考察我市经济和社会发展形成渠道，在管理资源的利用方面已经形成一定的成效。此外，通过举办论坛、发表产业白皮书等方面的工作也提升了我市相关产业的国内外影响。

3）会展产业的消费拉动作用。结合近年来我市会展活动举办过程中，为我市餐饮、住宿、交通、运输、购物、旅游等方面带来的巨大的人流、物流、信息流、资金流及消费拉动作用，也形成了比较稳定的会展区块和具有一定规模的会展衍生企业。

4）会展业对相关产业的服务提升作用。在我市会展业的发展过程中，塑料产业、皮革产业等得到了快速发展，杨梅、咸菜等特色食品、用品的品牌影响力也不断提升。此外，对我市的文化产业的发展也产生了一定的影响。

5）会展对产业结构调整的作用。随着我市会展业的发展，已经在一定程度上改变了余姚市在宁波县市区中服务业发展的结构，会展业已经成为我市在县市区中的特色品牌。随着会展业的发展，会展的税收数量也不断提升，在一定程度上优化了我市的经济结构。

6）会展产业的文化驱动作用。随着会展业的发展，我市逐步形成了以塑料产业、皮革产业、铜产业等为核心的县域产业文化，提升了限于企业和经济的文化竞争力。会展活动伴生的文化活动，也在一定程度上丰富了市民的文化生活，减少了政府财政资金在文化产业方面的投入压力，会展文化的概念在市民中有了较大的影响，在文化产业促进以及文化传承等方面发挥着重要作用。

（2）国内铜业博览会分析。国内涉铜产品博览会主要有两大类。一种是完全以铜产品为核心的展览会，另一种是以有色金属为主要产品的博览会，其中铜产品作为其中的重要组成部分。

1）中国国际铜业博览会。主办单位为中国有色金属加工工业协会、中国机械工业联合会，承办单位为北京振威展览有限公司。该展会为巡回展，每年不固定时间在国内相关城市举办。2012 年 6 月 21 日在上海举办，展览面积为 2 万平方米，参展商为 350 家，专业观众约为 13800 人，其中 20% 为境外专业客商。第七届中国国际有色金属技术装备博览会于 2013 年 3 月在天津举办。该项目的优势在于主办单位及参展企业层次较高，不足在于参展商过于分散，均为较大规模的企业，对中小企业的针对性、服务性不强。

2）中国（重庆）国际有色金属博览会。该展会每年的 9 月中旬在重庆举办，由重庆市机械工程学会主办，北京鼎成创赢国际展览有限公司承办。展会以铜、铝、镁、钛为主要参展商品。其中铜主要包括铜材、铜生产设备及技术等、铜业环保等。该展会的优点为定位较宽，缺点是主办单位层次较低，展品过于杂乱，针对性不强。

3）广州国际铜业及设备采购展。该展会由广东省对外科技交流中心主办，鑫亚展览有限公司承办。该展会的展品包括铜产品、铜技术、铜设备、铜企业环保技术等，每年 5 月中下旬在广州举办，规模在 2 万平方米左右。优势为举办城市及场馆、支持单位为中国有色金属行业协会，缺点是参展企业过于分散，展会针对性不强。

4）中国（北京）国际有色金属工业展览会。由中国有色金属学会主办，北京海闻展览公司承办，每年 8 月份在北京举办。主要展品包括有色金属原材料，有色金属生产设备和技术、有色金属制品、有色金属应用技术等。优点是层次高，缺点是铜产业所占比重较小。

此外，中国国际金属工业博览会、中国铜陵青铜文化博览会等会展活动也在一定程度上涉及铜产业相关的展品及设备，但由于展会的主题约束，铜产品及设备所占比重较小，尚不能称之为专业的铜产业展览会。

鉴于上述分析，我们认为，余姚市当前具有数量较多的铜产品生产企业，但企业由于规模较小，在设备和产品销售服务、市场开拓、技术创新、中介服务等方面成本较高，体系不够完善，因此通过举办余姚铜产业博览会，配合余姚的铜生产企业和常年展示基地建设，可以为余姚铜生产企业搭建一个产品展示交流、企业服务对接、品牌提升优化，最后促成产业集聚的综合服务平台，对促进余姚市铜产业发展具有十分重要的意义。

（3）当前涉铜生产企业对展会的相关需求。近年来，随着会展产业的发展，参展已经成为企业市场营销、信息交流、洽谈交易的重要手段。

1）铜生产企业参展需求大，但参展技术不足。调研表明，很多中小涉铜企业都有通过参展提升品牌、拓展市场的需要，但由于国内涉铜专业展会较少，而且参展企业规模较大，参展商品多为设备和原材料，因此，以五金件、模具等小型商品参展的难度较大，很期望能够有一个专门为中小企业量身定制的铜产品及服务展会。

2）涉铜技术服务有较大的市场需求。近年来，随着铜产品市场的竞争不断加剧，对铜产品的质量、品牌、管理也都提出了较高的要求，所以，专业化、自动化、信息化的生产服务体系越来越得到铜生产加工企业的重视。因此，未来一段时期，以铜加工生产工艺技术、环保节能设备工艺、新产品品牌设计与开发、企业管理服务软件、铜产品国际贸易及物流为核心的服务体系建设势在必行，相关产品及服务也具有加大的市场潜力。

3）物流、信息流、资金流、人流集聚是块状经济发展需要。产业的生产地、销售地是举办专业性会展活动的最佳选择，余姚及周边区域铜生产加工产业比较发达，所以，相关企业也需要在产业核心区构建综合性产品展示服务体系。因此，通过举办铜产品会展活动，为产业发展搭建平台，为企业创新提供渠道，将为余姚市未来打造铜加工生产基地创造有利条件，同时先入为主，逐步形成国内具有鲜明特色的铜产品交易市场。

4）铜生产设备市场也具有较大的发展潜力。作为重工业的组成部分，企业对铜材料、铜产品的生产加工设备要求较高，除设备自身技术外，设备的现代化运行水平，设备的环保质量、设备信息化程度等方面都会直接影响到企业的投入产出和产品竞争力。因此，通过展会向涉铜生产企业及时提供最先进的生产设备，可以使企业在最短的时间、最便捷的手段获得最全面的信息，为购买生产设备提供服务。

四、余姚铜产业博览会相关资源分析

资源是决定城市是否具备举办某个主题博览会的主要因素，一般可分为区位资源、产业资源、管理资源、市场资源、文化资源、产品资源、设施资源和服务资源等。余姚铜产业博览会能否成功举办，与相关资源条件具有密切关系。

（1）产业资源。产业资源是决定专业性展览会成功举办的关键要素。上述分析表明，余姚及周边地区是国内铜产业最发达的区域之一。宁波金田铜业、浙江海亮铜业（诸暨）、浙江宏磊铜业（诸暨）、宁波兴业电子铜带、宁波博威有色合金材料、绍兴立博铜材有限公司均处于国内铜行业的领军位置，这些企业的集聚发展带动了铜产业体系的衍生与发展，这是余姚铜产业博览会具有支撑性的参展商基础格局。余姚自身拥有国内较大的有色金属城，铜产品所占比重较大，常年展客商以及形成的商业体系，可以有效提升余姚铜产业的国内外影响，进而为临时展的举办奠定坚实的产业资源。

（2）市场资源。参展商决定展会的质量，而客商决定参展商的质量。调研表明，余姚市现有涉铜企业万余家，对铜材、铜材料中间品的需求较大，同样也需要涉铜管理软件和技术软件，是潜在的巨大的铜产品消费市场，余姚举办铜产业博览会可以有效吸引周边地区的客商，进而吸引优质参展商。半径50公里左右的周边地区预计涉铜企业超过10万家，以中小涉铜企业为主。余姚自身的宁波世茂铜业有限责任公司、宁波华邦铜业有限公司、余姚市长振铜业有限公司、余姚市兴达不锈钢有限公司、宁波山阳特殊钢制品有限公司、宁波宏鲸钢管制造有限公司、余姚市振华金属制品有限公司、宁波惠杰钢管制造有限公司、宁波华舜铝材有限公司、余姚市浦宁不锈钢有限公司等大中型企业都是铜材料和铜产品的消费大户，年度总产值接近百亿元。如果铜产业博览会产品选择得当，能快速形成较大的展览消费市场。

（3）场馆及交通资源。余姚现有净展览面积3.5万平方米的会展场馆，也可以根据需要采用搭建临时展棚等方式在一定程度上扩大展馆的可用面积。根据专业展览会的一般规模，余姚中塑国际会展中心完全具备举办专业类规模化会展项目的条件。此外，新建的高铁线路从场馆附近经过，也进一步提升了展会周边的交通环境，有利于展客商参展观展。

（4）管理与服务资源。尽管余姚自身并不具备优质的管理资源，但完全可以依托产业基础、市场条件和有色金属城带来的竞争优势，最大限度加强与国家有关部门和行业协会的合作，获得国家在管理、政策、条件、渠道等方面的资源。此外，宁波市会展业已经有15年的专业化发展历史，逐步形成一批具有较强实力的会展搭建、营销推介机构，也形成包括政府公共服务、协会协调服务、社会志愿者服务等会展服务体系，完全可以保障余姚铜产业博览会的顺利举办。

五、余姚铜产业博览会的定位

鉴于国内已经有规模较大的铜产业巡回展，因此，余姚铜产业博览会的定位应是与中国铜业博览会形成差异化发展的格局，即重点突出铜生产过程中的设备、技术、辅料等展示交流活动，将服务中小铜生产服务企业作为主攻方向。把为中小铜生产企业搭建解决实际问题的交流平台，促进中小铜企业生产经营作为本次展会的重要目标。具体包括：

(1) 展品定位。结合余姚铜产业常年展的展品及客商范围，余姚铜产业博览会的展品应定位在服务于中小铜生产企业。具体包括中小铜生产企业的产品展示、铜企业生产技术创新、铜企业环保技术、铜材料和铜产品生产设备、企业管理软件、国际贸易及融资服务代理等。旨在为中小铜生产、经营企业提升产品质量和竞争力提供服务。

(2) 参展企业定位。余姚铜产业博览会的参展企业主要定位在铜生产企业中，有较强创新发展意识的中小型铜生产、加工、应用企业以及铜设备生产企业、铜生产技术工艺研发机构，通过本展会，为企业提供产品展示、服务理念及服务软件的展示、创新服务技术的展示，以及与铜产业相关的国际贸易、物流、检测、科研服务、市场营销与广告、企业小额融资贷款、企业资本运作与上市等方面的服务，为企业输出产品和服务搭建必要的交流平台。

(3) 客商定位。余姚铜产业博览会的客商主要定位在对铜材及铜产品生产设备、涉铜产品有采购需要、上下游企业资本和产品合作需要、技术服务需要、企业整体创新服务需要、融资与企业上市需要的中小铜生产企业，通过参展观展，开阔视野、交流技术及服务信息，多角度提升我市及周边地区中小铜生产企业创新发展的动力。

(4) 活动安排。本着节俭办展、务实办展的原则，余姚铜产业博览会在做好产品展示、服务展示的基础上，还可以通过举办产业发展讲座、技术发展讲座、服务发展讲座等高端论坛，为相关企业提供信息提升服务。还可以通过发布年度白皮书、依托展会设立中小铜产业信息、建立铜产业网、设立相关的评奖项目等手段，为企业交流信息、提升品牌提供必要的服务。

六、相关的工作思路及对策

为进一步推进余姚铜产业博览会的顺利举办，近期计划在调研的基础上，认真做好以下方面的工作，同时也希望能够得到政府有关部门的指导与支持。

(1) 充分发掘管理资源。对于县域会展经济发展，管理资源是难度较大的关键点之一。因此，要充分借助国内外相关管理资源，提升余姚铜产品展会项目的档次和影响力。

1) 加强与国家有关部门的合作。铜产品的生产与销售的行业主管部门比较分散，其中生产管理一部分归口国家国有资产管理局，此外更多的企业则受商务部、贸促会和工信部等部门的指导，同时直接接受中国有色金属集团、中国钢铁集团、中国能源集团等国有企业集团的领导。因此在筹备期间应通过主动拜访等方式，加强与相关主管部门的联系，争取得到他们的支持。

2) 加强与国家有关行业协会的合作。同其他行业相比，有色金属以及铜产业的行业协会参与展会支持、协办的数量较少，因此，邀请相关行业协会参与铜产品展示合作具有较大的可能。其中的工作重点应指向中国有色金属协会，争取行业协会参与支持展会项目可带来较大的影响力。

3）密切与相关研究机构的合作。据中国有色金属设计研究院提供的资料，每年国内各层次的涉铜研究项目超过3000项，涉及铜原材料的开发、铜产品的设计与开发、铜生产工艺的研发、铜企业服务技术的开发等，这些成果多数应用面较窄，有的甚至束之高阁，没有真正发挥出实际作用。我们应该通过与相关研究机构的合作，通过对技术展示与推介，使研究成果真正转化为生产力，发挥研究成果服务经济的作用。

（2）及早入手做好项目的策划组织工作。余姚铜产业博览会由于受到地域、城市规模、交通服务等方面的限制，在运作模式上不能与上海、重庆、广州等国内较大城市举办的同类项目相比，因此，在主次策划方面开展深入细致的工作将是决定展会项目成败的关键。建议市政府有关部门协调我市的铜产业主管部门、铜产业常年展的主办单位，共同开展调研工作，在分工合作的同时，做好展会展品范围、参展商及客商营销目标、展会相关活动等策划工作，确保铜产品博览会收到较好的效果。

（3）争取政府部门通力合作支持展会发展。根据调研的实际情况，结合以往成功的会展项目的举办和营销经验，结合有关部门的资源优势和工作职能，发挥相关行业协会的自身特点，充分调动相关涉铜企业的积极性，系统做好项目的组织和营销工作。

1）行政强力推进。在省政府及有关部门的支持下，争取通过有色系统下发相关的文件和信息，将此次余姚铜产业博览会作为国际相关行业协会年度工作的重要创新点之一，将此次展会提升到为国内中小铜产品生产企业提供服务技术新理念、提升工业经济新途径的高度，从政府积极推介的角度来提升会展项目的营销水平。

2）协会多方协调。充分发挥国家、省、市主管部门及相关行业协会的作用，采取有偿的方式，委托相关主管企业和行业协会协助招商招展，并通过强化与国际级行业协会的合作共同打造品牌会展项目。

3）企业积极参与。承办单位将根据展会的工作方案，组织相关力量，系统分析发掘，重点寻找有较强供需关系的产品及生产企业，分区分块、分门别类、责任到人、奖惩挂钩，系统开展展客商的邀请和展位销售工作。

（4）做好展会的调研和展品遴选工作。作为县域会展项目，特色展品的遴选与企业对展会需求的调研将直接影响到展会项目的质量。因此，为确保余姚铜产业博览会的举办，项目策划部门计划在深入到省内外铜产业生产企业集聚的区域开展系统调研，重点了解掌握企业的需求情况，对症下药，有针对性地组织参展商和客商，并通过特色产品的涉及提升展会的吸引力，使更多的展客商能够积极参与铜产业博览会项目。

（5）做好展会特色项目的设计工作。本次展会计划在常规展会项目的基础上，努力设计若干个有鲜明特色的展览区域。

1）新产品展示区域。会展项目最重要的吸引力在于展示新技术和新产品，因此，余姚铜产业博览会将在调研了解展客商需求的同时，争取业内有影响力的企业，将新产品作为本次展会的重头戏，并努力形成产业链条衔接紧密、产品相对领域集中的效果。

2）新技术展示领域。通过与科研部门和相关高校合作，对获得国家专利的技术，结合当前战略性产业开展的涉铜研究项目，以及高校和科研院所专业教师的科研成果，形成专有技术展区，为科研转化为生产力提供对接服务。

3）创新服务与服务外包专区。邀请国内主要服务外包企业，以及致力于打造服务外包的中介服务机构，前来参展推介，在展示新的服务手段的同时，为铜产品生产企业开阔视野，提供必要的技术服务。

4）涉海铜产品生产企业专区。主要立足浙江省海洋经济发展战略，为浙江省海洋经济发展中所必需的特殊铜产品提供专有展示空间，创新服务领域，为提升浙江省海洋生产企业的竞争力做出贡献。

（6）争取形成特色展会模式。通过举办余姚铜产业博览会，在促进产业发展、拉动消费的同时，逐步创新完善，争取形成依托县域产业优势，常年展临时展相结合打造品牌会展项目的新模式。

1）形成县域会展项目主题创新模式。从突出服务与工业企业、服务于中小企业、服务于企业转型升级创新发展的角度，将新产品、新技术、新服务有机结合，形成与国内外大型同类会展项目差异化发展的特色。

2）形成与常年展互动发展的临时展模式。吸收余姚塑博会的发展模式，结合产业优势，结合常年展示交易区域建设，临时展重点突出信息发布、信息交流、供需见面、服务展示等手段，与常年展相互配合，形成围绕常年展开展特色服务的创新模式。

3）形成县域会展经济特色运作模式。县域会展项目往往受制于会展场馆的规模以及城市服务质量的影响，余姚铜产业博览会将探索产业及产品细分、产业链上下游产品紧密合作，会展项目连续滚动的方式，以提升会展项目的综合竞争力以及对专业展客商的吸引力。

第十一章

宁波市会展业“十二五”发展研究

引言：2012年，宁波市第十二次党代会提出建设区域性国际会展之都的工作目标，与之前定位于国际会展之都建设目标，这次会议提出的工作目标具有一定的侧重性。在这种背景下，也需要对宁波会展业发展的整体布局进行优化调整。本成果就是在这种背景下，结合市委市政府的中心工作，在系统梳理宁波会展业发展历程与特征的基础上，系统分析国内外形势变化带来的影响，并就“十二五”期间宁波市会展业发展的总体目标、具体目标、发展定位开展研究，并提出未来五年的重点工作及对策建议。

会展业是当今迅速发展的新兴产业，是现代服务业的重要组成部分，它对于扩大内外贸易、引进技术与投资、促进交流与合作、直接拉动与间接带动相关产业发展、提升城市知名度等具有十分重要的意义。宁波作为长三角南翼经济中心和现代化国际港口城市，具有发展会展业的良好基础和巨大潜力，正处在数量扩张向结构调整、质量提升转变的关键阶段。2012年，市第十二次党代会明确提出，加快把宁波打造成为“区域性国际会展之都”的宏伟目标。

新时期、新形势下，为加快推进会展业转型升级发展，更好地发挥我市会展业在推动经济社会发展的功能作用，特编制《宁波市会展业发展“十二五”规划》（以下简称“本规划”），重点明确今后一段时期宁波会展业转型升级发展的总体思路、主要目标和重点任务及保障措施。

本规划主要依据国务院《长江三角洲地区区域规划》、《宁波市国民经济和社会发展第十二个五年规划纲要》和《宁波市“十二五”服务业发展规划》等编制，是指导未来宁波会展业转型升级的行动纲领。本规划期限为2011～2015年。

一、现实基础

以1997年我市举办首个政府主导型的宁波国际服装节为起点，十五年来，我市会展业持续发展，在总量规模、质量效益、平台建设、主体队伍等方面取得了积极成效，先后荣获“中国十大会展城市”、“中国最佳会展城市奖”、“中国十佳品牌会展城市”等奖项，长三角南翼会展中心城市的地位基本确立。

（1）总量规模较快增长。1997 年，全市共举办会展项目 18 个。其中，展会 10 个、展览总面积达 6 万平方米，会议论坛 5 个，节庆活动 3 个。到 2010 年，全市共举办会展项目 253 个，年均增长 22.5%。其中，展会 132 个，年均增长 21.9%；展览总面积 155 万平方米，年均增长 28.4%；会议论坛 71 个，年均增长 22.6%；节庆活动 50 个，年均增长 24.1%。会展业保持了较快发展，年度规模展会总数和展览总面积处省内首位、国内同类城市前列。“十一五”宁波市会展项目统计见表 11-1。

表 11-1 “十一五”宁波市会展项目统计

年　度	会展项目总数/个	展会个数	展览面积/平方米	会议论坛/个	节庆活动/个
2006	162	84	101×10^4	43	35
2007	185	97	114×10^4	50	38
2008	207	109	128×10^4	57	41
2009	228	119	139×10^4	63	46
2010	253	132	155×10^4	71	50

（2）品牌建设初显成效。我市初步培育了一批自主型品牌会展项目。展会有浙洽会、消博会、服博会、食博会、能博会、塑博会、家博会、住博会、车博会、文博会、外贸工厂展、机械展、模具展等；2010 年，展览面积 2 万平方米以上的大型展会有 23 个。会议论坛有中国开放论坛、中国海洋论坛、甬港经济合作论坛等。节庆活动有服装节、人才科技周、开渔节、开游节、梁祝爱情节、弥勒文化节、慈孝节、湖泊休闲节、港口文化节等。还先后引进举办了 1 届双交会、2 届药机展等国内大中型巡回展和 3 届 APEC 中小企业服务联盟论坛，成功策划举办了 2010 年上海世博会首个主题论坛——信息化与城市发展论坛。一批大型会展项目进入全国先进行列，家博会、服博会先后通过国际展览联盟（UFI）认证，我市成为省内会展项目取得 UFI 认证最多的城市。

（3）带动作用日趋增强。到 2010 年，已举办 12 届浙洽会和 9 届消博会，累计来自 100 多个国家（地区）的 10.8 万多名外商参会，12 届浙洽会共签约外资项目 3358 个、协议利用外资 346 亿美元，9 届消博会共实现贸易成交 65.37 亿美元。2007 年引进举办的“双交会”有 10 万余名外地展客商与会，直接拉动消费达 2 亿元；2010 年春、秋 2 届车博会共成交 10015 辆，累计销售 20 多亿元等等。各类会展项目还吸引了大批中外人士来甬从事经济贸易、文化交流，对于进一步提升宁波城市知名度、美誉度、开放度，推动旅游、住宿、餐饮、交通等关联产业发展起到了积极作用。

(4) 专业场馆基本建成。2003 年起，我市相继建成了展览面积分别为 7.7 万平方米、4.2 万平方米、2 万平方米的宁波国际会展中心、余姚中塑国际会展中心、慈溪国际会展中心等专业会展场馆，在建的还有宁海县会展中心，待建的有慈溪国际会展中心拓展工程等；专业会展场馆的配套设施不断完善，服务运行能力不断增强，基本能满足宁波展览业日益发展的需要。截至 2010 年底，我市星级酒店总数已达到 190 家，其中五星级 19 家、四星级 23 家，承接高端会议论坛的能力不断增强。

(5) 主体队伍不断壮大。截至 2010 年，全市在册有经营会展业务的企业达 185 家（包括 4 家外企独资或合资的会展企业）。其中，会展企业注册资本在 500 万元以上的有 4 家、100 万元以上的有 45 家，已独立运作展览面积 2 万平方米以上大型展会的专业会展企业达到 15 家；年产值 1000 万元以上的达到 7 家、500 万元以上的达到 6 家。基本形成了一批有相应实力和策划运作经验的大、中、小专业会展企业，还培育了一批会展布展搭建、招商代理、广告策划、设备租赁、礼仪服务等配套企业。

(6) 发展环境持续改善。一是健全了会展机构。1999 年、2003 年先后设立市大活动办、市会展办（2011 年统一设市会展办并挂靠市府办），后又成立市会展业促进会、市节庆联合会，余姚、象山、宁海、奉化等地也相继设立会展机构。二是强化了政府推动。2003 年起每年召开市会展工作领导小组会议，2007 年起市政府又每年召开全市会展工作会议；2008 年起每年安排 2500 万元的会展业发展专项资金，并出台相应扶持政策。三是深化了服务保障。以服装节为载体，逐步构建了“1 + N”的会展服务保障体系。四是提升了会展教研。宁波是国内最早成立会展经济研究所的城市，浙江万里学院会展经济与管理是目前国内唯一的国家级特色专业。

回顾发展历程，也应清醒地认识到发展中存在的问题和不足：一是专业会展场馆配套设施不够完善，经营和服务能力有待提升。二是会展主体总体实力偏弱，实力型的专业会展企业不多，策划营销能力不强。三是政府主导型会展项目市场化不够，市场主导型会展项目规模化不够，现有传统型会展项目创新性不够，特别是规模大、效果佳的贸易类展会还不多。四是会展人才培育引进尚未取得突破，从业人员整体素质不高。五是会展营销推广力度不够大，统计评价不够规范，行业中介机构作用还未得到有效发挥等等。这些亟须加以认真研究解决。

二、机遇挑战

展望“十二五”时期国内外宏观环境和会展业发展趋势，宁波会展业转型升级既面临重大机遇，又面临严峻挑战，但总体上机遇大于挑战。

（1）发展机遇。从国际环境看，经济全球化向纵深推进，必然促进会展业全球化。随着国际产业转移深入推进，以中国为代表的亚洲经济保持较快发展，加上其潜在的巨大市场需求，国际会展机构抢占亚洲会展市场的态势不断升级，中国占有举足轻重的地位。宁波地处我国乃至世界经济最为活跃的长三角地区，经济实力较强、外向度较高、会展基础较好，是全国出口名牌产品和参加境外展览最多的城市，有利于推进会展业国际化发展。

从国内环境看，我国仍处于发展战略机遇期，国内经济发展将由“出口导向+投资驱动”转向依靠“消费+出口+投资”协调拉动，立足扩大内需是“十二五”根本政策取向，加强进口促进对外贸易平衡发展，有利于培育进口展、消费展。国家实施新一轮沿海区域发展战略，浙江海洋经济发展、舟山群岛新区建设等上升为国家战略，有利于发展“蓝色”海洋会展业。国家大力培育和发展节能环保、新一代信息技术、生物、高端装备制造、新能源、新材料、新能源汽车等七大战略性新兴产业，有利于开拓新的会展市场。国家大力发展文化产业，把会展业纳入现代文化产业的重要内容，有利于拓展延伸会展业内涵。

从区域环境看，随着长三角区域经济一体化深入推进，有望发展成为亚太重要国际门户、世界第六大城市群。上海“两个中心”建设深入实施，必将推进以服务经济为主导的经济形态在长三角地区的快速发展；国务院《长江三角洲地区区域规划》明确宁波重点发展商贸会展业，必将促进宁波贸易类展会创新发展。浙江省作为国家转变经济发展方式综合试点省，必将在结构调整、增长方式转变等方面迈出实质性步伐。同时，《浙江省文化产业发展规划（2010—2015）》明确提出，要以打造国际知名会展目的地、全国重要的会展中心及会展强省为目标，大力发展文化会展业。这些为宁波会展业发展提供了难得机遇。

从宁波实际看，宁波具有良好的产业基础，产业门类齐全，产品种类繁多，是中国品牌之都，特别是“十二五”大力推进“4+4+4”产业升级工程，将为会展业转型升级提供资源依托。市第十二次党代会把加快服务业跨越式发展作为产业结构调整的重中之重，明确提出把宁波打造成为区域性国际会展之都的宏伟目标，将为会展业转型升级提供强大动力。随着“六个加快”战略深入实施，现代化国际港口城市建设不断推进，经济实力不断增强，将为会展业转型升级提供重要支撑。市委、市政府大力推进现代服务业发展，《宁波市“十二五”服务业发展规划》把现代会展列为我市“十二五”服务业重点发展的八大生产性服务业之一，将为我市会展业转型升级提供坚实保障。

（2）主要挑战。宏观经济环境严峻挑战。会展业与经济环境密切相关。当前，国内外经济发展遇到许多新情况、新问题。世界经济复苏艰难曲折，国际金融危机持续影响，一些国家主权债务危机短期内难以解决。一段时间内的世界经济“低谷”或复杂多变的不稳定必然影响全球会展业发展。随着我国服务贸易市场全面开放，外国资本进入为中国会展业注入新的活力，也使尚未成熟的中国会展业面临更趋复杂的商业环境和更趋激烈的国际竞争。“十二五”国内经济进入更加复杂的转型时期，经济增长存在下行压力，出口压力加大，内需动力不足，一些企业特别是小型微型企业经营困难增多等等。

国内会展激烈竞争挑战。从全国看，宁波既面临北京、上海、广州一线会展城市的竞争压力，特别是去年商务部与上海市合作，共建世界上规模最大、水平最高的国家级会展中心；也面临深圳、成都、青岛、厦门、郑州等同类城市的激烈竞争。从长三角区域看，南京、苏州、无锡等城市与宁波区位相似，经济实力相当，产业结构相近，如何实现会展业错位发展是不可回避的难题。从省内看，杭州具有省会城市的管理资源叠加效应，新建的国际博览中心也将投入使用，会展业蓄势待发；义乌“以贸兴展、以展促贸”的“义博会”颇具国内外影响，会展业也正在快速崛起。

自身存在薄弱环节挑战。从发展共识看，个别地方、部门对宁波发展会展业、打造区域性国际会展之都的重要意义和作用认识不足，支持和服务于会展业发展的动力不足。从管理体系看，我市会展工作职能部门与同类城市相比，统筹发展和协调管理的力量明显薄弱；国展中心多头管理体系也尚未理顺。从城市基础设施看，我市民航、铁路发展相对薄弱，特别是国际航线极少；国展中心及周边配套设施建设进展缓慢。从会展主体和队伍看，我市实力型的会展主体数量不多，专业会展人才十分缺乏，内生动力不强等等。

三、总体思路

(1) 指导思想。以科学发展观为统领，深入实施“六个加快”战略，以会展业转型升级为主线，以调结构、促提升、增实效为目标，以政策推动、创新驱动、开放带动为途径，按照市场化、专业化、国际化、品牌化、联动化的要求，优先发展以贸易类展会为重点的展览业，引导发展商务性会议和特色节庆产业，积极发展新兴“蓝色”海洋会展业，着力推进会展业从注重数量规模向提升质量效益转变，着力推进政府主导性会展项目向市场主导性会展项目转型，着力推进以“内销”展会为主向“内销 + 外销”展会协调发展转向，加快把宁波打造成为区域性国际会展之都。

(2) 基本原则。坚持市场化发展。积极推行政府主导型会展项目“1 + 1”运作模式，即由一个政府职能部门牵头协调、一个专业会展企业或行业协会具体参与承办，不断提升市场化、专业化运作水平。充分发挥会展企业和行业协会的主体作用，大力扶持市场主导型会展项目。

1) 坚持专业化发展。正确处理会展数量规模和质量效益的关系，择优发展一批符合我市产业发展需要的导向型、自主型、潜力型贸易类特别是专业性较强的展会，不断提升其他会展项目的专业化水平；大力培育一批实力型专业会展主体；积极培养一批实用性专业人才和从业人员。

2）坚持国际化发展。依托我市开放优势，加强与国际会展机构的合作与交流，加大国际招展招商的力度，重点培育引进一批具有较强国际性的展会项目，努力提升节庆项目、会议论坛的国际化水平。学习借鉴国际会展业经营管理、服务保障、人才培养等先进理念，积极探索具有国际化特征的会展业发展机制。

3）坚持品牌化发展。按照“稳中求进、进中求质”的要求，努力优化提升一批、培育扶持一批、策划创新一批，加快发展一批国际性较高或国内知名、区域辐射较强的规模大、效果佳的自主品牌会展项目，积极推进会展“品牌项目、品质产业”工程实施。

4）坚持联动化发展。积极推进市县两级会展业联动、错位发展；充分依托产业优势、市场优势和开放优势，推动常年展、临时展、网络展联动发展；更加注重会展业与先进装备制造业为重点的工业和旅游、贸易、海洋等相关产业紧密式联动发展。

（3）发展目标。到2015年，力争实现“三个基本”的目标：基本实现数量规模适度增长、结构调整取得进展、质量效益逐步提升的发展态势；基本构筑以实体展会为主，以节庆、会议论坛和虚拟网络展为补充的“1+3”产业发展格局；基本形成政府推动、市场培育、行会参与的联动发展机制。

1）会展产业得到转型发展。以贸易类展会为重点的展览业得到创新发展，会议和节庆产业得到特色发展。政府主导型会展项目得到转型发展，市场主导型会展项目得到规模发展。会展业总体实力处于国内同类城市前列，努力把会展业培育成为现代服务业的战略性产业。会展业对经济的拉动作用超过400亿元。

2）主体培育取得明显成效。初步形成以宁波市国际贸易投资发展有限公司（以下简称国投公司）为龙头、大中型专业会展企业为支撑、相关会展服务机构为辅助的“123”会展主体结构，即境外或境内外合作的专业会展机构达到10家，实力较强的专业会展企业突破20家（其中年产值2000万元、1000万元以上各达到10家），相关会展重点配套服务机构超过30家。

3）会展质量实现跨越提升。力争全市举办会展项目达到400个。其中，举办展会达到200个，展览总面积达到250万平方米；展览面积2万平方米以上的大型展会达到30个。不断做强传统会展项目，大力培育新兴会展项目，重点打造一批国内外有较大影响的“新、特、专、优”的“12633”自主品牌会展项目，即12个优势贸易类展会、6个特色消费类展会、3个高端会议论坛、3个品质节庆活动。取得UFI认证的会展项目达到5个。

4）发展环境不断优化改善。全市统筹会展业发展的力量得到加强，市场监管规范有序；政策作用有效发挥，服务保障明显提升；专业会展场馆运营能力明显增强；从业人员素质不断提升，人才培育引进取得突破；会展教育科研、产学合作取得较大成效。

四、空间布局

根据全市资源禀赋和功能分区，结合现有专业会展场馆资源分布和市、县会展业发展现状，统筹考虑各地会展业发展的新趋势，着力构筑“一核支撑、两翼协同、多点补充”的会展产业空间布局（如图 11-1 所示）。

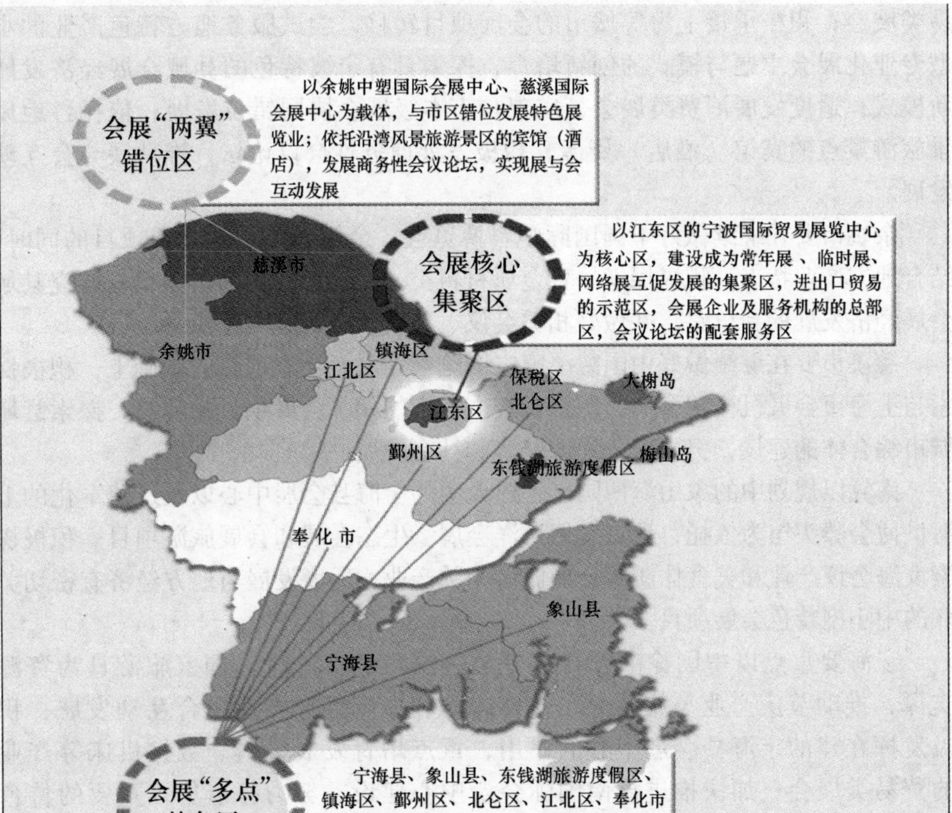

图 11-1　“一核支撑、两翼协同、多点补充”的会展产业空间布局

（1）打造一个核心集聚发展。以江东区国展中心为会展核心集聚区，依托宁波国际会议展览中心及周边宾馆（酒店）等会议设施，重点发展贸易类展会，鼓励发展消费类展会，培育发展虚拟网络展，引导发展相应专题会议

论坛，努力提升各类展与会的国际化水平，大力助推常年展发展。借助会展业位于现代服务业产业链前端的特征，充分发挥会展的注意力经济效应、信息交流作用、文化促进作用和消费拉动效应，与宁波国际金融中心、宁波航运中心共同构建支撑宁波现代服务业发展的现代服务业集聚区和城市综合体，基本建成立足长三角、辐射国内、面向世界和有宁波特色的区域性国际会展之都的核心集聚区。

（2）推进“两翼”错位发展。北翼以余姚中塑国际会展中心、慈溪国际会展中心专业会展场馆为依托，重点培育发展依托本地产业优势、市场优势的贸易类展会；积极承接上海等城市的会展项目转移，尝试服务地方特色产业的小型专业化展会主题与模式的创新培育，探索具有宁波特色的县域会展经济发展新模式；适度发展消费类展会，实现与市本级展会协同错位发展；依托各地风景旅游景点的宾馆（酒店）资源，积极发展商务性会议论坛，推动展与会互动发展。

余姚市要在继续做好中国国际塑料博览会、余姚农博会等会展项目的同时，结合地方产业特点，积极探索培育金属材料类、文化产业类会展项目，研究县域会展经济发展的新思路，并做好相关会议、节庆活动。

慈溪市要在继续做好中国慈溪家电博览会等现有会展项目的基础上，积极探索与上海市会展机构的合作，积极承接上海市的相关会展项目的转移，探索县域城市综合体的建设，努力服务地方经济和社会发展。

南翼以规划中的象山海博园区、建设中的宁海县会展中心以及迁建奉化的上海世博会滕头馆为依托，重点发展海洋会展、生态会展和会展旅游项目。积极探索滨海会议产业和美食休憩等会展旅游相关产业，适度发展与地方经济有密切关联的中小型特色会展项目。

宁海要重点以中国徐霞客开游节为引领，以“5.19”国家旅游日为资源支撑，推动节庆产业与旅游业、体育运动和休闲健康产业融合互动发展；积极发挥在建的宁海县会展中心的作用，重点培育发展模具、数控机床等产业的贸易类展会；加快推进溪南国际会议中心建设，努力打造华东重要的特色会展中心。

象山要重点依托海洋、海岸、海岛等资源优势，做强渔文化主题，继续办好中国海洋论坛、中国开渔节等节会活动；加快推进大目湾海博园区规划和建设，积极发展“蓝色”海洋会展业，努力打造海洋特色会展服务新平台。

奉化市要以中国奉化雪窦山弥勒文化节、奉化水蜜桃节为依托，做强做大佛教文化、两岸文化、后世博文化主题，重视发展特色节庆项目，积极推进休闲会议产业发展，探索会展旅游产业发展的新途径。

（3）带动“多点”特色发展。鄞州区要重点挖掘历史文化资源，继续创新办好中国梁祝爱情节等节庆活动。借助区域内高级宾馆（酒店）的集聚优势和南部商务区、南高教园区的城市综合体资源，积极引进举办国际化高端商务性会议论坛和培育相关特色活动，努力打造特色商务会展区块。发挥鄞州万达广场的作用，通过举办小型汽车展、食品展、特色商品展等丰富市民的文化生活，促进消费。

东钱湖旅游度假区要重点加快推进国际会议中心建设，依托丰富的特色湖泊资源，积极招会引会，继续创新办好中国国际湖泊休闲节，力争打造成为华东地区重要的国际会议基地。

镇海区要充分运用“院士文化”、“宁波商帮”等资源，发挥中科院材料所的科研优势和国家级石化经济技术开发区的产业优势，重点培育发展新材料、石化工业等“新蓝海”会展业。继续办好中国开放论坛，努力把九龙湖打造成具有较强竞争力的重要商务会议基地。

海曙区要充分发挥高星级酒店集聚的优势，进一步探索会议产业的发展思路，结合我市的特点，重点发展综合性会议、专业性会议，提升海曙区的会议酒店产业发展。

北仑区要重点依托港口文化资源，继续办好中国宁波国际港口文化节。充分发挥梅山保税港区功能优势，探索进口商品展示基地建设，并与江东区的国展中心常年展、临时展联动发展。

江北、奉化要重点分别依托慈孝文化、弥勒文化，继续办好中华慈孝节、中国（奉化）雪窦山弥勒文化节，实现文化产业与会展产业共同发展。

其他县（市）区要结合自身的产业优势、市场优势、文化优势和旅游资源、场馆资源，实现会展业特色发展、错位发展。

五、主要任务

（1）加快完善会展平台。加快展务经济平台建设，积极发挥国有资本在会展领域的引领性、战略性、基础性和示范性作用，加快推进国展中心及配套项目建设，使之成为宁波打造区域性国际会展之都的核心平台。落实国展中心建设的优惠政策，加快推进一期常年展三、四号馆建设和临时展馆升级改造工程，以满足常年展、临时展日益发展的需要；加快完善场馆商务服务及周边餐饮、住宿、汇兑、交通、仓储等配套功能建设；加快提升场馆安防系统、票证制作与检验系统、消防监控系统、交通系统等配套设施。严格控制各地展览场馆建设，防止重复投资。积极发挥现有余姚中塑国际会展中心、慈溪国际会展中心和在建的宁海县会展中心专业会展场馆的积极作用，不断提升专业会展场馆的运营能力和服务水平，有效支撑展务经济发展。

专栏1　“十二五”宁波市会展场馆重点建设项目
1. 宁波国际贸易展览中心。位于甬新河以东、通途路以南、江澄以西、民安路以北的占地面积72570平方米、规划建筑面积301460平方米的一期常年展三、四号馆基本建成；现有一至八号临时展馆得到改造升级，配套设施得到进一步完善。基本形成区域性的进口、出口贸易展览展示先行区。
2. 余姚中塑国际会展中心。位于余姚中国塑料城内，占地面积42000平方米，分8个展馆，标准展位2000个。“十二五”期间将进一步完善塑料城展馆及相关配套设施，加快推进塑料城商务中心建设，强化展馆周边设施配套规划，完成部分展馆迁建或扩建规划工程，基本形成特色产业常年展与会展中心功能融合的会展功能区块。
3. 慈溪国际会展中心。利用现有会展周边剩余土地资源，拟投资1亿元人民币扩建1000个国际标准展位的展馆和完善相关的公共配套设施。积极探索县域综合会展运作模式，提升会展产业区块的综合服务功能。
4. 宁海县会展中心。位于宁海五一九广场，占地面积78亩，建筑面积7.2万平方米，集会展、展销、商贸、办公、文化、餐饮、旅游、体育健身为一体的现代化、多功能、综合性的国际会展中心基本建成，主要包括400个国际标准展位、城市规划展览馆、800人多功能厅、会议培训设施等。
5. 象山大目湾海博会展区。位于规划面积15平方公里的大目湾低碳生态城内，该会展区规划占地面积约2000亩。“十二五”期间将围绕大目湾低碳生态城“养生休闲度假海湾、海洋文博商务中心、低碳宜居示范新城”的总体功能和全力打造国际性的海洋经济、科技、贸易的海博会展区的定位，积极推进前期调研策划、规划论证等相关工作，并力争早日启动建设工作。

推进会务经济平台建设，引导各县（市）区结合自身优势和发展需要，积极招商引资，加快建设面向国际的会务经济发展平台，努力打造各类高端商务性会议基地和旅游基地。加快推进东钱湖旅游度假区国际会议中心建设步伐，使之具有承办大中型国际性会议的设施条件。加快推进宁海县溪南国际会议中心、镇海九龙湖商务会议基地等建设，形成特色会务平台。依托宁波市中心三江口区块的宾馆（酒店）集聚资源，积极招商引会，加快打造“三江汇”商务会议基地。引导全市其他主要宾馆（酒店）按照国际化的服务标准，完善会议场地和相关配套设施建设。积极支撑会务经济发展。

（2）加快培育会展主体。不断提升现有专业会展主体，指导国投公司按照国际化、专业化的要求经营运作，不断提升综合竞争力。鼓励中小型会展主体通过收购、兼并、联合、参股、控股等方式，进行跨地区、跨部门的战略重组；鼓励国内外资金通过多种方式参与我市会展业的资产重组和股份制改造，推进我市会展业跨区域合作、国际合作。支持市内会展企业加入国际会展组织，推行国际营销战略，力争有5家会展企业加入国际展览联盟（UFI）、美国国际展览协会（IAEM）、英国展览业联合会（EIF）等知名国际会展专业组织；支持会展企业取得ISO国际质量体系认证，提升国际竞争能力。按照《宁波市地方税务局营业税差额征税管理暂行办法》，通过对会展企业多办展、办好展的税收优惠，不断提升现有专业会展企业的实力，着力培育一批规模较大、竞争力较强的会展领军企业，增强会展业发展的内生动力。

大力培育新兴专业会展主体，充分发挥政策的宏观引导和激励作用，努力引进培育一批外向关联度高、招展引会能力强的优秀会展主体。认真落实市政府《关于加快推进国际贸易和会展企业总部基地建设的实施意见》，根据会展企业注册资本额度给予相应的补助。对符合我市引进市外大型服务业机构和总部经济扶持发展要求的会展企业（中介组织），同时享受市政府关于服务业和总部经济的相关政策。积极鼓励国内外相关行业协会、专业会展机构和配套服务企业来我市投资创办会展企业或设立分支机构。鼓励市内相关行业中介组织依托自身资源优势，分设会展企业，积极开拓会展业务；注重与上级行业中介组织联系协调，支持或参与我市会展业发展。引导其他行业有实力的企业集团投资会展业，参与主（承）办我市会展项目。研究成长性会展主体的政策扶持办法，不断壮大会展主体队伍。

不断发展会展配套服务主体，按照会展服务专业化的要求，培育发展与会展业密切相关的项目策划、布展设计、展装搭建、设备租赁、招展招商代理等专业服务企业和交通物流、金融保险、商贸旅游、广告代理及中介服务等配套服务企业，不断延伸会展产业链。引导会展服务企业在专业化、标准化、规范化方面与国际先进水平接轨，不断提升会展配套服务企业的国内外竞争力，有效支撑我市会展业专业化提升发展。

（3）择优发展政府会展。优先扶持重点展会，按照“依托产业、服务产业、提升产业”的思路，市本级要围绕打造先进装备制造业基地、推进“4＋4＋4”产业升级工程和推动海洋经济、开放型经济发展等需要，重点择优扶持一批由市政府主导的在国展中心举办的贸易类展会，并给予“一展一策”财政专项支持；筛选一批符合上述导向和要求的市场化运作的自主型、潜力型已办贸易类展会，经严格评估、审核、审批，纳入市政府主导的重点扶持展会。按照“属地需要”的原则，有效发挥各县（市）区专业会展场馆的作用，鼓励各地依托产业优势、市场优势发展各自引领性的贸易类展会。继续办好宁波国际服装服饰博览会、中国浙江投资贸易洽谈会、中国国际日用消费品博览会、中国（宁波）节能产品（技术）博览会、中国国际智慧城市技术与应用产品博览会、中国国际塑料博览会、中国慈溪家电博览会等政府主导型展会。

引导发展节庆会议，鼓励各地结合自身文化历史、特色产业和区域资源优势，通过服务外包，大力培育或引进举办重点性、实效性的特色节庆项目和面向海内外的工业、贸易、物流、金融、旅游、科教、文化等商务性会议论坛，创新发展节会经济。立足宁波高端产业发展的需求，充分利用国内外资源优势，积极争取航运、大宗商品等方面的国际性高端会议论坛来甬举办并落户宁波；加强策划营销，培育一批精品节庆项目。继续办好宁波国际服装节、中国·浙江宁波人才科技周、中国开渔节、中国徐霞客开游节、中国（奉化）雪窦山弥勒文化节、中华慈孝节、中国梁祝爱情节、中国国际湖泊休闲节和甬港经济合作论坛、中国开放论坛、中国智慧城市发展高峰论坛等政府主导型重点节会项目。

规范提升政府会展，按照“突出重点、严格控制、规范运作、注重实效”的原则，既要优先扶持重点展会，严格控制非商品展览或形象展示比重较大的展会，也要培育一批政府支持型的重点节庆和会议论坛，积极推行政府主导型会展项目评估机制。新办的政府主导型会展项目申办前须经可行性评估；传统政府主导型会展项目要通过评估，整合一批、淘汰一批、提升一批；同时要逐步健全政府主导型会展项目财政资金的绩效评价体系。积极推行政府主导型会展项目“1+1”运作模式，不断提升专业化、市场化举办水平。新办的政府主导型会展项目应按照“1+1”模式运作，传统的政府主导型会展项目力争三年内实现转型，同时要控制同一家市内专业会展企业承办政府主导型会展项目数量，确保会展企业集中精力承办好会展项目，以此培育更多、更优的专业会展主体。努力减少政府主导型会展项目的务虚活动，安排财政专项资金的重点展会应要加大招展特别是招商的投入。

(4) 着力发展市场会展。加大市场化展会政策扶持，充分发挥市场主体的作用，把大力培育市场化展会作为今后会展业发展的重点方向。遵循展会从小到大、从弱到强、从专到优的成长规律，按照“分类分级、突出重点、绩效挂钩”和“小展少助、大展多助、优展特助”的原则，加大对会展企业（中介机构）举办的运作规范的展会项目资金支持力度，积极鼓励会展企业招展引展。有效发挥市本级财政专项资金的激励作用，重点扶持新材料、新能源、新装备、生命健康、海洋高技术、汽车零部件等我市产业发展需要的新题材贸易类展会，适度发展消费类展会。认真把握国务院《关于加强进口促进对外贸易平衡发展的指导意见》，既要大力支持会展企业培育引进进口商品展会，也要积极鼓励市场化运作的展会项目加大招展特别是招商投入，努力扩大展会规模，提高进口展品比重，不断提升展会质量，尽快培育一批市场化的优势品牌展会项目。鼓励各地按照“属地需要、属地受益、属地扶持”的原则，积极发展市场化的特色展会。

提升节会项目市场化水平，按照“突破高端、发展中端、培育专业、适度发展”的思路，鼓励各县（市）区培育发展一批政府支持型商务性会议论坛。按照“精品化、特色化”的要求，打好文化牌、产业牌、海洋牌、港口牌，培育发展一批“政府+市场”运作的重点节庆项目。引导现有政府主导型节会项目立足长远，策划创新，加快引入市场机制，通过服务外包和专业机构策划运作，稳步提升节庆项目和会议论坛的专业化、市场化水平。研究市县两级市场化节庆和商务类会议论坛扶持办法。

规范市场化会展监督管理，按照《宁波市展览业管理暂行办法》，在实践中不断完善展会的“一站式”审核、审批制度，切实规范展会的监督管理。认真做好会展企业办展资格审查，严格把好展会准入关，克服骗展、多头办展和重复办展现象，抵制劣质办展单位和展会项目，防止展会恶性竞争，促进我市展览业健康发展。抓紧研究出台节庆项目和商务性会议论坛管理办法。强化行业自律，加快形成“事前准入审核、事中服务保障、事后评估评优”的监管和评价机制，指导市会展业促进会、市节庆联合会认真履行“服务、代表、协调、自律”的基本职能，健全行业规章，配合政府加强行业监管，保障会员企业的合法权益。

（5）积极发展海洋会展。培育海洋重点会展项目，贯彻落实国家和浙江海洋经济发展战略，继续办好中国海洋经济投资洽谈会、中国海洋论坛和中国开渔节、中国国际港口文化节等重点海洋会展项目。积极发展海洋装备、船舶、医药、高新技术、渔业等题材的会展项目，努力争取中国海洋博览会落户宁波。突出重点，整合资源，力争培育一个国内最大、国际有较大影响的“龙头”海洋会展项目，抢占国内海洋会展业新高地。

推进海洋国际会展发展，积极发挥“宁波帮”和帮宁波人士的作用，加强与国外已办的海洋会展项目主办机构合作，推进合作办展，或培育子展、卫星展，争取得到国家有关部门和中介组织的大力支持。通过5~10年培育扶持，力争发展一批国内外有较大影响的海洋题材贸易类展会，大力助推我市海洋经济快速发展。积极参与世界重点海洋会展项目，继续推进申办世界海洋博览会前期申报研究等基础性工作。

建设海洋文化会展中心，以象山大目湾新城筹建海博会展区为契机，突出海洋文化主题，积极培育引进若干知名品牌展览，打造海洋文化展览中心。以中国海洋论坛为引领，依托沿海湾海洋旅游资源，积极发展海洋会议和奖励旅游。以中国开渔节为龙头，丰富海洋节庆内涵，创新办节模式，继续办好石浦“三月三·踏沙滩”民俗节、渔山国际海钓节、象山海鲜美食节等节庆项目，整合现有海洋节庆资源，构建“1+3+N”的海洋节庆体系。

（6）努力发展品牌会展。优化项目评选促品牌，突出重点，继续鼓励全市展会项目做大、做强、做专、做优。按照政府主导型、市场主导型两大类，创新开展年度市级优秀展会项目评选活动，优先评选贸易类专业性、进口型展会。稳步推进市级优秀节庆、会议论坛评选活动。力争形成“双十佳展会”（政府主导型、市场主导型）和“双五佳节会”（节庆、会议论坛）项目。重点评选我市自主型和在我市连续举办三年（届）以上的非自主型会展项目。对评出的市场主导型优秀会展项目给予适当的经费奖励。

强化自主创新塑品牌，鼓励我市自主型会展项目组办单位加强自主品牌建设，对获得国际展览联盟（UFI）等知名国际性组织认证和取得国家注册商标的会展项目一次性给予相应资金补助；对获得中国驰名、浙江省著名、宁波市知名商标或名牌的会展项目一次性给予相应专项奖励。加强策划创新，鼓励各类展会项目组办单位，积极培育相应的订货会、对接会等配套活动，增强和延伸展会的实效，不断推进会展业品质化发展。

深化内外合作强品牌，积极发挥我市国内外合作交流资源优势和海内外“宁波帮”、“帮宁波”人士在推动我市会展业发展中的重要作用，加强与国内外相关部门和行业中介组织及相应品牌会展项目组办机构的联系协调，大力引进国际性、全国性的品牌会展项目来甬举办并落户，或联办我市传统会展项目，不断增加国际化元素，提升会展项目举办水平和档次，力争培育国际、国内或区域有较大影响的“12633”大型品牌会展项目，以提升会展项目国际化，促进品牌化发展。

(7) 创新推进智慧会展。构建智能会展服务体系，结合宁波智慧城市建设，加大投入，重点突破，率先在国内构建智能会展服务体系，争取获得市级或省级、国家级立项建设。努力提升“中国宁波会展网”建设水平，建成多种语言并与国内外知名网站和市内重点会展企业网站、会展项目专题网站链接的全市综合性会展业官方门户网站，集合会展项目网上申报、审批和展会资助资金、项目评优申请及统计分析、信息发布、决策咨询等多种功能。积极探索推进来甬展、客商参多展、多用途的“一卡通”服务体系，包括免费参加市内重点展会和市内公交、餐饮、住宿、购物等结算服务。鼓励重点会展项目专题网站开设网上预约、确认等服务功能。加强专业会展场馆基础设施建设，不断提升智能化服务水平。

促进智慧会展创新发展，重点鼓励注册在本市的会展企业依托自办的贸易类实体展会，培育一个相应的虚拟网络展，给予相应的资金补助，积极开拓“第二展会”，延长展会产业链，促进实体展览与虚拟展览良性互动发展。市内外贸部门要有效发挥各自资源优势、贸易优势，创新发展虚拟网络展。继续办好中国国际日用消费品网上博览会（简称网上消博会）等网上会展。依托国际贸易、专业市场，创新发展网上进出品贸易，建设成为区域性、行业性进出口电子商务平台。鼓励加大投入，逐步推进现有网络展从二维技术向三维、四维立体技术提升。

提升智力会展保障水平，强化会展科研工作。以宁波市会展经济研究所为基础，依托驻甬高校科研和师资力量，进一步提升我市会展科研在国内的影响力，适时成立宁波会展经济学会；加大会展科研投入，提高市级课题会展项目立项比重，支持会展学科团队建设；积极鼓励申报国家、省级会展科研项目，开展会展业发展前瞻性基础理论和方法研究，强化应对性研究，为会展企业和产业发展提供智力支撑。推进会展专业建设，鼓励现有开设会展专业的院校，通过争取国家级专业综合改革试点、省优势专业建设、市品牌专业和重点专业建设等，不断提高专业建设水平；加大会展课程和教材建设力度，争取在国家级、省级视频公开课、资源共享课和规划教材建设方面实现突破。

(8) 合力构建和谐会展。强化会展项目安全管理，按照“谁组办、谁负责和属地管理”的原则，落实各项大型会展项目安全措施，制订安全应急预案；完善各大型专业会展场馆安防系统、票证检验系统、消防监控系统、交通系统等配套设施和卫生设施；加强专业会展场馆布展搭建施工企业规范化管理，推进“平安会展”建设。认真落实国家对展会的知识产权保护办法，协调市知识产权和工商管理部门设点巡场服务，及时处理展会知识产权保护投诉事宜，推进“信用会展”建设。

提升重点场馆服务运营，充分发挥各专业会展场馆的公共服务平台的作用，加强硬件及配套设施建设，不断提升场馆的现代化、智能化水平；加强自我管理，不断提升规范化、人性化的服务水平。重点加快完善国展中心场馆的门禁、登录、交通、消防等配套设施建设，更好地服务于展会举办，并按照“优先贸易类展会、保护传统品牌展会”的原则，有序安排展期；市公安部门要切实加强对其指导，抓紧组建相对稳定的专业安保队伍；建立健全场馆租赁价格和各项服务收费的多方协商机制，立足于政府激励政策一致性，立足于加快推进国展中心建设，尽快研究制定各项优惠收费措施，鼓励会展企业多办展、办好展。

优化会展公共服务保障，着眼于宁波打造“区域性国际会展之都”的大局，充分发挥政府及部门在推动会展业转型升级中的重要作用，积极实施会展服务便利化工程，探索构建具有国际化特征的会展公共服务保障体系。协调宣传、公安、财政、人力社保、城管、交通、食品药品、卫生、工商、质检、海关、检验检疫、知识产权、人才、外事、经济协作等部门，建立行业管理规范化、部门协作程序化、服务保障标准化的工作体系，形成运作有序、相互衔接、高效协同的推进机制。

六、保障措施

(1) 健全组织体系。充分发挥市会展工作领导小组及办公室的作用，定期或不定期召开会议，协调解决会展业发展中的突出问题。各县（市）区和市有关部门要明确分管领导和相应的工作机构及联络员。市会展办要紧紧围绕“战略研究、行业管理、协调保障”三大任务，积极履行职能。按照有利于加快推进会展业转型升级的新要求，有效理顺各级会展工作机构，加强工作力量。充分发挥市会展业促进会、市节庆联合会、市会展经济研究所、市会展业服务中心等会展机构的积极作用，加强对其业务指导和经费支持。研究成立会展业与工业、旅游、贸易、海洋等相关重点行业中介组织联合的服务联盟。加快形成政府主导力、企业主体力、市场配置力的“三力合一”会展业发展增促机制。

(2) 创新政策措施。根据新形势、新任务和新要求，加强系统研究，抓紧出台加快推进会展业转型升级的政策文件，合理安排使用会展业发展专项资金，切实提高政策的针对性、实效性和操作性。加强对各地各部门会展工作实绩考核，发挥政府部门和各类服务机构在促进会展业发展中的重要作用。重点资助在国展中心举办的市场化运作规范的贸易类特别是专业性较强的展会，扶持专业会展企业，奖励优秀展会和会展工作先进单位与个人，支持有关院校、科研机构和中介服务机构开展工作，做好会展整体营销推广、统计评估、绩效评价、调查研究、从业人员培训等基础性工作。协调市各有关部门大力支持或服务于会展业发展和会展项目筹办，引导各县（市）区制订相应的政策措施，推动本地会展业发展。

（3）重视人才培养。积极发挥政府主导和企业主体作用，实施“1+1”会展人才培养工程。按照“以用为本、以用为先、以长期用为好”的原则，支持市内重点会展企业引进一名素质高、稳定性好的高级会展策划或高级会展营运管理等紧缺人才，不断提升我市会展业竞争软实力。对引进和培养的会展业领军人才、拔尖人才及高层次创新创业人才，按有关政策给予扶持和资助。积极开展会展职业培训、资质培训，不断提高会展从业人员整体素质。创新突破，政校联合设立会展专项创业基金，共建会展创业基地。引导会展企业支持从业人员参加国内外学习培训，不断提升企业软实力。积极开展市级“双十佳”（机关、企业各10名）会展工作先进个人评比活动，表彰和奖励为推动我市会展业发展作出贡献的相关人员。

（4）做好统计评估。加强会展统计调查，制定会展业统计调查办法，进一步规范会展统计调查工作，完善统计要素和标准设置，健全全市会展业统计数据上报流程，逐步纳入我市国民经济统计体系。加强会展项目评估，成立由各方专业人员组成的会展项目评估机构，逐步向第三方评估认证机构过渡，研究制定会展项目系统评估办法。近期，重点做好政府主导型展会和申请资助资金的市场主导型展会的事前、事中、事后综合评估工作，严格认定展会类型、展览面积和贸易类展会展客商人次等要素指标，逐步推进其他会展项目评估工作。加强会展产业评价，结合会展统计调查和会展项目评估，支撑会展项目评优、资金审核、安全管理等工作，重点测算年度会展业对经济的拉动作用，并做好财政资金的绩效评价工作，及时组织编写年度会展业发展报告，为上级决策提供依据。市会展、财政、统计、审计、公安等部门要加强业务指导和工作支持。

（5）加强营销推广。加大经费投入，支持办好“中国宁波会展网”、“宁波会展简报”等有效平台，积极宣传把宁波打造成为区域性国际会展之都的重要意义和作用，大力弘扬先进典型事迹，积极传播会展知识和行业信息，加快形成会展业发展“大合唱”氛围，鼓励“走出去”营销推广。每年有针对性地选择国内外重点会展城市进行专题营销推广和学习考察；整合资源，研究在国内外重要媒体整体营销推广我市会展业和品牌项目的办法。充分发挥展会资助资金调节作用，鼓励会展企业加大展会营销推广投入，开设相应专题网站。市相关部门要大力支持在市区主要道路的公共场所和国展中心周边设置常年展、临时展专题公益广告等配套宣传设施。

附件

“十二五”宁波市重点优化提升的会展项目导向（按最近一届举办时间先后排序）

序号	类别	项目名称	主办/承办单位	责任/联系单位
1	展会	中国国际文具礼品博览会	主办:中国国际贸易促进委员会 承办:贸促会宁波分会,宁海县政府	贸促会宁波分会
2		中国国际机械工业展览会	主办:中国机械设备进出口总公司,宁波市政府 承办:宁波雅卓展览服务有限公司	市经信委
3		宁波国际汽车博览会	支持:宁波市政府 组办:宁波江东前程展览有限公司	市会展办
4		中国国际家居博览会	主办:中国轻工业联合会,宁波市政府 承办:中国轻工业展览中心,江东区政府,市住建委、市科协、市贸易局	江东区政府
5		中国慈溪家电博览会	主办:中国家电商业协会,中国机电产品进出口商会,台湾机电铜业公会,慈溪市政府 承办:慈溪江南会展管理有限公司	慈溪市政府
6		中国国际机电工业博览会、中国模具之都博览会	主办:中国机械工业联合会,市经信委 承办:宁波市国际贸易服务有限公司,宁波市模具行业协会,宁波市机床设备协会	市经信委
7		“制造者“外贸工厂展览会	支持:市外经贸局 组办:宁波江东前程展览有限公司	市外经贸局
8		中国浙江投资贸易洽谈会、中国国际日用消费品博览会	主办:浙江省政府,国家商务部 承办:宁波市政府,浙江省商务厅	市外经贸局
9		宁波国际服装服饰博览会	主办:中国服装协会,宁波市政府 承办:市经信委	市经信委
10		中国宁波国际住宅产品博览会	主办:宁波市政府,国家住建部住宅产业化促进中心 承办:市住建委	市住建委
11		中国塑料博览会	主办:中国石油和化学工业联合会,中国石油天然气集团公司,中国石油化工股份有限公司,中国中化集团公司,中国轻工业联合会,余姚市政府 承办:余姚市中国塑料城展览有限公司等	余姚市政府

续表

序号	类别	项目名称	主办/承办单位	责任/联系单位
12	展会	中国食品博览会	主办:国家商务部,中国商业联合会,中国轻工业联合会,浙江省政府 承办:宁波市政府,浙江省商务厅	市贸易局
13	节庆	中国宁波国际茶文化节	主办:中国国际茶文化研究会,中国茶叶流通协会,中国茶叶学会,省农业厅,市政府 承办:市林业局、市供销社、市农业局、市文联、市会展办,江东区政府,海曙区政府,宁波茶文化促进会	市林业局
14		中国徐霞客开游节	主办:中国旅游协会,中华文化促进会,浙江省旅游局,宁波市政府 承办:宁海县政府	宁海县政府
15		中国梁祝爱情节	主办:宁波市鄞州区政府,宁波市旅游局 承办:鄞州区风景旅游管理局、高桥镇人民政府	鄞州区政府
16		中国开渔节	主办:象山县人民政府 承办:中国开渔节组委会	象山县政府
17		中国浙江·宁波人才科技周	主办:国家人社部,国家科技部,宁波市政府 承办:浙江省委人才工作领导小组,宁波市委人才工作领导小组	市委人才办
18		宁波国际服装节	主办:宁波市政府,中国服装协会,中国纺织工业协会,共青团中央,全国青联 承办:市经信委,共青团宁波市委,市贸易局,市外经贸局,市文广新闻出版局,贸促会宁波分会,市会展办,市外办等	市经信委
19	会议	甬港经济合作论坛	主办:宁波市政府,香港贸易发展局 承办:香港发展贸易局,市侨办,市外办等	市侨办
20		中国海洋论坛	主办:浙江省政府,国家海洋局 承办:宁波市政府,浙江省发改委,海洋渔业局,海洋经济办公室	象山县政府

“十二五”宁波市重点培育扶持的会展项目导向（按最近一届举办时间先后排序）

序号	类别	项目名称	主办/承办单位	责任/联系单位
1	展会	中国（宁波）国际精品家具展览会	主办：全国工商联家具装饰业商会，宁波市工商业联 承办：宁波市家具商会	市工商联
2		中国（宁波）节能产品（技术）博览会	主办：宁波市政府，浙江省环保厅，经信委 承办：市经信委，市环保局	市经信委
3		中国（宁波）智慧城市技术与应用产品博览会	主办：国家工信部，国家广电总局，中国科学院，中国工程院，中国移动通信集团有限公司，中国电信集团有限公司，中国联合网络通信有限公司，宁波市政府 承办：市经信委，市文广新闻出版局，市科技局，杭州湾新区管委会，宁波高新区管委会	市经信委
4		中国海洋经济投资洽谈会	主办：浙江省政府，国家海洋局 承办：宁波市政府，浙江省发改委，海洋渔业局，省商务厅，海洋经济办公室	市发改委（海经办）
5	节庆	中国宁波国际港口文化节	主办：中国交通运输协会，中国港口协会，宁波市政府 承办：宁波北仑区政府，宁波港集团公司	北仑区政府
6		中国（奉化）雪窦山弥勒文化节	主办：中国佛教协会 承办：中国（奉化）雪窦山弥勒文化节组委会	奉化市政府
7		中华慈孝节	主办：中国文联，中国社科院伦理学会，江北区委、区政府，宁波城建投资控股公司 承办：江北区政府，宁波城建投资控股有限公司	江北区政府
8		中国国际湖泊休闲节	主办：宁波市政府，浙江省旅游局，中国青年报社 承办：东钱湖旅游度假区管委会，市旅游局	东钱湖旅游度假区管委会
9	会议	中国国际徐霞客旅游文化论坛	主办：中国旅游协会，中华文化促进会，浙江省旅游局，宁波市政府 承办：宁海县政府	宁海县政府
10		中国开放论坛	主办：国务院发展研究中心，浙江省政府 承办：宁波市政府，浙江省商务厅，中国经济时报社，中央电视台经济频道	市外经贸局
11		宁波·诺丁汉国际金融论坛	主办：中国社会科学院，宁波市政府，英国诺丁汉大学 承办：英国诺丁汉大学	英国诺丁汉大学
12		中国智慧城市发展高峰论坛	主办：国家工信部，国家广电总局，中国科学院，中国工程院，中国移动通信集团有限公司，中国电信集团有限公司，中国联合网络通信有限公司，宁波市政府 承办：市经信委，市文广新闻出版局，市科技局，杭州湾新区管委会，宁波国家高新区管委会	市经信委
13		湖泊休闲论坛	主办：宁波市政府，浙江省旅游局，中国青年报社 承办：东钱湖旅游度假区管委会，市旅游局	东钱湖旅游度假区管委会

“十二五”宁波市重点策划创新的会展项目导向

序号	类别	项目名称	责任/联系单位
1	展会	中国国际新材料博览会	市经信委
2		中国国际新能源博览会	市发改委
3		中国国际新装备博览会	市经信委
4		中国国际生命健康新产品博览会	市经信委
5		中国国际海洋高技术产品博览会 （或中国海洋博览会）	市发改委、 市海洋渔业局
6		中国国际汽车零部件博览会	市经信委
7		中国动漫产业博览会	鄞州区政府
8		宁波国际进口商品博览会	市外经贸局
9		中国（宁波）国际石化博览会	市贸促会
10	会议	中国石化产业绿色发展论坛	市贸促会
11		中国国际航运发展论坛 （或国际货运代理协会联盟年会）	市发改委
12		世界大宗商品论坛	市发改委

第十二章

宁波会展业绩效评价方法与实证研究

引言： 宁波市是国内开展会展业评估工作较早的城市之一。早在2004年，宁波市会展经济研究所就受宁波市会展行业协会（2006年更名为宁波市会展业促进会）的委托，承担宁波国际住宅产业博览会的评估工作。2008年政府设立会展政策扶持资金后，会展项目评估成为常态性工作。本研究旨在进一步细化展位面积、参展商结构、客商数量等关键因素在会展项目办展质量评估中的重要地位，并结合相关因素，对宁波市会展项目评估工作的指导思想、主要内容、会展评估的类型特点、会展评价指标体系的设立、会展评价中相关指标的权重特点等开展研究，以解决会展项目评估中存在的问题。

会展业是近年来高速发展起来的新兴产业，由于会展业作为现代服务业的重要组成部分，具有较强的注意力经济效应，对城市经济及社会发展具有产业联动、交易驱动、消费拉动、功能带动等作用，被视为经济发展新的增长点、产业结构调整的突破点、生态可持续发展的着力点和文化传承发展的衔接点，受到很多地方政府的高度重视。商务部的相关统计表明，近年来会展业每年以20%左右的速度快速增长，发展势头强劲。

宁波市是国内会展业比较发达的城市。自1997年举办首届国际服装节以来，会展业经历了从无到有、从小到大、从弱到强的发展历程，已经初步形成在国内会展城市中产业定位最高、政策竞争力最强等特征。随着会展数量增多、规模不断扩大、衍生产业逐步形成，会展文化已经在市民中产生较大的影响。会展业已经成为宁波市经济和社会发展不可或缺的组成部分。

会展项目绩效评价是衡量一个会展项目综合业绩的重要手段，也是为政府遴选政府主导型会展项目、通过产业政策扶持市场化运作会展项目的一个重要手段。早在2007年、2008年，市会展办就先后组织力量，对宁波市会展业的综合效益及对经济的拉动作用开展评价，并得出会展产业投入与产出1∶7.2和1∶7.4的拉动作用效益值。2007年全市会展工作会议后，市会展办根据市政府主要领导的要求，制定出台了《关于进一步加快推进宁波市会展业发展的实施意见》，每年拿出2500万元财政资金扶持会展业发展，这也为会展项目绩效评价提出了新的研究课题。2009年以来，市会展办委托宁波市会展经济研究所、宁波城市职业技术学院等院所的研究人员，对申请宁波市会展业政策扶持资金的项目进行了实际评估，在为会展政策资金分配提供依据的基础上，也逐步形成了一套具有我市特色的会展项目评估评价体系。

2010年6月，国务院批复《长江三角洲地区区域规划》，发展商贸会展业被列为宁波服务业发展的两大定位之一。2011年，市第12次党代会明确提出把宁波打造成为“区域性国际会展之都”的宏伟目标，也对宁波会展业的发展提出更高的要求。如何充分发挥会展政策扶持资金的作用，优化政策扶持手段，科学调整会展业发展的主攻方向，将政策力量重点集中到对宁波市经济和社会发展具有较大贡献的会展项目中，需要我们进一步研究和创新会展项目评价指标体系和操作手段。此外，通过科学评价会展业的综合绩效，使会展业的作用分析更加科学、准确，也是进一步提升宁波市会展业发展地位，为领导决策提供依据的重要手段。因此，需要结合以往的工作实际，有针对性地开展会展项目的绩效评价研究工作。

一、会展业对经济拉动的作用与绩效评价

会展业是现代服务业的重要组成部分，国内外会展产业发展的理论研究和实践表明，会展产业对经济和社会发展具有较大的拉动和促进作用，这既是会展业能够在短期内快速发展的重要原因，也是本课题研究的动力基础。会展业对经济拉动作用主要体现在以下几方面：

（1）会展产业的注意力经济效应。神经经济学理论认为，注意力是信息时代最稀缺的资源。会展业具有较强的注意力经济效应，对提高城市和产业的关注度、吸引境内外展客商投资、交易、旅游等活动具有较强的集聚作用。1997年举办首届国际服装节以来，会展业已经在宁波市服装、家电、机械、文具等方面在国内外形成了较强注意力经济效应。浙江投资贸易洽谈会每年都吸引众多的境外企业前来洽谈交易；宁波国际服装节奠定了国内依托产业举办服装展示活动的领军地位；宁海开游节发展形成的“中国旅游日”，成为宁波节庆活动的最重要的产业标志性成果之一。2011年举办的中日韩三国首脑会议，进一步提升了宁波在举办大型国际性会议中的关注度。

（2）会展业的交流平台特征。尽管信息化为电子商务和网络交易带来极大的便利，但却无法取代展客商的面对面交流和互动提升。会展搭台、经济唱戏始终是城市和地区经济发展的重要手段之一。通过举办会展活动，不仅有效带动了人流、物流、信息流和资金流的有效集聚，也带来了管理资源的流动与集聚。国际组织的负责人，党和国家领导人，国家有关部委负责人来我市参观、考察、指

导，为我市进一步密切与国际组织、国家有关部委的合作提供了必要的条件。举办年度会议、发表产业白皮书、举办国家级产业论坛等方面活动也为提升我市相关产业在国内外的综合竞争力发挥着十分重要的作用。

（3）会展产业的消费拉动作用。会展产业对城市的消费具有重要的促进作用，国务院领导也多次强调要重视发挥会展业促进消费的功能。我市举办会展活动以来，境内外展客商大量聚集我市，为我市餐饮、住宿、交通、运输、购物、旅游等方面带来的巨大的人流、物流、信息流、资金流及消费拉动作用。初步统计，2011 年我市会展产业对经济的消费拉动作用可超过 400 亿元，成为带动经济发展的重要引擎。

（4）会展业对相关产业的服务提升作用。会展产业是现代服务业产业链中的重要环节之一，对相关产业的发展有着重要的提升作用。2007 年，时任省委书记赵洪祝在省 12 次党代会上明确指出要大力发展会展等现代服务业。我市会展业举办 15 年来，已经初步形成了会展物流、搭建、餐饮住宿、中介服务、教学科研等衍生产业。据初步统计，宁波市会展衍生企业的数量已经达到 5000 家以上，企业注册资金超过 60 亿元。会展项目的举办，对城市的基础设施建设、相关产业的发展、服务业整体水平的提升都起到了重要的推动作用。

（5）会展对产业结构调整的作用。作为现代服务业的重要组成部分，会展产业在全市产业结构调整方面发挥着十分重要的作用。2009 年，我市对会展业拉动作用进行了系统测算。测算结果表明，我市会展业对经济直接拉动作用达到 270 亿元，占当年全市 GDP 的 1% 左右。此外，会展产业还对旅游、餐饮、住宿等产业带来直接的拉动作用。会展产业发展初期的 2003 年全市只有 3 家五星级酒店，截至 2012 年 7 月，全市五星级酒店数量已达到 22 家。其中，展客商、会议客流在酒店的经营中占有较大的份额。

（6）会展产业的文化驱动作用。很多会展活动本身就是文化要素的集中体现。会展活动举办过程中，往往伴生着大量的文化活动。这些活动在提高会展活动的参与性的同时，也为市民提供了丰富的文化生活，是政府公共文化活动的重要补充。我市会展活动已经形成了“春天送你一首歌、开渔祭海、服装走秀”等一批标志性的文化活动。此外，“同一首歌相约罗蒙”等活动也在宁波文化产业发展中写上了浓重的一笔。

二、会展绩效评价的功能与作用

会展绩效评价是通过调研、分析、测算等手段，对会展项目的产品定位、运行质量、客商反映以及成交额、拉动作用等进行综合分析测算的过程，是政府主管部门掌握会展项目基本动态、会展主办单位了解项目运营情况、参展商和客商了解会展项目影响和作用的重要渠道。主要体现在以下几个方面：

（1）以政府需求为导向的会展绩效评价。对于政府而言，举办会展项目主要是希望从整体上提升一个城市的综合经济和社会效益，是一个系统的、全面的、具有可持续发展的运作体系。

1）对城市品牌和知名度的影响。在我国会展业发展的历史上，有两个会展项目对城市的品牌和知名度的影响是有目共睹的。一是广交会，在56年的办展经历中，广交会已经走过了111届发展历程，仅第111届广交会，展览面积就达到116万平方米，有21万境外采购商到会，参展商数量达到24644家，出口成交额达到360亿美元，相当于一个经济比较发达的地级市年GDP总量；二是上海世博会，7300万的境内外观众，近20亿人10余年的关注，据长三角协调会的研究表明，从1999年提出举办世博会的设想，到2010年成功举办世博会，其后续效应可延伸到2020年，累计直接经济效益可达到8500亿元，这还不包括上海世博会黄浦江大动迁给城市经济和社会发展带来的长远影响。从这个意义上讲，会展项目的级别、性质、类型特征是会展项目评估需要重点考量的指标。

2）对消费的拉动作用。会展产业的一个重要特点是对消费的拉动作用，国务院领导也多次强调要重视发挥会展业促进消费的功能。研究表明，在上海世博会举办期间，原价218元的锦江之星标准间，涨到458元，在上海世博会184天举办期间，上海市仅住宿业的直接收入就达到270亿元。我市从2003年大力发展会展业以来，全市五星级酒店的数量已由2003年的南苑饭店一家，发展到今天的22家，会展业带来的参展商和客商，是支撑高星级酒店生存的最主要的客户群体。一般说来，本地展客商在展会期间的消费是微乎其微的，因此，外地展客商、尤其是境外展客商的数量和比重则将直接影响展会对消费的拉动规模。

3）对产业的支撑作用。城市举办会展业，其中很重要的一个目的是提升优势产业的综合竞争力，扩大非优势产业的集聚力。广交会、深圳高交会、厦门98投洽会、广西南宁东盟博览会，以及我市的服装博览会、余姚的塑博会，都明确体现了这样一个目的。事实上，会展项目对产业的支撑作用是巨大的，也进一步确立了一个城市特色产业在国际国内的重要地位。此外，通过举办会展项目，吸引展客商前来参展、参观和交易，也在另一方面促进了城市产业的提升与发展，形成了人流、物流、信息流、资金流的有序流动。从这个角度考虑，会展项目的规模、类型将是影响其对产业支撑作用的重要因素。

4）对文化产业的提升作用。《浙江省文化产业发展规划（2010—2015）》明确提出，要以打造国际知名会展目的地、全国重要的会展中心及“会展强省”为目标，大力发展文化会展业。文化资源是会展业、尤其是节庆项目的重要资源依托，会展活动中举办的大量文化活动，又进一步丰富了市民的文化生活，促进会展产业的市场化运作。如何发挥会展业的文化特征，使之在浙江省文化产业创新发展过程中发挥重要的作用，是“十二五”期间浙江省会展业需要认真思考和着力实践的新课题。从这个意义上讲，会展项目的类型特征、会展项目的活动数量将是考量会展业对文化产业促进作用的重要评价指标。

综上所述，政府作为需求方的会展项目绩效评价，重点是从产业布局角度来分析和评价，对城市形象的影响、对产业竞争力的提升、对城市消费拉动作用以及对文化产业及和谐社会发展的作用则是关注重点。

（2）以主办单位为需求的会展绩效评价。在对会展项目的评价过程中，企业更关注的是会展项目的整体收益、项目的运作过程是否得到展客商的满意、活动的设置是否合理、投出产出是否达到最佳，展会项目还有没有提升的空间和如何提升等。

1）在项目的整体收益方面。项目的规模是展会收益的重要组成部分，因此，企业的工作重点就是要实现规模的最大化。此外，展位的价格、展会资源的市场化运作也是市场主导型会展项目绩效评价的重要关注点。

2）会展项目的风险管理。会展是高利润、高风险项目，项目的整体布局、运作管理、客观环境、应对能力等都直接影响到会展项目抵抗风险的能力。一旦会展项目出现不必要的风险，那么会展项目不仅无法收回投资，很可能还要承担更多的赔偿风险。

3）展客商的满意度。会展活动的直接利润来源是参展商的展位费，而客商的质量、数量和结构则是直接影响参展商是否参展的主要因素。所以，对展客商的问卷调查，在了解其满意度的基础上，征询对展会的意见和建议，也是以企业为导向的会展项目评估的重要内容。

综上所述，以主办单位需求为导向的会展项目绩效评价主要是分析会展活动举办过程中可借鉴的经验和存在的问题，以便在后续的办展过程中得到优化完善。

（3）以展客商为需求导向的会展绩效评价。与政府、会展项目主办单位不同，会展项目的参展商和客商对会展项目绩效评价的要求则是重点关注主办单位在会展活动的组织和举办过程中做了哪些有利于展商和客商的工作，同行及产业链上下游企业的真实反映是什么，以便决定下一届是否还会前来参展参观。

1）展会的调研与定位情况。很多展客商非常重视会展项目有关市场调研方面的内容，因此，对展客商需求为主导的会展项目绩效评价报告，应重视对展会的举办可行性、展会所在地市场和生产企业的情况，以及展品范围选择的合理性、展会主题的创新性等内容。此外，还需要对同类展会的举办时间、举办地点进行系统比较，以说明本展会的展客商群体的范围与特征。

2）展会的营销情况。这方面的内容主要包括主办单位的营销方式、营销投入及营销成果，包括各种媒体的宣传情况，项目网站及网络宣传的情况，媒介营销和直接营销的情况；展位价格的确定的理由及其合理性，展位的折扣手段以及折扣的思路。此外，对于展会活动中举办的特色营销项目，以及可为展客商提供的营销手段等。

3）展会的基本情况。主要是在会展活动中以及会展结束后，由政府主管部门、会展项目主办单位以及第三方中介机构等对本次会展项目整体情况的调查，包括展客商的满意度调查结果、展会的安保及物业情况、有否群体性事件发生、有无投诉和侵犯知识产权的问题、展会的规模和成交额、展会对经济拉动作用的基本数据。

综上所述，以展客商为主导的会展项目绩效评价主要为展客商了解展会的情况、回去撰写参展汇报所用，该报告将直接影响展客商明年是否还选择参展参会。

三、国内外会展项目评估的基本情况

国外会展业起步较早，对会展项目的调研与评价由来已久，而且在工作的细致、客观方面值得我们认真学习和借鉴。国内会展评估工作起步虽晚，但由于国内的会展项目评估比国外更具有功利性，因此，国内会展项目的评估发展比较迅速，上海、成都、青岛、深圳等城市都十分重视会展项目评估工作，也都形成各自特色鲜明、有较强实用性和针对性的评价指标体系和方法。

（1）国外会展项目评估的基本情况。国外会展项目影响力较大的评估工作是 UFI 认证。此外，美国、英国、德国等国家也进行针对世博会、奥运会等较大会展项目的评估。对于普通的展览项目的评估，国外普遍采取协会组织、第三方机构承担等手段，在评估过程中，企业申报数据的真实性直接影响企业办展的信誉度。

1）UFI 认证与会展项目评估。国内外专家对会展项目 UFI 认证也有不同的观点。一是 UFI 的标准未必完全适合中国国情。如 20% 的参展商和 4% 的国外观众，对于许多欧洲国土不大的国家很容易达到，但对于中国、美国这样的大国就很难达到；有些行业规模较小，其展会的规模不大，但这并不妨碍可以办出高品质、有品牌效应的展会。二是 UFI 不能代表展会的品牌化地位。UFI 认证有其独立的一套条件、标准和方法，通过认证即标志展会达到这一条件和标准，这跟展会品牌的创立有很大的差异。UFI 认证由 UFI 机构确认，而是否成为品牌应该由消费者和市场来确认。“广交会”是我国在国际上名气最大、影响最广的展会之一，但因其不是一个专业化的展会，所以 UFI 不予认证（UFI 认证针对的是专业化的展览）。事实上，“广交会”的品牌影响力远远超过许多 UFI 认证的展会，有些展会通过了 UFI 认证也未必成了品牌展会。实际上 UFI 属于比较松散的组织，会员之间的信息技术交流、经营管理合作、资源互换共享都不如期望的那样有效，至少从目前情况看，加入 UFI 对创立展会品牌的直接作用并不是很大。毕竟认证只是创立品牌的手段，而不是终极目标。三是UFI缺少明确的审核机制。从某种角度上讲，只要交钱就可以成为UFI成员并拿到UFI认证证书。从国内已获认证情况看，UFI认证并非人们预期的那样严谨，审核程序并不复杂，手段也比较简单，主要是要求有绝对中立的专业中介机构提供的审计报告，以及委派代表实地考察。但这两项措施目前似乎也未执行得很好。此外，对认证后的监管也是UFI的工作要求，发现不符合条件的展会将取消其认证资格，但据了解，很多已认证的展会并未接待过UFI的事后检查，只需提交相关资料进行备案。四是UFI认证无法满足我国对会展评估的需要。当前我国对会展评估的主要目的是为政府决策提供依据。而政府的决策更加重视会展对城市形象、对产业提升、对消费劳动作用等指标，而这些指标在UFI认证过程中并不能得到具体扎实的体现。这也要求我国必须制定出适合自身特点的会展项目评估体系。

2）美国对展览会的评估。资料表明，美国迄今为止尚没有一个通过UFI认证的品牌会展项目。美国展览业流行协同办展，美国展览会的认证执行的是“美国国际展览管理者协会（IAEM）”的标准。UFI认证在展览会举办的次数、展出面积、海外参展商和观众的数量等方面设定了一些标准，这些标准基本得到了展览业界的认可，但这些标准不能适用于不同行业、不同地区的各种特殊情况。有些展览会所在行业太小，很难达到2万平方米展出面积的标准，但这并不妨碍它可以成为高品质的一流展览会；另外，20%的国外参展商和4%的国外观众，这对于欧洲许多国土不大的国家很容易达到，可是对于美国这样的大国，恐怕就不那么容易达到，这也是美国展会很少参加UFI认证的重要原因之一。

3）德国的会展评估。德国的会展评估体制被认为是德国会展业成功的重要因素之一。德国的会展评估是由专门的第三方机构承担，其代表性机构就是FKM公司。该公司隶属于德国展览和博览会协会（AUMA），德国展览和博览业协会有着较强的自我约束能力，成员都自觉遵守相关规定，按照规则和标准申报展览会统计数据，接受FKM组织的专门数据统计，保证在任何场合和任何情况下使用和发布的统计数据都与FKM的统计数据相一致。德国展会的宣传推广方面都标记是否通过FKM审核。

4）其他国家的会展评估。不同的国家在对会展项目评估的过程中尽管采用的评价指标不尽相同，但重视展会数据的真实性与科学性是会展项目评估的公认基础。法国数据评估事务所（OJS）是主要承担法国会展项目评估的机构，该机构主要通过数据审计为会展项目评估提供科学依据。此外，澳大利亚也是通过INFO SALONS等数据审计公司对会展项目的数据进行科学审计。

(2) 国内会展项目评估的基本情况。会展项目的质量与效益直接影响到政府和企业会展项目的决策与资金投入，因此，近年来国内会展业都十分重视对会展项目的评估工作。2002年国家经贸委公布《专业性展览会的划分及评定》标准，提出展览会分级评价指标体系；2007 年上海市外经贸委和会展行业协会出台了《上海市国际展览会项目评估细则（试行)》，对“上海市品牌展会”和“上海市优秀展会”进行评审；但由于缺乏权威性的评估主体、权威性的评价指标和权威性的评估机构，因此，国内的会展评估工作始终处于不规范状态。

1）权威性评估主体缺失。无论是 UFI 认证还是德国、美国等国家的会展项目评估，都是在一个权威性的管理或协调机构的指导和监督下进行的。国内会展项目评估工作始终处于权威主体缺失状态。2003 年，中国商业联合会曾探索会展项目评估工作的标准和体系，但由于中国商业联合会并不具备对会展业的权威领导能力，因此该项工作没有得到具体落实。2006 年，中国会展经济研究会成立后，为国内会展项目评估工作曾带来良好的契机，但由于机构自身缺乏足够的研究力量，评估的相关工作多为会展企业牵头操作，很难在行业中达成共识，最终探讨多、操作少，会展评估工作始终不能规范化、系统化进行。

2）评价指标体系缺乏权威性。2003 年以来，国家有关部门和行业协会先后出台多个与会展评估相关的指标体系，但由于多种原因，都无法操作实施，导致会展评价指标体系的缺失。除上面提到的国家经贸委公布《专业性展览会的划分及评定》标准因时间较早、标准相对落后外，《上海市国际展览会项目评估细则（试行)》由于主要针对上海市的会展项目设计，所以很难在其他城市使用。

2009 年 10 月，为了落实国家“十一五”规划和《国家关于加快发展服务业的若干意见》所提出的“合理规划展馆布局，发展会展业”、“建立健全服务业标准体系”的要求，由全国会展业标准化委员会提出并归口，上海标准化研究院联合上海世博（集团）有限公司起草了《经济贸易展览会数据统计方法》国家标准（项目编号：200910255—04），对经济贸易展览会数据统计所涉及的常用统计指标、统计原则、统计方法等进行规定。应该说，该体系依托权威的标准化指定机构，也是由国内权威的单位起草，指标的设计和陈述也相对准确。但由于该统计办法并没有明确统计的目的，统计指标相对较少，无法形成系统化的会展项目评价指标体系，可操作性不强，且其中的部分指标尚存争议，因此，该标准发布以来，也没有成为会展项目评估的基础标准。

3）权威评估机构的缺失。德国会展评估工作能够得到国际的认可，主要的因素在于有一个权威的第三方评估机构，而国内会展项目评估的最大问题也在于此。近年来，我国会展评估主要通过行业协会等部门完成，国内高校会展专业教师和部分企业员工是参与会展项目评估的主要力量。由于会展项目在数据统计方面要求较高，因此，在具体的操作过程中很难实现。加之地方政府、主办单位利益的需求，很多数据的获取都缺乏严谨性，数据偏高导致会展项目评估缺乏真实性和可信度。因此，国内会展评估工作急需培育若干个具有较强专业知识、对产业比较熟悉、队伍稳定、工作严谨的权威性第三方评估机构。

(3) 宁波市会展项目评估情况及薄弱环节。我市会展项目评估工作是国内同类城市中起步较早的，早在2004年，市会展办和市会展行业协会就结合“三十佳”评选工作，制定出宁波市优秀会展项目评价标准、宁波市优秀会议服务酒店评价标准、宁波市优秀会议及节庆评价标准，并在后续的几年里边运作、边修改，逐步完善，在实际工作中收到了较好的效果。2008年以来，我市出台会展扶持政策后，为确保会展政策资金的科学发放，市会展办先后委托浙江万里学院、宁波城市职业技术学院等单位对全市主要会展项目进行评估，虽能在一定程度上完成政府交办的工作，但评估的质量也存在一定的问题。

1）评价指标体系科学化程度不高。我市的会展评价指标体系是根据市政府《关于加快推进宁波市会展业发展的实施意见》以及市领导的指示精神确立的。当时为加快推进进出口贸易会展项目的发展，在扶持重点方向上主要向进出口贸易类展会倾斜，在指标上甚至过高。如资助的项目须参展的进出口贸易企业达到60%以上，展览项目的规模达到2万平方米以上。由于进出口贸易企业的概念难以准确界定，加之指标过高无法满足要求，因此，在实际操作过程中，往往在进出口贸易企业的认定方面比较宽松，在一定程度上导致会展项目评估的准确度不高。此外，由于没有明确提出境外参展商的比重，展会主办单位招展招商的选择性不强，因此，形成了本地人办展、本省人参展、长三角区域企业和客商观展的局面。由于境外展客商的缺失，导致对城市拉动作用、产业成交额都较低。

2）会展项目统计难度较大。会展项目的统计工作始终是会展评估过程中的瓶颈之一。我市会展项目评估统计采取企业上报、门禁统计、抽样调查等手段。近期，也曾在部分会展项目中采用数码统计等现代技术手段，行业协会也曾经探讨过移动电话统计等方式。但是，无论何种统计手段，都无法准确测算客商的数量和结构。此外，参展商因注册地问题也在一定程度上影响展客商的来源和结构方面的统计。此外，展客商签约额作为全球会展业都感到头疼的问题，在我市会展统计中也同样存在，最终的发布往往是领导的意图和抽样调查高限的综合统计，准确度难以信服。

3）统计工作机构的权威性和程序性无法得到保证。我市2003年成立会展经济研究所，但迄今为止并没有组建宁波市统计工作主体，所以虽有第三方机构存在，但统计评估工作的主体缺失，也难以保证会展统计工作的权威性。此外，会展统计工作经费匮乏，平均每个项目的评估经费在2000元左右，根本无法支撑系统的统计评估工作，导致统计过程中只能是“蜻蜓点水，走马观花”，大概统计估算一下就得出相关的数据。

四、宁波市会展绩效评价工作目标及体系优化

宁波市会展业绩效评价核心就是从政府的角度对会展项目进行评估，在此基

础上，完成全市会展业对经济拉动作用测算。为进一步解决会展项目评估中存在的问题，优化会展评估工作目标，完善会展评估工作体系，本研究团队在系统分析我市会展项目评估存在不足的基础上，对未来我市会展项目评估工作进行了系统优化。具体包括：

(1) 我市会展绩效评价的工作目标。根据我市会展产业发展的基本目标以及会展扶持资金的评价使用情况，未来会展项目的评估不仅要通过评估过程确定各项目之间的差异性和特色，为会展政策资金的发放提供依据，更重要的是要通过评估指标的优化，将会展评估与财政资金的有机结合，作为引导宁波会展业发展的指挥棒，确实推进会展业在宁波经济和社会发展过程中发挥更加重要的作用。基于这个思想，未来我市会展项目评估应重视以下五个方面的内容。

1）会展项目的规模。根据会展项目经济效益与会展规模关系的研究结果，会展项目的效益与规模成级数增长的关系，因此，会展项目的规模是决定会展项目发展成熟度和质量的重要标志。所以，会展项目的规模一般是国内各城市评价会展项目质量的首选指标。

2）会展项目的类型。根据会展项目的产业特征和服务模式，会展项目一般分为贸易类展会和消费类展会，专业性展会和综合型展会。贸易类展会是指为产业、商业等行业举办的只供参展、客商洽谈贸易、交流信息，且不向公众开放、不发生现场零售的展会。消费类展会是指以消费品为主要展品，并向公众开放或发生现场零售的展会。专业性展会是指展示某一行业产品甚至某一产品的展会。综合性展会是指展示全行业或数个行业产品的展会。不同类型的会展项目对产业的作用也不尽相同，消费类展会观众较多，在会展现场的购买活动活跃，但效益往往只局限会展活动期间，而专业类展会虽然展客商数量不多，但往往是专业客商，对后续成交有较大的促进作用。从这个意义上讲，专业类展会的综合效益要远高于消费类展会的综合效益。按照这个原则，同等规模的会展项目，专业类展会的综合经济效益要高于综合类展会的综合经济效益。

3）展品的所在领域和属性。展品所在领域和属性的不同，对展会本身而言并没有直接的优劣影响。但由于各地区产业结构的特征差异较大，因此，如果一个展会的展品类型与举办地的产业吻合度较高，展会将较容易吸引更多的展客商。反之，如果一个展会的展品和主题与举办地的产业吻合度不高，那么就会在一定程度上缩减展客商的数量和质量。此外，政府的扶持政策也往往有所倾向，因此，从这种意义上，展品所在领域对项目评估也有较大的影响。

4）展会项目的展客商结构。展会项目的展客商结构是指参展商和客商的来源分布。很多人提起会展的拉动作用，就会想到1∶9的比值，其实，会展产业拉动作用的比重是一个动态的数值，而直接影响这个动态数值的核心因素就是参展商和客商的结构。一般说来，本地的展客商不需要住宿、交通等消费，更不需要因参展参会而形成购物和旅游，所以本地展客商对经济拉动的作用可轻微到忽略不计；省内的展客商一般需要在会展活动举办地住宿和餐饮，但购物和旅游的动机不受会展活动的影响；省外的展客商、尤其是距离较远省市的展客商，除单程机票或火车票外，住宿、餐饮是必不可少的，此外，很多展客商很久没有来到项目举办地，利用展会结束后的时间进行一些旅游活动也是必要的，另外距离越远，产品的差异度和惊奇度就越高，因此，购物也成为展客商必然的选择。

5）会展产业对经济拉动作用测算。在综合各会展项目评估数据的基础上，对全市会展业对经济拉动作用进行测算，就可以得到宁波市会展业绩效评价的整体数据。其中重点包括会展业对消费的拉动作用、会展业对投资的拉动作用、会展业对产业交易的推进作用，以及会展业对城市品牌的促进作用、会展业对文化产业的促进作用等。

（2）我市会展项目绩效评价的指标体系设计。根据分管市领导 2012 年 5 月召开的会展办工作汇报会所做指示精神，未来宁波会展业应重视服务购买、服务外包等工作，以进口商品展为主要扶持对象，加大境外展客商招展招商力度也是在未来评估体系中需要考量的重要指标。

1）宁波会展绩效评估的主要指标说明。会展绩效评估主要指标主要是指对宁波市会展业绩效带有较大影响的相关因素，应包括以下几方面：

一是展会的类型。其中可分为贸易类会展项目、综合类会展项目和消费类会展项目。贸易类展会由于专业度较高，因此在规模的限定上应设较低的门槛，根据我市现有的情况，建议专业类展会的基础标准为 5000 平方米；综合类会展项目是既可以对专业客商开放，也可以对消费者开放的展会，建议基础面积为 15000 平方米；消费类展会由于专业度较低，因此应设立较高的门槛，根据我市的实际，建议基础标准为 20000 平方米。

二是展会的行业。根据市委市政府中心工作的要求，将重点支持“4 +4 +4”产业升级工程涉及的新材料、新能源、新装备、新一代信息技术等四大战略性新兴产业，节能环保、生命健康、海洋高技术、设计创意等四大新兴产业，石化、汽车及零部件、纺织服装、电工电器等四大传统优势产业。支持海洋会展、智慧会展、文化会展等相关产业举办会展项目。

三是参展商及客商结构。参展商结构将作为展会政策扶持资金的重要参考指标，可针对展会中展客商的比重进行量化计算。其中境外参展商是指参展的机构是境外企业，参展的展品通过海关入境（需要出示海关证明），境内企业使用境外产品或境外企业使用境内产品均不作为境外参展商进行统计计算；境外客商可采取独立登记的原则，要求办展企业为境外客商提供独立登记、单独陪同等特别的服务同时赠送相关的纪念品，这样有助于准确登记境外客商的信息。

四是展会对经济拉动作用测算。第三方机构将根据境内外参展商及客商的情况，对展客商对宁波经济带来的拉动作用进行测算。建议会展主管部门与旅游部门协同一致，合作做好展会期间境内外客商相关信息的统计工作。此外，拉动作用测算还包括展会主办单位举办文化活动的相关情况，邀请展客商及嘉宾的层次和数量，会展项目开展的相关商务活动等内容。

2）宁波会展评估的主要计算思路。未来一段时期，宁波会展项目评估应将会展政策扶持资金与会展项目评估有机结合，在指标和金额上形成一一对应的关系，确保会展政策扶持资金在会展项目的举办等方面带来扎实的效果。

展会面积 A：指会展项目的净展位面积；

展会类型 M：指展会的具体类型，包括专业类、综合类、消费类展会；

展会级别 L：指主办单位的级别，包括国家级、省部级等；

参展商比重 E：主要指来自不同地区的参展商的比重；

展会客商比重 T：指来自不同地区的客商的比重；

展会奖励资金 B：指根据综合指标确定的某个展会获得政策扶持资金的数额；

根据上述指标，可得出会展项目绩效评价的指标体系数学模型：

$$B = A \times M \times L \times E \times T$$

3）宁波会展项目政策奖励经费的计算方法。结合我市会展业发展的整体思路，以及下一步重点扶持以进口商品为主要类型的会展项目思路，采取精确量化指标计算方法，对具体的指标计算进行说明。

①面积计算方法。根据不同类型会展项目的计算标准，可分成若干个层级，分别予以赋值。专业类会展项目赋值表见表 12-1。

表 12-1 专业类会展项目赋值表

序 号	展位面积/平方米	赋 值 分
1	5000	5
2	10000	10
3	15000	15
4	20000	20
5	25000	25
6	30000	30
7	35000	35
8	40000	40
9	45000	45
10	50000	50

综合类会展项目赋值表见表 12-2。

表 12-2　综合类会展项目赋值表

序　号	展位面积/平方米	赋 值 分
1	15000	15
2	20000	20
3	25000	25
4	30000	30
5	35000	35
6	40000	40
7	45000	45
8	50000	50
9	55000	55
10	60000	60

消费类会展项目赋值表见表 12-3。

表 12-3　消费类会展项目赋值表

序　号	展位面积/平方米	赋 值 分
1	15000	15
2	20000	20
3	25000	25
4	30000	30
5	35000	35
6	40000	40
7	45000	45
8	50000	50
9	55000	55
10	60000	60

②产业类型计算方法。产业类型的计算方法将根据我市重点扶持的会展项目的情况，分成重点、重要和一般三个层次对不同行业会展项目给予不同的赋值权重。不同类型产业展会项目赋值表见表 12-4。

表 12-4　不同类型产业展会项目赋值表

产业级别	产 业 类 型	系数值
重点产业	产业升级工程、进口商品展览会、海洋会展项目展览会、智慧会展类展览会	1.0
重要产业	文化产业类会展项目、服务业类会展项目	0.7
一般产业	一般消费类会展项目	0.5

③参展商结构计算。参展商结构主要是按照参展商的类型进行区分，主要包括两个方面：一是单纯考虑境外参展商的数量和结构；二是综合考虑境外参展商和境内参展商的数量和结构。

以境外参展商比重为导向的会展资助资金分配。该方案在同时考虑参展商结构和展会面积的情况下，重点考虑境外参展商对我市会展产业发展作用，鼓励会展主办单位重视引入境外参展商，同时也鼓励做大会展项目规模。境外参展商结构导向的会展资助资金对照表见表12-5。

表12-5　境外参展商结构导向的会展资助资金对照表

比重	0.5	1	1.5	2	2.5	3	3.5	4	4.5	5
0	0	0	0	0	0	0	0	0	0	0
2.5	20	40	60	80	100	120	140	160	180	200
5	40	60	80	100	120	140	160	180	200	220
7.5	60	80	100	120	140	160	180	200	220	240
10	80	100	120	140	160	180	200	220	240	260
12.5	100	120	140	160	180	200	220	240	260	280
15	120	140	160	180	200	220	240	260	280	300
17.5	140	160	180	200	220	240	260	280	300	320
20	160	180	200	220	240	260	280	300	320	340
22.5	180	200	220	240	260	280	300	320	340	360
25	200	220	240	260	280	300	320	340	360	380
27.5	220	240	260	280	300	320	340	360	380	400
30	240	260	280	300	320	340	360	380	400	420
35	280	280	300	320	340	360	380	400	420	440
40	320	340	360	380	400	420	440	460	480	500
50	400	420	440	460	480	500	520	540	560	580
70	560	580	600	620	640	660	680	700	720	740
90	720	740	760	780	800	820	840	860	880	900
100	880	900	920	940	960	980	1000	1020	1040	1080

注：横排数据为境外参展商比重（%）、纵列数据为展会总面积（万平方米）、中间数据为奖金最低额度（万元）。

以境内、外埠参展商综合指数为导向会展资金分配。该方案既重视境外参展商的影响，也在一定程度上重视市外、省外参展商对展会及城市的作用，鼓励会展项目主办单位综合考虑境外参展商、市外参展商和省外参展商的作用，同时也重视逐步扩大会展项目的规模。境外、省外、市外参展综合指数为导向的会展资金对照表见表 12-6。

表 12-6 境外、省外、市外参展综合指数为导向的会展资金对照表

指数	0.5	1	1.5	2	2.5	3	3.5	4	4.5	5
1	20	40	60	80	100	120	140	160	180	200
1.4	40	60	80	100	120	140	160	180	200	220
1.6	60	80	100	120	140	160	180	200	220	240
1.9	80	100	120	140	160	180	200	220	240	260
2.2	100	120	140	160	180	200	220	240	260	280
2.7	120	140	160	180	200	220	240	260	280	300
3.0	140	160	180	200	220	240	260	280	300	320
3.3	160	180	200	220	240	260	280	300	320	340
3.6	180	220	220	240	260	280	300	320	340	360
3.9	200	220	240	260	280	300	320	340	360	380
4.2	220	240	260	280	300	320	340	360	380	400
4.5	240	260	280	300	320	340	360	380	400	420
4.8	280	300	320	340	340	360	380	400	420	440
5.1	320	340	360	380	400	420	440	460	480	500
5.4	400	420	440	460	480	500	520	540	560	580
5.7	560	580	580	600	620	640	660	680	700	720
6.0	720	740	760	780	800	820	840	860	880	900

注：横排数据为境外、省外、市外参展商综合指数、纵列数据为展会总面积（万平方米）、中间数据为奖金最低额度（万元）。

境外、省外、市外参展商综合比重计算表见表 12-7。

表 12-7 境外、省外、市外参展商综合比重计算表

参展商类别	境　外	省外境内	市外省内	市　内	综合指数
权重赋值	6	3	2	1	
计算举例	10	20	30	40	
具体得分	60	60	60	40	2.2
最高指数	6				
最低指数				1	

以境内、外埠参展商、客商综合指数为导向资金分配。该方案既重视境外参展商影响，也考虑优质客商对会展活动的影响。参展商综合指数包括境外、省外、市外三大类结构；客商主要考虑境外、省外、市外三大类结构。鼓励会展项目主办单位综合考虑境外参展商和客商、市外参展商和客商以及省外参展商和客

商作用，重视逐步扩大会展项目规模。境内外参展商、客商综合指数为导向的会展资金对照表见表12-8。

表12-8　境内外参展商、客商综合指数为导向的会展资金对照表

比重	0.5	1	1.5	2	2.5	3	3.5	4	4.5	5
1	20	40	60	80	100	120	140	160	180	200
1.4	40	60	80	100	120	140	160	180	200	220
1.6	60	80	100	120	140	160	180	200	220	240
1.9	80	100	120	140	160	180	200	220	240	260
2.2	100	120	140	160	180	200	220	240	260	280
2.7	120	140	160	180	200	220	240	260	280	300
3.0	140	160	180	200	220	240	260	280	300	320
3.3	160	180	200	220	240	260	280	300	320	340
3.6	180	220	220	240	260	280	300	320	340	360
3.9	200	220	240	260	280	300	320	340	360	380
4.2	220	240	260	280	300	320	340	360	380	400
4.5	240	260	280	300	320	340	360	380	400	420
4.8	280	300	320	340	360	380	400	420	440	460
5.1	320	340	360	380	400	420	440	460	480	500
5.4	400	420	440	460	480	500	520	540	560	580
5.7	560	580	600	620	640	660	680	700	720	740
6.0	720	740	760	780	800	820	840	860	880	900

注：横排数据为境内外参展商、客商综合比重（%）、纵列数据为展会总面积（万平方米）、中间数据为奖金最低额度（万元）。

境内外参展商综合比重计算表见表12-9。

表12-9　境内外参展商综合比重计算表

参展商类别	境　外	省外境内	市外省内	市　内	综合指数
权重赋值	6	3	2	1	
计算举例	10	20	30	40	
具体得分	60	60	60	40	2.2
最高指数	6				
最低指数				1	

境内外客商综合比重计算表见表12-10。

表 12-10　境内外客商综合比重计算表

客商类别	境　外	省外境内	市外省内	市　内	综合指数
权重赋值	6	3	2	1	
计算举例	10	20	30	40	
具体得分	60	60	60	40	2. 2
最高指数	6				
最低指数				1	

境内外参展商、客商的综合指数为 0. 5 × 境内外参展商综合指数 + 0. 5 × 境内外客商综合指数得到的结果。

会展项目主办机构级别赋分系数表见表 12-11。

表 12-11　会展项目主办机构级别赋分系数表

展会主办单位级别	赋分值系数
国际顶级	1. 1
国家级	1. 08
国家部委级	1. 06
国家协会级	1. 04
省政府级	1. 04
省厅级、市级	1. 02
省协会级、市局级	1. 01
其　他	1. 0

④展会政策资金的奖励办法。根据上述的指标体系，如果采用表格式计算方法，可参照表 12-5、表 12-6、表 12-8 对参展商和客商不同的考察办法进行对照计算，最终可得出会展项目政策资金的发放额度；如果采用模型计算，可将表 12-1、表 12-2、表 12-3、表 12-4、表 12-10 综合考量计算，即会展政策奖励资金 = 会展项目规模 × 类型系数 × 境外省外室外客商综合比重 × 会展项目主办单位级别系数，最终可以得出相关项目的政府奖励资金数额。

（3）我市会展项目绩效评价方法改变带来的变化。通过本次研究，我们可以看到，依托新的绩效评价方法在重视会展项目规模的基础上，将带来对境外参展商和客商比重、展会的类型（尤其是进口类商品展览会）、展会主办单位级别等结构和数量的重视，有利于引导会展主办机构加强会展的宣传推介和境外主办机构、品牌项目、参展商和客商的引进等工作，也有利于逐步引导会展主办机构（主要是指政府管理部门）提高会展项目主办单位的级别。在这种计算体系下，对会展业对宁波经济的拉动作用的统计和绩效评价也将带来系统性的变化。

五、宁波市会展项目评估的实证研究

根据本项目的指标体系设计，我们以一个面积为 3 万平方米，国家及行业协会主办，境外参展商比重达到35%，外省参展商比重为25%，外市参展商比重为15%，市内参展商比重为25%的专业类会展项目为参考标准，对宁波市2011年会展项目的政策扶持情况以及调整后的2013年政策扶持情况进行对比分析，以便得出会展评价体系创新以及带来的会展项目扶持资金的变化情况。

（1）原有会展政策对该项目的资金资助情况。根据2008年会展政策资金资助标准，一个3万平方米的会展项目，在不考虑参展商结构、重点考虑会展项目的主办单位级别等情况下，根据《宁波市展会资助资金使用管理暂行办法》第六条（对国内省、市（地区）新举办或联办的，出口贸易企业参展面积达到总面积60%以上的，境外专业客商人数符合国际指标的出口贸易展会的资助标准：展览总面积2万平方米以上、3万平方米以下的资助100万～115万元；3万平方米以上、4万平方米以下的资助115万～130万元；4万平方米以上、5万平方米以下的资助130万～145万元；5万平方米以上、6万平方米以下的资助145万～160万元；6万平方米以上的资助160万元）的标准，该项目可获得政策扶持经费115万元。

（2）改革后的会展政策对该项目的资金资助情况。根据上述的会展项目政策及计算方法的调整情况，该展会的政策资金情况包括展会面积带来的基础奖励金额，主办单位形成的增值系数（国家及行业协会为1.04），境内外参展商综合指数带来的增值系数，将其再除以原有项目的基础平均值2（$0.35\times6+0.25\times3+0.15\times2+0.25\times1=3.4$），则可以获得1.7的系数。如此计算，在理想化状态，该会展项目可获得政策扶持经费203万元。

同样，如果该会展项目没有境外参展商和外商参展商，主要参展商来源为市内50%，省内其他城市50%，则该会展项目的系数为$0.5\times2+0.5\times1=1.5$，再除以原有项目的基础平均值2，则系数为0.75，如此计算，该会展项目只能获得奖励经费86万元。

由于参展商的结构对展会的拉动作用影响较大，因此，在会展奖励资金上进行优化调整，可以进一步提升主办单位加大境外、省外参展商的招商力度，进而优化参展商结构，提升展会对城市经济的带动作用。

第十三章

宁海国际会展中心运营管理研究

引言： 2014 年 5 月，宁海县政府制订了《宁海县服务业提升发展三年行动计划（2014—2016 年）》（宁政办发〔2014〕33 号）提出大力培育会展节庆业，进一步明确了会展业的工作方向，为会展业发展奠定坚实基础。县域会展经济是县域经济发展的重要组成部分和新的增长点。本文以浙江省宁海县国际会展中心运营管理为切入点，在分析城市会展业发展定位以及县域会展业发展特征的基础上，从产业发展、城市综合体建设、服务地方经济有机结合的角度，对会展场馆运营管理提出相关的对策建议，旨在为宁海国际会展中心做好管理工作提供参考借鉴。

会展业是近年来快速发展起来的新兴现代服务业。会展业对经济具有较强的拉动作用，也有助于文化等相关产业的发展，因此受到许多地方政府的高度重视。2012 年 11 月，宁海国际会展中心落成并试运营，结束了宁海县没有专业会展场馆的局面。2014 年 5 月，县政府制订了《宁海县服务业提升发展三年行动计划（2014—2016 年）》（宁政办发〔2014〕33 号）提出大力培育会展节庆业，进一步明确了会展业的工作方向。但会展场馆的管理对宁海县而言，是一项全新的工作，需要结合实际开展深入研究，以便科学规划，规范运作，系统提升会展设施的使用效率。

一、宁海会展业发展资源分析

场馆的经营管理虽然是场馆自身的事情，但作为会展业的核心平台，也受到会展业整体定位的影响。因此，在研究宁海国际会展中心管理模式之前，首先应该对宁海会展业的发展有一个较为清晰的思考。根据国内外会展业发展的相关理论，资源是影响会展业发展的主要因素。从资源分析的角度看，宁海县会展中心主要面临以下情况：

（1）设施资源方面。综合比较，宁海国际会展中心面积为 1 万平方米，相对较小，难以承担规模以上会展项目；城市的交通基础设施也存在一定的问题，包括城市出租车与公交车行业；宁海的旅游资源不少，但是著名的有影响力的景点却没有，因此也很难集中吸引游客，游客滞留的时间也不会太长，旅游类收入潜力不大。

（2）产业及城市资源方面。举办专业类会展项目主要依靠三方面的条件。从会展项目的主要类型分析，平台类会展项目主要依托城市的地位与影响力，专业类项目主要依靠生产能力与市场消费能力，消费类展会主要依靠城市人口的规模以及人均可支配收入。这三个方面相比较而言，在生产能力方面宁海的优势较大，因此，未来宁海会展项目的定位应该是结合宁海及周边地区的文具、模具等优势产业，逐步打造类似义乌小商品博览会、海宁皮革展，或者至少是达到温岭泵机展水平的专业类会展项目。

（3）文化资源方面。浙江省和宁波市的文化底蕴都比较深厚，这对于宁海发展文化类会展项目形成有利条件。宁海开游节也是充分发掘文化资源的成功典范。因此，应重视文化类会展项目的开发。这类会展项目一般规模较小，适合宁海现有的会展设施，另一方面省市政府也会对这类项目给予支持，发展潜力相对较好。

二、宁海县会展业发展的定位

鉴于上述原因，宁海县会展业发展的基本定位应形成展览、会议、节庆齐头并进、均衡发展的格局。在举办会展活动的同时，充分发掘区位资源、产业资源、文化资源和市场资源的优势，促进会展业形成较好的经济和社会效益。

（1）展览产业。从浙江省现有的县域会展城市发展展览业的基本情况看，主要有两种模式。一是结合常年展市场举办会展活动，如余姚结合塑料城、有色金属市场和皮毛市场举办塑博会、铜博会和皮毛展，海宁结合皮革城举办皮革展，绍兴县（现更名为柯桥区）结合纺织城举办纺织展，义乌结合小商品市场举办义博会；二是依托本地及周边地区的块状经济及优势产业举办会展活动，如温岭结合泵机产业举办泵机展，嵊州结合电机产业举办电机展等。从宁海的实际情况出发，文具产业具有国际品牌特征，模具产业具有区域品牌特征，应该是未来发展专业类会展项目的重要支撑，此外还可以举办车展、家具展、服装展、食品展、年货展等常规性消费类项目，形成专业类、消费类相结合的县域会展业项目体系。在做好2～3个有影响力的专业品牌的基础上，重点发展服务于本地生产和消费的小型会展项目。这也是宁海展览业无法超越节庆与会议产业，成为宁海县会展业主导类型的主要原因。

（2）节庆产业。节庆产业是宁海会展业成名的关键所在，《徐霞客游记》

中的开篇语，不仅策划出一个节庆活动，而且还诞生了中国旅游日，也为下一步成为非物质文化遗产带来可能，该项目同时也成为国内会展策划的经典案例。但节庆产业自身并不能对经济带来较大的直接拉动作用，更明显的经济效益需要依靠旅游、交通、餐饮、住宿来转化为城市的消费和政府的税收，而宁海县的上述资源，显然无法因为开游节的存在而得到跨越式的提升。因此，节庆产业的品牌优势与经营缺陷非常明显，也不可能抛开展览和会议产业一枝独秀。

(3) 会议产业。作为宁波市生态环境较好的南部三县（市）之一，宁海虽没有象山在海洋方面的影响力大，但综合生态环境良好，加之几个四星级以上酒店的服务接待能力，以及宁波市周边没有吸引力较强的旅游景区，宁海县近年来会议产业得到了快速发展。因此，会议产业与展览、节庆协同创新、共同发展的格局应该是宁海县会展业未来发展的整体定位思考。

三、会展中心的运营模式分析

通过对省内会展业比较发达的县级城市分析表明，县区会展场馆建设主要有两种模式。一是根据会展项目发展的实际需要建设场馆，为相关产业提供服务；二是通过建设场馆打造城市综合体，拉动区块经济发展。前者代表性的有余姚、海宁、柯桥区，后者有慈溪、温岭等，而宁海会展中心建设则并不完全属于上述两种类型，或更倾向于后者。因此，在场馆的运营方面，也将面临着新的考验。

(1) 宁海会展中心发展定位。会展中心与县政府等政府机构较近，周围有大型酒店、居民小区等，有望形成新的城市热点，集聚资源形成城市综合体，在地理位置方面，综合业务可拓展性较强；宁海的城市影响力不大，不适合举办大型展会，而展会活动只能是重要活动，但最主要的是多种活动共同举办；会展中心的可规划资源丰富，可设计多元化运作模式，将收入来源拓展至广告、餐饮、活动赞助等。鉴于以上思考，宁海国际会展中心的主要发展目标应该是通过打造城市综合体来提升竞争力和生存能力。

(2) 常见管理模式优缺点分析。从当前国内会展场馆的管理模式看，主要有三种类型。即政府直接管理、政府委托管理和企业管理三种类型。

1) 政府直接管理。政府完成场馆建设任务后，由会展主管部门直接管理。厦门国际会展中心、绍兴柯桥区会展场馆的管理属于这种情况。这种模式的优点是政府可以充分地给予会展中心行政、财力和人员的支持，政府对会展中心也有较强的领导地位，能够确保大型活动的顺利举办，后续建设、环境建设都有保障。缺点是不符合当前政企分开的大趋势。发展过程中可能会面临人员管理、经费使用方面的问题。这种模式主要适合于政府每年要举办一个或多个规模大、影响力强的会展项目，有能力养活一批员工的情况。

2）委托企业经营。场馆建设后，政府作为国有资产的所有者，实施所有权和经营权分离，通过合约方式将场馆委托给企业经营。宁波国际会展中心运营是属于政府委托企业管理的模式。这种模式的优点是符合政企分开相关精神，既可以保证大型活动在政府会展主管部门的监管下顺利运行，也可以避免政府部门大量精力牵涉到会展场馆管理工作中，如果一旦发现运营企业无法满足要求，可在合同期结束后寻找新的替代者。但缺点是如果民营企业负责管理的企业盈利目的十分明确，在经营过程中没有长远打算。如果委托国有企业经营，由于国企领导与政府领导关系密切，则会形成尾大不掉、难以管理的问题。

3）企业自主管理。企业管理就是政府在完成建设之后，将场馆交予企业管理，政府除要求企业按规定承担政府主要展览项目外，无权干涉企业的经营管理权，有的场馆本身就是企业出资建设。温岭国际会展中心是属于企业管理模式。这种模式的优点是符合市场经济规律，政府不用操心人员的经费和出路，也无需为企业的运营承担风险。缺点是政府对会展场馆的掌控力较弱。如果委托的是小企业，存在较大的经营风险；如果委托的是大企业，则政府有关会展项目的运作往往难以实施。

（3）宁海国际会展中心管理模式建议。基于上述分析，未来宁海会展中心的重点工作是做好若干个政府主导型展会的举办工作，但核心业务则是通过多种经营盘活区块资源。因此，建议选取第二种模式，即委托企业经营。在企业的选取中，应选择民营企业运营。具体原因如下：

1）符合场馆发展定位。上述分析表明，宁海国际会展中心的发展应该走多种经营的路子，这样需要企业有大量的精力投入，所以选择一个民营企业，在会展主管部门的监管下开展工作，既可以保证场馆较好地完成政府主导型会展项目的服务工作，也能够在拓展活动、会议、广告等综合业务方面提升会展的经营效果。

2）政府有较大回旋余地。宁海国际会展中心的建成，表明宁海县委、县政府对会展产业的重视，也暗示着对会展业发展的较大期望。但短期内想让国际会展中心一鸣惊人是有难度的，因此政府主管部门应尽可能避开直接管理。委托给企业经营，如果会展中心经营状况良好，政府工作满意度提升，政府主管部门功不可没；如果经营不善，那么政府作为监管机构完全可以置身其外，通过调换运营企业及运营模式来解决问题。

3）可能对企业产生激励作用。委托企业经营管理，一般是要签订绩效对等的经营合同，这样也能够刺激企业有一定的积极性。此外，将自主经营权交给企业，可以充分发挥企业的运作积极性，使企业有更多的投入去拓展会展及相关业务，增强会展业务的运作范围，有利于提升会展中心的运营质量。

四、对宁海国际会展中心未来发展的建议

宁海国际会展中心刚刚建成，市场拓展尚需一定的探索与实践。为进一步提升会展场馆的运营质量，实现较好的经济和社会效益，针对未来宁海国际会展中心的运营管理提出几点建议，供政府主管部门和场馆管理企业参考。

（1）项目举办模式。为克服场馆面积小，不利于办大型展会的问题，可以创新会展项目的时间空间管理，优化会展项目运营。

1）串联办展模式。由于场馆面积较小，因此，在同一时间举办规模较大的展会是不现实的，但可以考虑将产业链上游、中游、下游的产业衔接在一起举办的方法，以拓展时间弥补空间的限制，变相扩大会展项目的规模。

2）倒金字塔模式。对于消费类展会，采取收取一定租金的方式，对于专业类、国际化、外向度较高的展会，根据专业水平、境外、省外客商的数量，以及主办单位的级别，按比例减免场地租金和服务费用。对专业化、国际化程度很高，对宁海经济和社会发展带来较大溢出效应的展会，在减免场地租金的同时，还可以考虑适度给予政府补贴。

3）内外合作模式。与上海、杭州、宁波甚至是福州、厦门等城市的会展企业合作，在企业原地举办大型会展项目的同时，鼓励他们在宁海国际会展中心设立分会场；政府可制定相关政策，给予会展会议项目引进者一定的资金奖励。

（2）运营管理手段。场馆管理初期，可能会面临诸多问题，因此，建议逐步形成较完善的制度体系，营造良好的办展环境。

1）办展环境。会展中心是典型的城市触媒，能够对城市发展产生巨大的触媒效应，进而带动城市服务业产业链各环节的有机融合。政府主要做相关统筹的工作，通过公共管理手段营造办展环境，充分发挥市场机制，提升城市服务业的全面发展。

2）风险管理。会展中心作为人群聚集地，就存在安全隐患，应对企业进行场馆的设施设备检修工作加强管理，同时确保在活动期间做好安保工作，以确保在举办会展活动和大型综合性娱乐活动的过程中促进和谐社会的建设。

3）产业政策。县域会展活动的举办受到城市、人口数量等方面的影响，具有一定的难度，因此，政府应通过出台会展产业政策，加大服务体系建设力度，尤其要重点支持对地方优势产业、文化创意产业等有较强带动作用的会展项目，实现吸引会展企业前来办展的目标。

（3）项目评估体系。强化对会展项目的绩效评价，从多个角度强化对会展场馆运营工作的监督管理。建议构建以县大活动办为主，高校会展教师为辅，政校合作共同参与的项目评估体系，有利于政府行使相关权利，加强对政府主导型展会补贴资金的绩效评价，也便于对市场化展会的年度评比与政策扶持。

致　谢

经过一段时间的集中工作，《城市会展业发展决策研究——基于宁波的实践》终于完成撰写工作。笔者从2003年介入会展业以来，始终得到了宁波市政府会展办等相关部门的大力支持。在本文的撰写过程中，也得到了会展办等部门领导及相关人员的大力支持。其中许多文稿中的研究成果都包含着各级领导的大力支持和悉心指点，这也是本专著能够得以完成的重要保证。

首先要感谢宁波市政府会展办副主任吴仁兴先生，自2003年开展宁波市会展业发展研究工作以来，他就与我一起研究、工作，我们共同度过了多个不眠之夜，也对宁波会展业的发展达成了高度共识。他以一个军人特有的坚定、认真与执着，指导我在服务宁波会展业的发展过程中走过一段艰苦而又充满乐趣的历程。

感谢2003年以来宁波市政府历任分管会展工作的副秘书长（部分领导兼任过会展办主任）张松才、陈国强、喻丹桦、张延等领导，以及市政府会展办张幸迩、陈文飞、陈忆戎、张力等各位会展办的领导，他们在我多年的研究工作中给我提供了全方位的支持。感谢宁波市政协副主席范谊先生，在我们相关研究工作中，给予悉心的指导和支持，并多次将研究成果以政协提案方式上报市委市政府，得到领导的高度重视。也感谢浙江万里教育集团应雄总裁，在宁波市大力发展会展业的初期，他以敏锐的洞察力，引导我走进会展教育科研领域，并在后面很长一段时期给会展学科专业建设持续的鼓励和支持，才有了今天发展的机遇和坚实的基础。还要感谢我的学生、长三角协调会会展专业委员会副秘书长杨谦，对我在相关的研究工作中给予大力的支持。

最后，感谢十二年来，在我的研究工作中给予我多方面支持的各级领导、各位同仁以及我的学生们！

著　者

2015年3月于宁波